国家出版基金项目
NATIONAL PUBLICATION FOUNDATION

U0890180

国家“十三五”重点图书出版规划　广东省原创精品出版项目

中国房地产与宏观经济研究丛书

中国城市房地产市场：历史回顾与未来展望

杨慧　著

China's Real Estate
and
Macroeconomic Studies Series

SPM
南方出版传媒
广东经济出版社
—广州—

图书在版编目（CIP）数据

中国城市房地产市场：历史回顾与未来展望／杨慧著．—广州：广东经济出版社，2019.7
ISBN 978－7－5454－6635－5

Ⅰ．①中…　Ⅱ．①杨…　Ⅲ．①房地产市场－研究－中国　Ⅳ．①F299.233

中国版本图书馆 CIP 数据核字（2018）第 299238 号

出 版 人：李　鹏
责任编辑：黄　炘
责任技编：许伟斌
封面设计：朱晓艳

《中国城市房地产市场：历史回顾与未来展望》
Zhongguo Chengshi Fangdichan Shichang：Lishi Huigu yu Weilai Zhanwang
杨慧　著

出版发行	广东经济出版社（广州市环市东路水荫路 11 号 11～12 楼）
经销	全国新华书店
印刷	佛山市迎高彩印有限公司 （佛山市顺德区陈村镇广隆工业区兴业七路 9 号）
开本	787 毫米×1092 毫米　1/16
印张	17
字数	214 440 字
版次	2019 年 7 月第 1 版
印次	2019 年 7 月第 1 次
书号	ISBN 978－7－5454－6635－5
定价	58.80 元

如发现印装质量问题，影响阅读，请与承印厂联系调换。
发行部地址：广州市环市东路水荫路 11 号 11 楼
电话：（020）38306055　37601950　邮政编码：510075
邮购地址：广州市环市东路水荫路 11 号 11 楼
电话：（020）37601980　营销网址：**http://www.gebook.com**
广东经济出版社新浪官方微博：**http://e.weibo.com/gebook**
广东经济出版社常年法律顾问：胡志海律师

目　录

第一章 导 论

自1998年房地产全面市场化以来（特别是2004年以来），我国城市房地产市场的快速发展引起了社会的普遍关注，其发展态势不仅关系到城市房地产市场的健康状况及与其密切相关的城市经济和国民经济的发展状况，更因房地产具有公共产品的性质而关系到社会稳定问题。鉴于此，政府一直以来都注重对房地产市场宏观调控的力度及持续性，力促房地产市场健康稳定发展。鉴于城市房地产市场的重要作用，通过理论与实践相结合对我国城市房地产市场进行研究，奠定其稳定健康可持续发展的理论基础，对进一步完善其分类调控思路具有十分重要的理论意义和现实意义。虽然近年来城市房地产市场自身的快速发展，有效拉动了后向关联产业的需求，推动了前向关联产业的发展，但是也存在房价过高且上涨过快，投资投机性需求过旺等较为突出的问题，给城市经济和国民经济的稳定发展带来了挑战。

随着城市房地产发展中存在的问题日益突出，各大城市也充分认识到房地产市场可持续发展的重要性，国家层面及各城市政府层面纷纷出台一系列调控政策，以促进房地产市场稳定发展。以往的调控政策虽然取得了一定的成效，但是也存在诸多问题，没有从根本上解决房地产市场存在的问题。因此，本书拟对以上问题进行探讨，并对未来城市房地产市场分类调控提供理论基础。本书在对国内外城市房地产文献进行梳理及述评的基础上，运用房地产基础理论和城市房地产理论从基础建设到城市发展进行理论构建，梳理分析城市房地产市场发展历史与现状，之后实证分析我国城市房地产市场健康发展状况，结合国外典型的国家及城市房地产发展经验，对我国城市房地产市场发展进行展望。本书将对上述主要内容进行系统性研究，从理论上研究城市房地产市场发展的规律，运用经济理论、城市经济理论、系统协调理论等进行深入分析，总结我国城市房地产市场存在的问题，深入分析存在这些问题的原因。构建理论基础，之后进行定量分析，最后结合国际经验和启示，对城市房地产市场发展进行趋势展望，并提出促进城市房地产市场健康发展的对策建议，从而为我国城市房地产市场的健康稳定可持续发展提供理论支持和实践指导。

第一节　研究背景及意义

一、研究背景

（一）城市房地产市场是居民安居乐业的基础条件

房地产最主要的性质是其居住功能，而居住是城市居民安居乐业的先决条件。房地产市场供求均衡主要取决于房地产市场供应和居民收入所决定的需求，而当前全国尤其热点城市供求存在较为严重的问题。

从全国普遍情况来看：中国传统文化与习俗对处于高位运行的房价收入比的影响非常大，中国人“三十而立”及“结婚必须要有新婚房”

等传统思想根深蒂固，这种思想对住房市场的影响主要有以下两点。第一，婚龄（22～30岁）人群成为购房主力军。这部分人群因为刚开始进入社会工作，总收入有限且花销较大导致其可支配收入有限，而购房又成为其结婚必备条件，因此不具备足够的购房支付能力，从而导致民众普遍认为住房价格过高。而国外居民购买住房的年龄主要集中在35岁左右，之前以租房为主。第二，一手房市场成为住房市场主要交易对象，二手房交易比例过低。一方面是新建商品住房大面积的供给结构难以适应中低收入阶层的结构需求，另一方面是存量房市场没有进入交易市场。如果按存量房市场来计算房价收入比，中国房价收入比会被大大拉低。我国传统文化及以一手房为主的交易市场，对居民安居乐业造成一定的挑战，加大了住房市场供求均衡矛盾。

从部分热点城市来看：东部典型城市特别是一线城市因其政治、经济及文化等方面的重要社会地位，其住房市场发展情况成为全国住房市场的主要风向标。自1998年以来，特别是2004年以来在全国住房市场快速发展的大背景下这些重点城市更是成为房地产开发商及普通民众投资投机及满足自住性购房需求的重要城市，房地产开发商有增无减的投资热情及居民旺盛的购房需求铸就了这些城市近年来住房市场的飞速发展，住房销售价格一浪高过一浪。作为全国政治文化中心的北京，其房价收入比更是不断升高，2010年达到了历史最高点20.5，按各收入等级的房价收入比来看，其20%最高收入等级房价收入比在2015年更是达到了48.9，超过合理区间。由此可见东部城市特别是一线城市房价收入比奇高且不断攀升的趋势严重影响全国普通民众对全国住房市场的判断及预期，加之媒体对这些城市住房市场发展的关注程度远远高于其他城市，从而导致普通民众对这些城市之外全国整体住房市场与居民收入协调性缺乏理性判断。

（二）城市房地产市场发展促进城市经济的繁荣

我国房地产市场以城市为空间载体，因此房地产市场的发展与城市发展密切相关。城市是房地产市场发展的空间基础，房地产市场发展以城市形态发展得以具体体现。随着城市化和工业化的发展，房地产市场逐步发展，房地产业成为城市经济的主导产业。因此可以说，房地产市场发展以城市化和工业化为基础，同时反过来也促进了城市化和工业化的发展，进而推动了城市经济的繁荣。

第一，房地产市场发展有利于市场体系的培育和完善，促进企业发展。

房地产所包含的两大方面（房屋和土地）是企业生产的基本要素和资源，同样也是企业发展的重要载体和物质基础。在现代市场经济背景下，企业发展和规模扩大所依赖的生产要素市场和商品市场的发展，首先就要有房地产市场的发展。房产尤其是地产，是企业规模得以扩大的基本条件。以上说明了企业发展对房地产市场发展的需求，另外，房地产市场发展也能促进企业发展。房地产市场发展具有存量和增量绝对值大且增长速度快的特征。房地产市场化后，通过市场机制的作用，能有效扩大要素市场和商品市场的规模和加快其发展速度。

第二，房地产市场发展有利于城市资源的合理配置，优化城市产业结构。

房地产市场发展通过两方面促进资源合理配置及城市产业机构的优化：一方面，在市场经济条件下，房地产市场本身的发展就是在市场经济调节下进行的，是在市场机制作用下对房地产资源的合理配置，能推动城市人流、商流、物流和信息流的质量及流向，推动城市空间效益和规模效益的发展，优化城市空间布局和功能结构。另一方面，房地产市场发展能为城市经济发展提供资金来源。房地产市场发展及多元化经营，为城市政府提供了稳定的资金来源。房地产市场发展带来的大量财政收入，投入到城市公共基础设施和公共服务领域，促进了城市硬件设施的建设，同时也带动了城市金融业、服务业及商业等第三产业的发展，优化了城市产业结构，促进了城市产业结构升级与合理化。城市产业结构优化又进一步促进了城市经济发展，推动了城市产业结构调整升级与房地产市场的良性互动。

第三，房地产市场发展有利于改善投资环境，发展外向型经济。

当代社会是开放型的社会，城市经济发展不仅需要自身发展，而且需要加强外部联系，吸引国内外投资促进城市经济发展。在投资额一定的前提下，城市投资环境是吸纳投资的关键要素，这就要求城市通过投资环境改善建设，提升城市吸引资本的竞争力。而投资环境建设，客观上要求具有投资所需要的基础设施公共服务及建厂所需要的土地、厂房和商住楼等，从而要求房地产市场发展为投资环境提供物质基础。房地产市场发展能有效推动城市开发与改造，基础设施及公共服务的发展，优化城市投资环境，从而推动城市吸纳国内外投资，增强城市竞争力。

（三）城市房地产市场发展促进整个国民经济的发展

房地产业因其长产业链带动作用明显，有大量前向、后向和环向关联产业，从而决定了其影响度系数和感应度系数在各行各业中处于高水平位置。据相关研究表明，房地产投资增加，带动的直接或间接相关的产业达 60 多个，从而有效促进整个国民经济的发展。

第一，房地产市场发展促进后向关联产业特别是金融业的发展。

房地产后向关联产业，指的是给房地产业供给生产要素的产业，房地产业对后向关联产业主要产生需求拉动作用。为房地产业提供生产要素的产业，包括矿物制品业、煤炭采选业、电力及蒸汽热水生产供应业，这些产业属于房地产业的后向关联产业。特别需要指出的是，房地产业对金融业的拉动作用明显，这是因为房地产业资金链长，资金需求量大，相较于一般产业更加需要资金的支持。当前，我国房地产业发展采用的仍然是传统的外延扩张型的发展模式，从而对物质资本类的后向关联产业拉动作用较强，进一步通过后向关联产业发展带动国民经济增长。

第二，房地产市场发展带动前向关联产业发展。

房地产前向关联产业，指的是需求房地产业产品或服务的产业，房地产业对前向关联产业主要产生供给推动作用。鉴于房地产业是国民经济的支柱产业之一，大量行业都以房地产业提供的产品或服务作为生产要素，但是前向关联产业对房地产业产品或服务需求程度有较大差异。受房地产业推动作用大的产业包括生活消费型的加工产业和服务型产业。此外，房地产市场发展还能有效推动通信设备制造业、批发和零售贸易业等产业的发展。

第三，房地产市场发展带动环向关联产业发展。

房地产环向关联产业，指的是既向房地产业供给生产要素，又对房地产业的产品或服务具有需求的产业。金融业、商业、建筑业和服务业都是与房地产业关系最为紧密的环向关联产业，房地产业对其具有需求拉动和供给推动作用，特别是金融业和商业与房地产业的环向关联最为紧密。但是与国际相比，我国房地产业与金融业和商业的关联性还不够强，主要体现在：市场化程度不够高，房地产金融市场金融产品单一，金融工具不足，房地产融资过于依赖银行贷款。这些严重制约了房地产业发展的资金支持，影响了金融业和商业的发展。

从以上分析可知，房地产市场发展对城市居民安居乐业、城市经济繁荣发展乃至国民经济发展都具有举足轻重的作用。1998 年房地产全面市场化以来，房地产市场发展对城市经济以及国民经济发展做出了巨大贡献，但同时也存在着诸多问题如居民购房支付能力不足，房地产价格过高且上涨过快等，引起了政府、学界和普通民众的广泛关注。鉴于城市房地产对居民、城市经济和国民经济的重要性，对城市房地产市场进行研究，具有较为重要的理论意义和现实意义。

二、研究意义

自从改革开放以来，中国城镇化发展每年以接近 1 个百分点的速度快速增长，目前城镇化率已经超过 50%，意味着中国有超过一半的人口居住于城镇，成为中国城镇化发展过程的重要转折点。随着城镇化的发展，城市房地产市场也迅速发展起来，特别是 1998 年房地产全面市场化以来，城市房地产产业成为城市经济和国民经济的支柱产业之一。未来城市房地产市场的健康稳定可持续发展及其与城市经济的协调发展，成为政府和学界普遍关注的问题。因此对城市房地产市场发展问题的探讨是新时期促进我国经济可持续发展的重要研究课题，对城市经济稳定可持续发展具有重要的理论意义和现实意义。

（一）理论意义

在对城市房地产市场发展存在的诸多问题及其对经济社会可持续发展产生制约性的深思中，新时期政府将房地产市场的稳定发展视为促进经济社会发展的重要引擎和国民经济健康稳定发展的前提条件。在城市房地产市场快速发展特别是热点城市房价过高且上涨过快的背景下提出的稳定房地产市场发展，更加注重房地产市场发展的协调性与可持续性，尤其强调要遏制房地产市场过热发展，而城市房地产市场发展的有效评价成为稳定房地产市场发展的前提条件。房地产市场发展与城市经济发展有紧密关联性，二者相互影响、相互作用，因此对两系统互动协调状况的研究对城市房地产市场稳定发展有极为重要的意义。而现阶段房地产市场特别是热点城市房地产市场过热发展，对房地产市场本身及城市经济和国民经济的可持续发展问题在已有的研究框架和结论中并不能得到有效解决，即已有研究不能为政府决策提供有效的指导或参考。这就要求在未来的研究中应根据房地产市场发展现状，深入探究房地产市场与城市发展的一些特征和规律。因此，本课题的研究具有一定的理论前瞻性和研究价值：一是为后续深入研究房地产市场、城市发展及二者之间的协调发展提供一个可行的理论分析架构和思路借鉴；二是为政府根据城市房地产市场发展状况实施针对性的调控政策提供理论依据和决策思路；三是丰富政府城市房地产市场政策理论体系，拓宽政府理论视野。

（二）现实意义

房地产是推动城市经济和国民经济发展的重要因素，房地产市场可持续发展事关城市经济和国民经济的可持续发展。2016 年在各大城市特别是热点城市房价再次猛涨之后，各大城市房地产调控进一步升级，但是我国以往房地产市场调控总是出现越调越高的怪圈，在经历一轮房地产市场调控之后，必然会经历调控结束之后的需求释放，房地产市场再次进入过热发展时期。新时期政府更加注重经济的可持续发展，从而对房地产市场健康稳定可持续发展的要求随之提高，在可持续发展思想指导下城市房地产市场发展必然更加注重健康稳定可持续发展，单单延续先前房地产“一刀切”的调控政策显然成效不大。故通过研究城市房地产市场特性，针对性地提出政策，实施各类城市房地产市场分类调控政策，对于城市房地产市场的可持续发展具有重大意义。因此，本课题的研究不仅可以为各类城市房地产市场健康发展状况提供一个全新视角和评价标准，还可以为国民经济可持续发展时期如何保障房地产市场与城市经济良好互动以达到协调发展的作用，以及城市房地产市场未来调控方向的抉择提供重要理论参考和实证依据。因此，本书研究具有非常重要的现实意义。

第二节　相关概念及特征

一、房地产概念及特征

（一）房地产概念

房地产的概念，应该从两个角度来把握：一方面，房地产是一种客观物质形态的体现；另一方面，房地产同时也是一种法律权利的体现。

首先，从客观物质形态上来了解房地产的概念。房地产是房产和地产的总称，包括土地及土地上的建筑物。地产指的是土地及其上下所辐射的一定空间，包括地面道路及各种基础设施等。房产指的是土地上的各种房屋，包括住房、工业厂房仓库、商业及科教文卫体及办公用房等。房地产经常被不动产这一概念代替，这是因为房地产具有位置的不可移动性和固定性。根据房地产的物质形态可以分为三种类型，分别是房屋、土地和房地合一。

其次，从法律角度来了解房地产的概念。房地产本质是一种财产权利，这种财产权利是指房地产物质形态所包含的法律权利，包括所有权、使用权、租赁权及抵押权等。随着个人财产权的发展，房地产所有权交易已经成为商业交易的一大重要组成部分。

（二）房地产类型

从房地产概念可知，房地产具有房产和地产复合特征。所有的房地产都是由房产、地产以及与其相关的基础设施构成的。可以根据房屋建筑用途的差异分为不同类型的房地产，主要包括住宅房地产、商业房地产、工业房地产、特殊房地产及其他类型的房地产。

1. 住宅房地产

具有满足人们日常生活居住功能的房地产，称为住宅房地产。房地产市场中大部分为住宅房地产，1998 年房地产全面市场化以来，我国住宅房地产投资占房地产总投资额的 70% 以上。

2. 商业房地产

具有商业功能的房地产，称为商业房地产。它融合了房地产业和商业，主要包括商场，商铺和写字楼等物质形态。商业房地产与住宅房地产主要的不同在于功能：住宅房地产的主要功能是居住；而商业房地产的主要功能是商业运营，其运营风险高，投资性强。商业房地产是随着商品经济发展壮大而发展起来的，因而是商品经济的产物。

3. 工业房地产

具有工业生产及辅助工业生产功能的房地产，称为工业房地产。它融合了房地产业和工业的特征，主要包括工业制造厂房、工业研发楼宇及仓储设施等。区别于住宅房地产，工业房地产的土地使用年限为 50 年。我国工业房地产是随着国际国内产业转移、国家产业技术升级、工业园区建设及宏观政策共同作用发展起来的，因而是工业发展的产物。

4. 特殊房地产

具有公共基础设施及公共服务功能的房地产，称为特殊房地产。它融合了房地产业和公共服务的特征，主要包括政府机关办公楼、学校、教堂、寺庙和墓地等。区别于其他几类房地产，特殊房地产不能进入市场交易，因此学界对这类房地产很少进行研究。

（三）房地产特征

房地产是由土地和房屋组成的，因而它兼有二者的属性，如区位性和不可移动性。同时，在市场经济中，房地产又具有一定的商品、投资和社会属性。

1. 房地产的自然属性

从物质形态来看，房地产具有不可移动性及异质性。

一方面，房地产具有不可移动性。由于房地产是房产和地产的复合物质形态，因此其具有固定的位置，不可移动。从而房地产市场只能在一定区域范围内进行，具有区域市场的特征，不能像其他商品那样拥有全国性甚至全球性市场。

另一方面，房地产具有异质性。房地产的不可移动性决定了房地产的异质性。由于房地产不能移动，因而每一个房地产都有自身独一无二的位置。不同的房地产可以分布在不同的省份，不同的城市，不同的区县，不同的小区，不同的单元及拥有不同的户型面积，即没有两套完全相同的房地产。总之，房地产具有完全差别性和异质性。

2. 房地产的经济属性

从经济属性来看，房地产具有商品属性和投资属性。

其一，房地产具有商品属性。由于地产和房产都具有价值，具有法律所有权和使用权的性质特征，因此房地产能作为商品进行交易。市场经济中，房地产市场在供求规律的作用下，形成房地产价格。

其二，房地产具有投资属性。从房地产类型可以看出，房地产分为住宅房地产、商业房地产和工业房地产，既可以用于居住，又可以用来投资。虽然房地产变现能力较差，流动性较弱，但是在投资渠道狭窄及通货膨胀的市场环境下，房地产往往具有保值升值的功能，这时投资性特征较为明显。

3. 房地产的社会属性

房地产除了以上特征之外，最基本的特征是居住功能。居住作为人类衣食之后的最基本需求，是人们满足基本生活不可或缺的基本条件，从而居住水平也成为衡量社会保障水平与发达程度，衡量人民生活水平和经济社会发展水平的重要指标。居住状况和水平事关人们的基本生活需求，从而事关社会稳定。因此，房地产发展不能仅仅依赖市场，也需要政府的宏观调控，注重房地产的社会属性。

二、房地产市场概念及特征

（一）房地产市场概念

市场一般都有狭义和广义两种划分。狭义市场指的是商品交换的特定场所，广义市场指的是商品交换关系的总和。根据市场的这两种划分，房地产市场也有狭义和广义之分。狭义的房地产市场是指房地产的买卖、租赁、抵押和典当等交易的活动场所；广义的房地产市场是指整个社会住房交易关系的总和，包括了房地产市场的主体、客体、价格、资金和运行机制等因素，它是房地产经济运行的基础，是房地产经济纳入市场经济轨道的必然产物。

与一般市场相同，房地产市场也是由参与房地产交易的当事者、房地产商品、房地产交易需求和交易组织机构等要素构成的。这些要素反映着房地产市场运行中的种种现象，决定并影响着房地产市场的发展与未来趋势。本书的房地产市场主要是指以商品住房为买卖对象的住房交易关系的总和，房地产市场主体是房地产开发商、购房者及政府等相关部门，客体是商品住房及保障性住房，同时包括价格、金融及政府宏观调控等运行机制。由于我国商品房地产市场主要集中在城市，故本书主要研究城市房地产市场。

（二）房地产市场类型

房地产市场类型可以根据以下标准分为不同的种类：

1. **按照功能用途划分**

房地产市场按照功能用途，可以分为住房市场、商业用房市场和工业用房市场。住房市场是以住宅为交易对象的整个社会交易关系的总和；商业用房市场是以商场、商铺和写字楼等商业用房为交易对象的整个社会交易关系的总和；工业用房市场是以工业制造厂房、工业研发楼宇及仓储设施等工业用房为交易对象的整个社会交易关系的总和。当前我国住房市场在房地产市场中占有主导地位，商业用房市场和工业用房市场也在逐步发展。

2. **按照市场层次划分**

房地产市场按照市场层次可以划分为一级市场、二级市场和三级市场。一级市场即土地出让市场，交易对象为城镇国有土地或征用的农村集体土地，出让主体为国家指定的政府部门；二级市场为增量房市场，交易对象为新建和初次使用的房屋，出售主体为房地产开发商；三级市场为存量房市场，交易对象是已经被购买的房屋再次进入市场进行出售或租赁，出售或租赁主体为具有该房地产所有权的单位或个人。

3. **按照组成要素划分**

房地产市场按照组成要素可以分为土地使用市场、房产市场、房地产资金市场、房地产劳务市场和房地产技术信息市场。前面已经提及，土地市场是以土地使用权为交易对象的整个社会交易关系的总和；房产市场，包括存量房和增量房的转让、租赁以及抵押等整个社会交易关系的总和；房地产资金市场是指通过银行等金融机构，向房地产市场主体提供资金支持的整个社会交易关系的总和，主要包括抵押贷款、股票、债券及信贷等；房地产劳务市场指的是以为房地产市场提供劳务活动为交易对象的整个社会交易关系的总和，主要包括物业管理和房屋装修装饰等；房地产技术信息市场是以为房地产市场提供技术信息支持为交易对象的整个社会交易关系的总和。

（三）房地产市场主体

房地产市场是市场交易主体进行房地产交易关系的总和，因此市场交易主体对房地产市场正常运行具有重要影响，交易关系也是各大市场主体之间的交易。房地产市场主体包括政府、房地产供给者、消费者和房地产中介机构。

政府在房地产市场中的作用主要体现在以下几个方面：制定房地产市场规章制度，对房地产市场进行监督管理；保障房地产市场平稳可持续发展，弥补市场失灵，对房地产市场进行宏观调控，调节价格水平和供求关系，保障房地产市场平稳发展；同时，政府还是房地产一级市场——土地所有权垄断者，通过“招拍挂”出让土地使用权。

消费者是房地产市场的需求者；房地产开发商是房地产增量房市场

的供给者；购置新房后再出售的个人或单位是房地产存量房市场的供给者。除了个人拥有房地产所有权之外，还有部分机关事业单位拥有国有产权或集体产权的房屋及建筑物。

除了政府和供求者之外，中介机构同样是房地产市场的重要主体。房地产中介机构包括房地产金融机构、从事房地产销售租赁的中间商、公证机构、保险机构及各种资讯机构。中介机构的作用是为其他房地产主体提供与房地产相关的各种形式的服务。

（四）房地产市场特征

1. 明显的区域性特征

房地产的不可移动性及异质性特征决定了房地产市场区域性特征明显。区域性特征明显主要体现在以下方面：房地产位置固定，各区域之间缺乏流动性；各区域之间政治、经济、社会、文化及自然条件差异悬殊，各区域房地产供求状况各不相同，各区域房地产市场具有自身特征，各个城市不能完全照搬其他城市的房地产发展模式；消费者因为工作地点、交通便利程度、基础设施配套及个人偏好等一系列因素的共同作用，倾向于某一特定的房地产，其他房地产对特定房地产的替代性不强。

2. 不完全竞争的特征

正是因为房地产的不可移动性和异质性，决定了房地产市场不像农产品市场及一般工业品市场那样接近完全竞争市场。房地产市场属于不完全竞争市场，具有不完全竞争市场的主要特征：房地产之间不完全同质，具有差异性；受土地及房地产开发资质等壁垒制约，客观上形成了房地产市场的进入壁垒；政府对房地产市场进行干预，决定了房地产市场为有限开放市场；房地产市场信息不完全，房地产供给者和需求者之间信息不对等，供给者掌握了信息主导权。

3．投资投机性较强

土地稀缺性、不动产特性及保值增值功能等特点，使得房地产具有吸纳通货膨胀的功能，在经济发展、居民收入不断提高的背景及投资渠道狭窄等因素共同作用下，房地产市场成为居民保值增值和投资投机的重要渠道。在房价过快上涨，社会过多资金进入房地产市场时，房价会非理性上涨，房地产市场容易出现虚假繁荣，为房地产泡沫埋下伏笔；同时还会导致对社会资金的过度吸纳，挤压其他产业资金，影响国家产业结构优化，弱化经济社会稳定可持续发展。

第三节　研究内容及方法

一、研究内容

本书共八章。第一章包括研究背景及意义、相关概念及特征、研究内容及方法。第二章是文献回顾部分。第三章是理论基础部分，对房地产基础理论和城市房地产理论进行了介绍。第四章是城市房地产市场发展历史及现状。通过描述性分析方法对我国城市房地产市场改革、城市房地产市场发展取得的成绩及存在的问题，并针对导致城市房地产市场存在这些问题的原因进行了深入探讨。第五章是基于房价收入比的城市房价合理性评估，主要是采用房价收入比对城市房地产市场的健康状况进行考察，并结合定性分析方法对定量考察结果进行评价。第六章是基于时差相关对城市房地产市场影响因素的定量考察部分，主要是建立时差相关多变量模型对城市房地产市场的影响因素进行考察，并结合定性分析方法对定量考察结果进行评价。第七章是国际经验及启示。分析了国际典型国家、地区及城市的房地产市场发展的经验，并对这些经验进行总结，探讨其对我国城市房地产市场健康发展的启示。第八章是结论、展望及建议。在基于本文大量文献研究、理论基础研究、定性与定量研究和国际经验研究的基础上，预测我国城市房地产市场未来发展趋势。

二、研究方法

本书主要研究方法包括：文献研究法，大量阅读国内外学者已有相关研究成果，全面了解关于城市房地产市场相关方面的研究进展，从而在已有研究成果基础上吸取精华，力求创新；定性分析法，对我国城市房地产市场状况进行定性分析，运用归纳和演绎、分析与综合以及抽象概括等方法，深入分析现阶段我国城市房地产市场的状况及存在的问题；定量分析法，使用描述性统计方法对城市房地产市场关系进行深入分析，并结合相应的房地产市场健康状况评价模型和方法，对我国主要城市房地产市场发展状况进行评价；比较分析方法和案例分析法，在对全国城市房地产市场状况进行总体分析的基础上，对主要国家特别是西方发达国家城市房地产市场发展状况进行重点分析。

在以上这些研究方法中，如何评价城市房地产市场的健康状况是研究城市房地产市场发展的重中之重，笔者将对房地产市场健康状况评价方法进行重点介绍。评价方法是通过评价城市房价收入比状况来评价城市房地产市场的健康状况。因为如果没有有效的评价方法，对城市房价合理性的研究就只能停留在概念定义上，无法对城市房地产市场健康状况进行现实评价，也无法指导实际操作。城市房价合理是房地产市场健康状况的重要组成部分，也是判断房地产市场健康状况的重要评价标准。要对房地产市场健康状况进行评价，选取合适的定量分析方法是定量研究的重中之重。

三、创新点及不足

（一）创新点

（1）选题注重房地产的城市角度。鉴于房地产的不可移动性和异质性特征，房地产市场具有区域性特征。但是我国长期以来，无论是政府还是学界，对房地产进行城市角度的研究不够。本文力求从城市间房地产市场的区域性差异为视角，对我国各主要城市的房地产市场发展历史、现状及未来展望进行研究。

（2）采用时差相关多变量模型对城市房地产市场影响因素进行评价。鉴于时差相关多变量模型在衡量因变量影响因素方面的重要性及国内目前尚无采用该模型对城市房地产市场影响因素进行评价，笔者首次将时差相关多变量模型引入衡量城市房地产市场的影响因素；同时在尽量保证数据的重要性及可获得性前提下，对各类城市房地产市场影响因素进行比较，以客观科学地评价出不同类型城市房价影响因素的不同。

（3）未来城市房地产市场发展趋势。

基于本书大量文献研究、理论基础研究、定性与定量研究和国际经验研究的基础上，预测我国城市房地产市场未来发展趋势。当前学术界有不少研究已经通过定性研究或定量研究方法，对全国房地产市场或者单个城市房地产市场外来发展趋势进行了分析。但是就全国主要城市进行系统性的预测和展望的研究还比较少，本文从城市分类角度，即从一线城市、二线城市和三、四线城市来对城市房地产市场进行展望预测。

（二）不足之处

西方发达国家房地产市场形成及发展远比中国要早得多，对该领域的研究深入精细，但依然不断出现严重问题，影响本国甚至全球经济发展，足以说明城市房地产市场的复杂，也表明研究任重道远。笔者对城市房地产市场历史、现状及未来趋势进行了探索性研究，提出了一些新方法、新指标等，但需要继续深入研究，更需要在实践中检验；由于我国城市房地产市场发展的相关统计数据不足，细分度不够，时间序列短等，使研究方法的创新和检验受到一定限制，在一定程度上影响了研究结论的实证性和预判力；同时，受时间及学识的影响，研究成果难免有这样那样的问题与不足，敬请指出。

第二章 文献回顾

国内外学者在房地产市场领域做了大量研究，结合本文城市房地产市场现状、房价合理性评价及房价影响因素三个方面的重点内容，笔者着重对城市房地产市场总体、城市房价合理性评价及房地产市场影响因素三个方面的研究来进行文献梳理。第一节是城市房地产市场的研究现状及述评。主要是国内外学者在房地产价格、房地产供需影响因素、房地产市场周期性及宏观调控政策四个方面的内容。这四个方面是国内外学者对房地产市场重点研究的领域。第二节是城市房价合理性的研究现状及述评。因为房价收入比是国内外评价房价合理性最为常用和权威的指标，因此本书在房价合理性评价方面的文献述评，着重梳理房价收入比的研究现状。主要分为房价收入比概念的界定、房价收入比的计算和测量、房价收入比合理区间的界定以及房价收入比在房价合理性评价方面的实际应用。第三节是城市房地产市场影响因素的研究现状及述评。主要对国内外研究房地产市场影响因素的文献进行梳理。主要分为房地产市场供求影响因素、房地产市场与土地市场相关性研究及房地产市场宏观经济相关性研究现状的总结和述评。

通过对房地产市场研究内容、房价合理性评价及房地产市场影响因素文献的梳理，为本书后续研究城市房地产市场现状、城市房价合理性评价、城市房价影响因素提供了文献支撑和理论基础。

第一节　城市房地产市场的研究现状及述评

一、国外研究进展及述评

1. 房地产价格的研究

随着西方国家房地产市场的发展及深化，至20世纪60—80年代房地产价格成为经济社会领域研究的重点和热点问题。该阶段房地产领域的研究集中于房地产价格与经济周期之间的相互关系，同时对房地产价格与购房者行为之间关系的研究也较多。其中，房地产价格对购房者消费行为的影响及消费弹性为研究的重点问题。进入20世纪90年代，随着西方国家金融衍生工具的大量产生及广泛应用，房地产价格的研究重点便转向了金融衍生工具和税收对其影响作用的分析（Poterba，1991；Engelhardt，1994）。Decarlo则较为全面地分析了决定房地产价格的因素，这些因素主要有政府宏观调控、房地产市场供求关系、就业率及家庭户均人口的变动等。在房地产价格对经济社会的影响方面，该阶段的研究主要集中于社会分配与社会公平方面。原因在于随着西方发达国家房地产市场的持续发展，房地产价格波动引起的社会矛盾问题开始显现，研究者开始加强房地产价格、社会公平与社会分配的研究（Genesove，1997）。该阶段房地产价格与经济社会主要影响因素的相互作用分析为后续房地产理论及方法的研究奠定了基础。

1990年日本经济社会受房地产泡沫破灭的负面影响巨大，1997年东亚金融危机对区域经济及世界经济造成的重大影响使得房地产领域的研究重点转向房地产投资投机性活动与房地产价格之间的关系。21 世纪开始，很多西方发达国家房地产价格的较大幅度上涨更使得房地产价格研究成为该时期房地产领域的研究重点。北美地区 21 世纪以来房地产价格的大幅度上涨使得相当部分研究者开始关注房价与房地产泡沫之间的关系，部分研究者则将房地产价格及与之相关的房地产泡沫、金融危机与投资投机性需求相联系起来，研究二者的相互影响关系。Case 对房地产价格与房地产泡沫之间的关系进行了研究，并对股票市场及房地产泡沫对收入分配的影响作用进行了比较，对房地产价格对宏观经济的影响等都做了较为深入的分析研究。还有研究者将房地产价格与货币政策等房地产市场宏观调控政策之间的关系也作为研究重点（Lacoviello，2005）。

2. 房地产供需影响因素的研究

房地产市场的影响因素一直是西方学者研究的重点，这些影响因素涵盖房地产金融环境、财政税收政策、政府宏观调控政策、房地产区位及房屋质量等。虽然影响因素众多，但是总体看来可以划分为房地产市场需求的影响因素研究及供给的影响因素研究两大类。

第一类是对房地产市场需求的影响因素研究。对影响自住型住房需求影响因素的研究较多，部分学者认为影响自住型住房需求的因素除了直接因素——住房价格水平外，还包括购房者收入水平及家庭人口数量，购房者对未来价格的预期等（Dipasquale and Wheaton，1996）。还有学者认为住房需求的影响因素除了上述因素之外，还受到购房者消费倾向及消费偏好的影响（Dennis and Riehards，2003）。也有学者认为住房需求的影响因素不仅受到人口数量和收入水平的影响，同时也受消费者偏好和消费倾向的影响（Dennis and Riehards，2003）。

第二类是对房地产市场供给的影响因素研究。部分学者认为房地产市场供给影响因素较多，属于综合性影响因素，而另外部分学者认为个别影响因素对房地产市场供给的影响作用较大。前一种观点的研究者认为房地产供给受较多因素影响，这些因素包括房地产建安成本等成本因素、人口数量和结婚率等社会因素、住房空置率等现有住房市场条件、财政金融政策等政府宏观调控因素（Moore，1996）。后一种观点的研究者认为房地产市场供给受房屋质量水平及等级影响较大（Sweeney，1999），Dennis 等人则认为因为房地产投资建设周期较长及区域固定性的特点使得房地产供给能力很大程度上受房地产生命周期和区域固定性的影响，因而现有房地产的维修及翻新对房地产供给能力具有重要影响（Dennis and Riehard，2003）。

3. **房地产市场周期性的研究**

20 世纪 90 年代日本房地产泡沫破灭对经济社会造成的严重影响，引起了西方学者对房地产周期研究的热潮。一般研究均表明房地产周期与国民经济发展状况密切相关，二者相互影响相互作用，但是因国别及国家经济发展阶段的差异二者之间的关系不同。如部分学者认为日本房地产周期先于经济周期，房地产周期的存在是日本房地产泡沫破灭的重要原因之一；美国不同于日本，美国的经济周期与房地产周期呈现出同步发展的规律。在房地产周期长度的研究上，Kaiser（1997）通过对房地产市场多种指标数据长达七十八年的研究显示，房地产市场存在三种不同长度的周期：分别是 30 年、50 ～ 60 年及几百年。他认为长周期相较于短周期对房地产市场行为的解释更具有说服力。

4. **宏观调控政策的研究**

西方发达国家虽然崇尚市场这只“看不见的手”对经济及房地产市场进行调控，但是由于经济及房地产市场固有的特性使得房地产市场发展中“市场失灵”问题频现，房地产宏观调控政策对房地产市场的现实调控引起了广泛的研究探讨。部分学者认为宏观调控政策中的财政税收政策和货币政策对房地产市场的影响较为显著（Darrat，1993）。新加坡和韩国是政府干预房地产市场进行宏观调控程度较高的国家，部分学者以这两个国家为例对宏观调控政策对市场的成效进行了评析（Park，1998）。

二、国内研究进展及述评

1. 房地产价格的研究

自1998年房地产全面市场化以来特别是2004年以来，房地产价格的快速上涨使得房地产价格成为国内学者的研究热点。很多学者深入分析了影响房地产价格的众多因素，特别是近年来部分学者开始采用计量模型对房地产价格影响因素进行实证分析的研究也在逐步增多。李景国（2011）认为房价整体过快上涨和部分城市房价过高已成为阻碍房地产市场进一步健康发展的瓶颈，究其原因主要是制度建设存在缺陷。该文章认为，土地财政、保障性住房建管滞后、房地产开发制度缺陷、收入分配制度不合理、房地产税费制度不合理和房地产宏观调控效果不彰等是影响当前房地产市场健康发展的主要制度问题。栗亮（2011）基于长达20年的时间序列数据（1990—2009年）对中国商品房销售价格增长率与货币供应量增长率之间的关系进行了定量研究，定量分析结果表明，从长期角度看商品房销售价格增长率对货币供应量增长率存在Granger因果关系，但是货币供应增长率对商品房销售价格增长率不存在Granger因果关系，作者认为计量分析结果与现实基本一致。杜建华（2012）基于11年的季度时间序列数据（2000—2010年）建立VAR模型，发现房价与地价之间存在正向的相互影响关系，且短期内房价对地价的影响大于地价对房价的影响。

2. 房地产市场供需影响因素的研究

第一类是对房地产市场需求影响因素的研究。朱永升、王卫华等（2004）通过灰色关联度实证分析显示，房地产市场需求的影响因素主要包括房地产价格、GDP 总额、城镇居民人均年收入、现有人口数量及城镇居民人均住房建筑面积等。王洋（2007）采用 SPSS 计量工具实证分析结果显示房地产市场需求与房地产价格呈现出负相关关系，与城镇居民人均可支配收入呈现出正相关关系，实证分析结果与现实相符。洪世勤（2007）研究结果表明房地产市场的需求影响因素除了普遍认为的房地产价格和消费者收入水平外，还受消费者对未来房地产价格的预期、消费者偏好及城市化与工业化水平的影响。

第二类是对房地产市场供给影响因素的研究。王彬（2007）认为房地产价格、建安成本及房地产开发商对市场的预期是影响房地产市场供给最重要的三个因素。在市场经济条件下，房地产价格与房地产市场供给呈现出正相关关系，且是影响房地产市场供给最为重要的因素。建安成本与房地产市场供给呈现出负相关关系，因为建安成本影响房地产开发商的利润及经济效益目标的实现。房地产开发商预期与房地产市场供给呈现出正相关关系，对房地产市场供给极为重要。孙鹏（2011）则认为房地产开发商价格预期、土地出让价格及房地产开发信贷政策是影响房地产市场供给最重要的三个因素。他认为在我国当前的房地产市场阶段，房地产当期价格对房地产市场供给的影响作用远远不如预期价格的影响作用大，房地产建安成本对房地产市场供给的影响作用远远不如土地价格对房地产市场供给的影响大，因为银行贷款是房地产开发商的重要的融资渠道，所以金融机构的房地产开发信贷政策对房地产市场供给影响作用较大。

3. 房地产市场周期性的研究

谭刚是对房地产周期研究较早、较为深入的学者之一，2000—2002年作者对全国及深圳的房地产市场周期进行了连续性的研究。作者2000年研究成果论述了中国房地产市场与中国宏观经济周期性波动一致，呈现出较为明显的复苏—繁荣—衰退—复苏的循环交替出现的周期波动现象。在此分析基础上，重点分析了深圳房地产市场波动的特征及其影响因素。作者2001年在2000年研究基础上，认为深圳作为全国房地产市场率先启动与发展的重要城市，其房地产市场出现了较为明显的周期波动现象。作者于2002年在对房地产市场外部冲击及内部传导主要影响因素分析的基础之上通过外部冲击—内部传导模型对房地产周期波动机制进行了深入分析。但是需要注意的是，由于中国房地产1998年才开始全面市场化，作者2000—2002年对房地产周期研究缺乏足够的现实意义和代表性。因此，近几年对房地产周期研究的文献因其采用的数据较多而更具有现实意义。

徐国祥、王芳（2010）采用1998—2009年的国房景气指数采用多次分辨法和加权平均周期图谱分析方法相结合实证分析得出，中国房地产市场从1998年1月以来存在为期36个月的主周期和27个月的次周期波动，研究亦表明周期波动与我国房地产政策的周期性波动密切相关，并据此对房地产市场主体提出了针对性的对策建议。郭娜和梁琪（2011）采用随机游走滤波方法界定了中国房地产市场周期，并通过相关度分析法对房地产市场周期与金融稳定的关系进行了较为深入的探讨。研究结果表明中国近年来房地产市场周期波动主要受宏观经济环境和房地产市场宏观调控政策的影响，另外房地产市场周期与银行信贷周期密切关联，要谨防不断积累的房地产市场风险对金融稳定的负面影响。

4. 宏观调控政策的研究

中国房地产市场发展的过程伴随着宏观调控政策的发展历程，从将房地产市场调控作为调控宏观经济发展的重要工具，到通过多种手段综合调控房地产价格的合理回归促进房地产市场健康发展为主基调，以保障广大城镇居民的住房权益为目标，房地产宏观调控经历着不断走向成熟的过程。自2009年底以来，国家加强了房地产市场宏观调控力度且注重宏观调控政策的长期化制度化发展及宏观调控政策的连续性，政府宏观调控政策的变化发展带动了国内学者对房地产市场宏观调控政策的研究热潮。但是，也有学者的研究表明中国房地产宏观调控政策诸多问题的存在，如覃豪（2011）研究认为中央政府房地产宏观调控政策收效甚微从而使得宏观调控政策面临两难困局，并从实证的角度分析了宏观经济与房地产运行的相互关系，进一步证明了宏观调控政策的两难局面，并针对性地提出了房地产宏观调控的政策建议。金海燕、任宏（2011）采用1998—2009年共12年的数据构建房地产宏观调控政策效果评价模型对中国房地产政策效果进行了综合评价，实证结果显示政策效果不明显，原因主要在于政策反复性和缺乏一致性。作者在最后认为在我国目前的宏观经济环境及房地产市场发展状况下，宏观调控政策应突出鼓励性而非抑制性。

第二节　城市房价合理性的研究现状及述评

房价收入比是一个国家或地区衡量房价合理性的最重要指标。在房价收入比指标产生之前，学者需要做大量调查研究工作才能衡量出其要调查地区房价与收入是否协调，不仅工作量大，且因不同单位调查研究角度差异导致不同结论，从而导致研究结论没有统一的评价标准。在这样的背景下房价收入比指标经过反复实践和总结，成为较好评价房价合理性的综合性指标，目前尚无更好的方法来代替它。房价收入比将住房消费占居民收入的比重不高于30%作为其计算依据，为世界各国广泛接受与公认。国内外在住房市场与居民收入协调性研究方面主要是采用房价收入比进行研究，接下来本书将对国内外房价收入比研究现状进行总结。

一、国外研究进展及述评

1. 房价收入比渊源及概念

房价收入比起源较早，一开始并不是通过计算房价与收入比值来判断居民购房承受能力，其起源于家庭支出与收入关系的研究。家庭支出与收入关系研究可追溯到19世纪德国统计学家Engel和Schwabe提出的家庭支出与收入关系的法则，随后住房支出收入比成为西方社会经济领域研究热点，然而诸多研究并未有效地解决住房支出收入比的概念、理论和实际操作问题，故到了20世纪30年代，关于住房支出收入比的研究已经陷入低潮，Zimmerman（1936）关于家庭消费的相关研究是其中最后一个详细论述住房支出收入比的重要文献。鉴于此，Renaud（1989）、Malpezzi（1990）等开始使用房价收入比的概念，以化解住房支出收入比研究未能解决的难题，从此之后房价收入比成为国外学者研究热点。

众所周知，房价收入比为房价与收入比值，但是房价和收入定义的不同导致了房价收入比不同的定义，目前有两种较为权威的定义。一种比较权威的定义是世界银行1992年在《中国：城镇住房改革的问题与方案》中提出的房价收入比定义：平均每套住房价格与居民家庭平均收入的比值。另一种比较权威的定义是联合国人居中心1996年在《城市指标工具包指南》中对房价收入比的定义：居住单元中等自有市场价格与中等居民家庭年收入的比值。其中，居住单元中等自有市场价格是指售房者在迫不得已出售住房前提下，进入市场的住房在市场长时期后的销售价格，高于市场上50%的这种住房也低于市场上50%的这种住房；中等居民家庭年收入是指家庭各种收入综合，既包括工资性收入及从事非正式行业获得的收入，也包括信息充分条件下消费本可以出售农产品之类的隐含性收入。西方国家较多地采用第二种定义，我国由于数据获取的难度在实际计算时往往采用第一种定义。

2. **房价收入比的计算与测量**

国外对房价收入比的讨论主要集中在典型房价与典型家庭收入关系问题，故而典型房价与典型家庭收入成为测量重点。从房价测量研究来看，由于住房兼具消费和投资双重特性，国外居民较中国居民更易变更住所，因此住房还是频繁、重复销售商品，从而每一单位住房都是独特的，造成典型房价的测量比其他商品价格测量难度要大得多。房价中位数与平均房价的总体测量是最为常用的方法，受所售住房结构变化和同类住房估价变化，这些总体测量（中等价格与平均价格）也随之改变。特征价格回归法与重复销售技术成为解决这一难题的有效度量方法：特征价格回归法的关键是构建特征价格函数（hedonic price function，HPF），HPF由Waugh（1929）首次构建。特征价格回归法度量的基本步骤是，首先识别住房关键特征，然后使用特征价格函数估计这些特征的隐性价格，最后利用隐性价格调整住房的平均价格。Bailey、Muth和Nourse（1963）首先提出重复销售技术，Case和Shiller（1987）则对该方法进行了进一步的精炼和推广。该方法的基本逻辑思想是，首先将同一住房的当前销售价格或者评估价格与先前的对应价格进行比较，计算出价格变化值，然后将价格变化值纳入每一个预期整体市场价格变化估计中，进而构建出房价指数。

从收入测量来看，国外学者做了大量研究，且测量方法分歧严重。第一，家庭总收入与家庭可支配收入的分歧。Gyourko 和 Tracy（1995）在研究美国单亲家庭住房市场时，使用的是家庭总收入，具体包括工资、自我雇佣收入、利息收入、社会保障金和退休金等；而 Black、Fraser 和 Hoesli（2006）在研究美国房价收入比与泡沫关系时，使用的是家庭可支配收入。第二，中等家庭年收入与平均家庭年收入的分歧。虽然西方学者普遍认为应该采用中等家庭年收入，但是在研究具体地区的房价收入比时，由于数据的可获得性不强，往往改用该地区可获得数据。比如，Lau 和 Li（2006）在计算北京房价收入比时，使用的就是家庭人均年收入，具体包括固定收入和一次性收入。

3. **房价收入比合理区间的界定**

在房价收入比的测量顺利完成之后，房价收入比合理区间的研究就成为研究的重中之重，因为即使房价收入比测量得再精确，没有合理区间房价收入比仍没有广泛的应用功能，解释不了现实问题。房价收入比合理区间的依据是：虽然房价与收入在短期中可能不具有均衡关系，但是在长期中房价与收入最终会趋向均衡值，房地产市场理论普遍认为房价与收入具有长期均衡关系。这种理论认为房价的重要决定因素是收入，因此收入是房价的重要支撑因素。房价会始终在收入所能支撑的范围内波动，当房价出现偏离时会在自我调节的作用下恢复至均衡状态，因此价格的偏离状态只是一种短暂的状态（Holly and Jones，1997）。

相关研究表明发达国家房价收入比区间为［1.8，5.5］，而发展中国家房价收入比一般在［4，6］。但同时指出也有例外情况的存在

（Renaud，1989）。随后，以上观点在世界银行 1992 年的《中国：城镇住房改革的问题与方案》一书中被引用。随着之后大量研究对［4，6］区间的引用，从而使得国际上普遍认为该区间为较为合理的区间。与［4，6］合理区间近似的还有 Hammer（1993）在对全球 50 多个城市调查研究的基础上，提出房价收入比合理区间应该是［3，6］。由于居民住房消费占居民收入 30% 以下为可以承受是西方学者普遍认同的观点，故得出房价收入比位于［3，6］为较为合理的结论。

然而，不同国家具有不同的房价收入比合理区间。就连 Renaud（1991，1994）本人也在自己已有研究的基础上做出了修正。在 1989 年得出［4，6］合理区间的结论之后，Renaud 通过对较多国家房价收入比的深入研究发现，部分国家（一些较为落后的国家和社会主义市场经济国家）房价收入比水平高于前期［4，6］合理区间的结论，因此他后期研究认为在部分国家如社会主义国家房价收入比会高于一般国家的结论。但是国内学者在进行房价收入比合理区间研究时，往往只注意到 Renaud 先前提出的［4，6］，而忽略了他其后所做的修正。世界银行 1998 年统计分析了 96 个国家和地区的房价收入比资料，结果显示这 96 个国家和地区房价收入比从最高数值 30 到最低数值 0.8，房价收入比数值呈现出高度离散的特点。按家庭收入来对这些国家和地区房价收入比进行分类，发现最低收入等级的国家或地区（家庭收入在 999 美元以下）房价收入比平均值为 13.2；中等收入等级的国家或地区（家庭收入处于 3000～3999 美元内）房价收入比平均值为 9；高等收入等级的国家或地区（家庭收入在 10000 美元以上）房价收入比平均值为 5.6。一般而言，西方发达国家房价收入比低于 6，当超过 6 时则意味着存在房地产泡沫。

因此，是否能用固定的房价收入比区间作为判断一个国家或地区存在房地产泡沫的标准还有待商榷。尽管如此，房价收入比的大小仍然为我们了解一个国家或地区的房地产市场提供了丰富的信息。

4. 房价收入比对房价合理性的评价

经济学模型的测量最主要的目的是应用于现实问题的解决，房价收入比的测量也不例外，对其进行测量的目的是描述和解释房地产市场及其与周围宏观经济社会环境现象的协调性并预测趋势。目前，房价收入比主要应用于居民购房支付能力和房地产泡沫的衡量，而对居民购房支付能力的评价是房价收入比测量最为重要的应用之一。

购房支付能力是指单个家庭面临的获得适宜的或充足的住房困难程度。英国和美国出于不同的政策目标，分别于 20 世纪 60 年代和 80 年代采用这一概念。随后，国外学者对购房支付能力进行了多方位的深入研究，其中一个重要的视角就是探讨其测量方法。根据 Bramley、Maclennan 和 Williams（Hancock，1993）的界定，支付能力是指“对家庭收入的不合理的负担”，具体地说，“家庭必须能够获得既定净租金条件下适宜的足够大的住房，但仍有足够的收入生活而没有滑入贫困标准以下”。因此，购房支付能力可以由住房价格、住房消费量二者之积与家庭收入的比率测量，也就是说可以用房价收入比测量。进一步，Feins 和 Lane（1993）则认为住房消费占家庭收入的比重应低于 25%，当超过此比值时则认为家庭购房支付能力不足。事实上，房价收入比也是美国人居环境委员会、世界银行等机构使用的购房支付能力测量指标。

二、国内研究进展及述评

1. 房价收入比概念的界定

房价收入比的概念其实是其测量的依据和基础，国内不同学者对房价收入比不同的定义导致不同的计算测量方法。通过对国内相关文献的研究发现，国内学者对房价收入比的定义一般根据1992年世界银行的定义，即房价收入比为平均每套住房价格与家庭平均收入的比值。国内学者对房价收入比的定义基本与此相似，较大的差别在于对住房价格和家庭收入的计算。国务院1998年《国务院关于进一步深化城镇住房制度改革加快住房建设的通知》对房价收入比的定义为，在住房市场化以后某区域60平方米建筑面积住房的平均价格与城镇居民家庭平均工资的比值。这是对房价收入比做出较早及较权威的定义，之后国内学者开始对房价收入比定义进行了积极研究与探讨。季如进、陈玲玲（1998）对单个家庭可承受的房价收入比进行了定义，认为可承受的房价收入比为在金融政策支持下居民家庭能支付的住房价格与家庭年收入的比值。包宗华（2003）认为房价收入比为某区住房平均价格与居民家庭户均收入的比值。陈杰等（2008）认为静态的房价收入比对长期内居民的购房支付能力评价不够科学，由此提出了动态房价收入比概念，以此考察长期内居民购房支付能力状况。

2. **房价收入比计算及测量**

房价收入比计算和测量与其定义紧密相连，不同的定义导致计算与测量差异显著。1998年的全国城镇住房制度改革和住房建设工作会议对房价收入比进行了首次官方及权威定义，认为房价收入比是某区域60平方米建筑面积住房平均价格与居民家庭平均工资收入的比值。从该定义可知这同时也是对房价收入比计算与测量的首次较为权威的规定。之后，国内学者对房价与收入的测度研究进行了积极探讨，但是由于定义的差异较大，到目前为止并没有统一而被广泛认可的测量方法。

首先，国内学者在住房面积的选择上分歧较大。国内对于住房面积的确定没有一个统一的标准。易宪容（2006）以75平方米为我国住房套均面积标准，杨永华（2006）又以 80 平方米为标准计算，郭战等（2007）又提出了 90 平方米的标准。另外，还有学者取 100 平方米、110 平方米等根据当前新建商品住宅单套销售面积来取的数值。其次，很多学者将焦点集中在房价和收入计算的细化上。代表性的学者是：李伟（2004）研究表明目前房价收入比的计算中只考虑到家庭户均收入和上市的住房价格指标，考虑指标的有限性决定了居民购房支付能力不能得到较为准确的测量，因此有必要对住房市场进行细分。作者提出应从以下三个方面细分房价收入比：收入阶层、上市住房的新旧程度和居民是否拥有自有住房。陈欣宏（2006）认为因为国内学者对房价收入比的计算往往重视新建商品住房，而忽视了二手房市场及市场结构的考虑，从而存在低估居民家庭购房支付能力的问题，因此房价收入比计算方法具有较大缺陷。针对这些缺陷，以及考虑与我国的统计资料衔接，作者对房价收入比的计算方法进行了改进。朱德开、张兵（2006）结合合肥的实证分析，认为房价应为新房与二手房的加权房价。朱建君、贺亮（2008）根据国内房价收入比存在的问题重新设计了房价收入比的计算方法及其合理区间的计算公式，认为较为合理的计算公式是将恩格尔系数纳入房价收入比。

3．**中国房价收入比合理区间的探讨**

国内大部分学者所做研究都是在计算完房价收入比之后，对照 4～6 的区间判断目前的房价收入比有没有超过 6 的警戒线，以此来评价居民购房支付能力是强还是弱。但是有相当部分的学者对［4，6］是否是适合中国的评价区间进行了探讨，对［4，6］合理区间持否定态度的代表学者是包宗华，他在多篇文章中提到国内学者对该区间的误解是源自世界银行对中国经济考察研究丛书《中国：城镇住房改革的问题与方案》，从其来源分析，这一论点仅仅是 Renaud（1989）的一个研究成果。就连 Renaud 本人在 1991 年的后续研究中也指出发展中国家房价收入比与发达国家之间差异悬殊，社会主义国家房价收入比与资本主义国家差异悬殊。国内学者在对其观点进行引用时，往往只注意到其先前［4，6］的界定，而忽视作者后来所进行的修正（包宗华，2010）。

虽然包宗华充分说明了［4，6］的区间不能用来判断中国房价收入比是否合理，中国房价与收入是否协调，是否在居民可承受范围之内，但是什么样的区间才是适合中国的，他并没有给出一种特定的计算方法。国内其他一些学者在区间的取值上做了一些研究。季如进、陈玲玲（1998）提出，“影响家庭可承受房价收入比的两大因素：家庭经济状况及消费投资偏好、金融支持”，并测算出 1998 年北京中等收入家庭可承受房价收入比区间是 2.2 ～ 5.8；车延杰（2001）也重新测定了合理的房价收入比区间，他指出中国新建商品住房和二手房价格差异在 1/3 左右，而二手房市场占市场交易总量的比重也在 1/3 左右，从而对 Hammer 房价收入比［3，6］的区间进行了修正，计算得出中国新建商品住房合理的房价收入比区间应在 3.4 ～ 6.8 左右。

通过国内外房价收入比合理区间研究文献可以发现，受不同国家及地区经济发展水平、国家金融财税政策和居民消费结构习惯等因素的综合影响，不同区域房价收入比合理区间差别较大，房价收入比合理区间的测定要与各区域经济社会文化等特征相结合。总体看来，受中国社会体制、经济发展阶段及金融政策等各方面的影响，合理的房价收入比应高于西方发达国家公认的合理水平。西方国家提出的［4，6］或者［3，6］的合理区间对中国具有启示意义，但是要结合现实情况，不能生搬硬套。

4. 房价收入比对房价合理性的评价

国内学者普遍认为中国房价收入比过高，城镇居民家庭购房支付能力严重不足。政府应该加强房地产市场宏观调控，解决住房价格过高问题，促进房价的合理回归。杨帆等（2005）研究认为中国大城市房价收入比基本上都超过了 8，主要集中在 8 ～ 15 之间，北京及上海等一线城市房价收入比甚至超过了 10，居民购房支付能力严重不足。魏雅华（2006）研究认为全国和重点区域房价收入比均超过了合理范围，并指出中国住房痛苦指数和房价收入比均为世界最高，住房价格已经远远超过居民的承受能力范围。

与上述学者持有观点不同，国内少数学者认为中国现有房价收入比存在被高估的情况。包宗华（1999）研究认为住房价格高低是相对量而不是绝对量，单独考察住房价格上涨而不考察收入增长对房价收入比的研究是不全面不科学的。在将是否拥有住房纳入房价收入比指标体系后，作者得出中国实际的房价收入比仅 3 ～ 5，居民不存在购房支付能力不足的问题。陈杰等（2008）对包括收入增长、成本因素及信贷政策等综合性因素进行考察的前提下提出了动态房价收入比的概念，并采用上海市房地产市场数据计算得出房价收入比呈现出下降的趋势，居民购房支付能力在增强。从以上这些少数学者持有的观点可以看出，这些学者认为导致我国目前房价收入比过高问题不是因为中国住房价格确实过高，而是因为房价收入比的计算及合理区间的测度方面存在着问题。针对这些问题对房价收入比进行测算并采用适合中国的合理房价收入比评价区间，中国并不存在住房价格过高及居民购房支付能力不足的问题。

第三节 城市房地产市场影响因素的研究现状及述评

一、国外研究进展及述评

1. 房地产市场供求影响的研究

房地产市场供求协调性是影响房地产市场价格水平和房地产市场健康发展最重要及最直接的因素，因此西方学者对房地产市场供求影响的研究较为深入。按照房地产市场交易形成的房屋销售市场、房屋租赁市场与土地市场，西方学者对房地产市场供求协调性的研究也因此可以划分为房屋销售市场供求协调性研究、房屋租赁市场供求协调性研究及土地市场供求协调性研究。

在房屋销售市场供求协调性研究方面，Knight 和 Park（1994，1996）研究认为房屋销售市场供给和需求的协调主要取决于房屋销售价格。房地产销售价格被视为房屋销售者的重要信号，作为房地产市场另一重要主体的购房者则因为信息的不对称出现信号滞后现象。Clapp（1996）对房地产市场的重要类型——写字楼销售市场供给与需求协调状况进行了论述，采用四象限模型对写字楼供求协调性进行了较为深入的分析。Arnott 等（1999）通过建立与房屋销售质量相关的供求协调性模型，并在改变了房屋销售市场假设条件的前提下对房屋销售市场协调性进行了深入分析。

在房屋租赁市场协调性研究方面，Weatherhead（1997）通过对房屋租赁市场协调性的深入分析，对购房者对房屋自住或出租的选择性行为进行了研究。Braid（2000）采用较长时间段的数据对房屋租赁市场的协调性进行了研究。

在土地市场供求协调性方面，Goldberg（1990）对土地市场供求协调性的研究采用了不同的土地市场供求协调模式进行分析，这些协调模式包括土地市场闲置与过度需求模式、土地市场存量—流量供求协调模式、土地市场供求蛛网协调模式及单一的土地市场供求协调模式。

2. **房产市场与土地市场相关性的研究**

在房产市场与土地市场协调性研究方面主要是对住房价格和土地价格之间关系的研究，总的来看，房产市场与土地市场关系的观点可以划分为三类：第一类是房产价格的上升导致土地价格的上升。Sullivan（2000）在一般均衡理论分析的基础上从引致需求角度分析了房产价格与土地价格的关系，认为高房产价格是高土地价格的原因，而并非高土地价格导致了高房产价格。第二类是土地价格的上升导致房产价格的上升。持有该类观点的学者主要是从房产成本角度来分析，认为土地价格是房产价格的重要组成部分，土地价格的上涨会导致房产价格的上涨。Weston（2003）通过调查问卷法研究得出房地产开发商对房产价格具有决定性的作用，而土地价格是房地产开发商制定房产价格的重要依据和考虑要素。Somerviolle（2004）通过构建城市空间模型从土地供给缺乏弹性的角度证明了土地的空间垄断导致住房价格的持续性上升。第三类是房产价格与地产价格存在着较为复杂的关系。Holly 和 Jones（1997）研究认为住房价格与土地价格并非简单的线性关系，住房价格在土地价格较低的地区因建筑成本和房屋质量的影响也可能较高，同时土地价格占住房价格比重也受信贷政策的重要影响。

3. 房地产市场与国民经济相关性的研究

鉴于房地产在国民经济中的重要地位，国外学者对房地产市场与国民经济的协调发展具有比较深入的研究。在西方经济发达国家，房地产市场是被社会公认的支撑和拉动国民经济增长的重要因素。

Ball 和 Morrison（1995）通过对多个国家数据的分析研究，在总结分析住房建设发展与国民经济增长相互关系的基础之上，详细提出了人均 GDP 与住宅建设投资之间的比例关系。Joseph（1997）通过对美国房地产和国民经济数据的样本分析，对美国经济和房地产的关系进行了实证分析。实证分析结果表明美国住房市场发展对国民经济具有较大影响，住宅建造业在各产业中产出乘数最高。日本总务厅（1997）采用投入产出分析法论证了日本国民经济增长和住宅建设投资之间的关系，认为住宅建设是拉动日本国民经济增长的重要因素。英国学者 William 和 Denise（1998）通过对包括美国、英国和日本等近二十个国家不同时期国民经济增长速度和房地产业增长额之间的关系进行了研究，得出了国民经济增长速度与房地产业增长速度之间的比例关系，结论认为两者增长速度应维持在 1∶1.4 或 0.7∶1 的固定比率，这种比率可有效促进国民经济稳定发展。世界银行的《发展中国家城镇住房改革：问题与可供选择的方案》则对十多个国家长达二十年的国内生产总值和住宅建设投资比例进行了深入研究，研究结果显示当人均 GDP 小于 8000 美元时，住房建设投资占国内生产总值比重不断上升。当人均 GDP 为 8000 美元时，此比重达到最高值 5%～6.8%，之后比重呈现出不断下降的趋势（Raymond，1997）。

二、国内研究进展及述评

1. 房地产市场供求影响的研究

吴勇慧（2004）认为房地产市场近年来较快增长的同时伴随着住房空置率高、供需结构失衡及有效需求不足等供求失调问题。作者认为造成以上问题的主要原因在于对房地产市场购买能力评价不足及选择失误所致，并据此建立了房地产购买能力指标体系以促进房地产市场供求协调。李春然（2008）以住房市场供给与需求为主线对漯河市住房市场供需是否平衡问题进行了深入研究，在通过对漯河市住房供给与需求状况及其影响因素进行分析的基础上总结出漯河市供求平衡存在的主要问题，最后针对这些问题提出了漯河“市场＋保障”的住房供给模式并建议促进居民购房支付能力和住房供给的相匹配。车士义等（2009）在对北京流动劳动力住房需求与供给分析基础上，认为住房和租房市场的供给与需求及其均衡程度是影响流动劳动力住房福利的主要因素。作者认为提高流动劳动力住房福利的主要举措为加强政府对流动劳动力的住房供给，并需要对住房租赁市场进行进一步规范，同时要建立流动劳动力住房信息管理系统。曾国安、张河水（2013）认为城市居民住房问题在目前城市化快速进行、越来越多的人口在城市集聚的背景下成为社会最关注的问题之一。为此，作者对中国城市目前住房供给及未来的需求状况，城市未来需要供给的住房面积用以满足居民居住需求问题进行了深入探讨。在进行定量分析基础上，作者最后提出未来十年住房供给的速度应不低于过去十年的速度才能满足居民的住房需求。

2. 房产市场与土地市场相关性的研究

张高攀、单彦名（2011）通过对北京城镇住房问题中土地因素的深入研究，认为中国城镇土地与住房分配很难在完全市场竞争的环境下协调发展。强调在充分认识城镇土地与住房特殊属性基础上政府要以多元利益平衡为先导，改善城镇住房市场与土地市场环境，以促进城镇住房市场的科学、和谐和健康发展。藏波、杨庆媛、周滔（2011）则采用对一、二、三线不同等级城市房价与地价的关系进行了因果关系检验，检验结果显示：从短期来看三线城市地价对房价的影响最强，一线城市最弱；从长期来看，一线城市地价对房价的影响作用最强，三线城市最弱。最后作者提出房地产宏观调控政策要充分考虑失效性且要根据不同城市等级而有差异性。李景国、袁一正（2012）利用北京市房价与地价数据采用 Granger 因果分析法对二者之间的关系进行了定量研究。研究结果显示：从短期来看（1 年以下），房价变化引起地价变化，但是地价变化并不是房价变化的原因；从长期来看（1 年以上），房价与地价之间没有显著的因果关系。根据实证结果作者最后分别针对短期与长期提出了政策建议：在短期内要抑制房价过快上涨从而促进住房与土地的协调发展；而长期内要从住房与土地各自内部的供求关系考虑，抑制投资投机性需求及增加土地有效供给等以促进各自的供求平衡。

3. 房地产市场与国民经济相关性的研究

国内学者关于房地产市场与国民经济协调性的研究集中在对房地产市场在国民经济中的重要性方面进行论证。厉以宁（1999）、包宗华（2001）等从产业角度对国民经济中新增长点——房地产业发展的重要性进行了论述。他们认为中国市场经济及房地产市场发展的阶段性特征对房地产在国民经济中的重要地位具有较大影响。由于房地产业具有高度关联性，房地产业的发展既能拉动消费促进消费结构的变动，也能引起产业高关联度有效带动其他产业及国民经济发展，是中国现阶段重要的经济增长点之一。李若丽（2005）指出由于中国房地产市场化时间较短，房地产市场法规、政策及机制还不健全，因而存在着诸多矛盾和问题。而房地产市场与国民经济发展紧密相连，房地产业是国民经济的重要组成部分，因此针对房地产市场所存在的问题提出有效的解决对策是学者研究的重点。刘芳（2009）对房地产市场与宏观经济的研究主要分为两部分：一部分研究了房地产与宏观经济系统非可量化的因素之间的关系；另一部分研究了房地产与宏观经济系统可量化因素之间的关系。李景国（2009）研究表明西方发达国家的经验告诉我们房地产市场与国民经济的协调发展是房地产市场健康发展、避免大起大落的基础。

第三章　理论基础

在市场经济条件下，房地产价格主要由供给和需求共同决定。我国宏观调控政策对房地产市场影响非常大，但无论是行政性的限购政策，还是金融类的利率及信贷政策，都是通过作用于供给和需求产生作用。因此在房地产价格决定理论方面，主要有供给决定价格的成本决定论，需求决定价格的效用决定论，以及供求共同决定价格的供求均衡论。笔者主要从供给、需求和供求三个方面梳理理论并探讨三个理论在城市房地产领域的应用。

第一节　供给决定价格理论及应用

供给决定价格的理论主要有生产费用价值论和劳动价值论，这里简要地对这两个理论进行梳理，重点探讨成本决定价格理论在城市房地产领域的应用。

一、成本决定价格理论

1. 生产费用价值论

生产费用价值论可以追溯到英国古典经济学家亚当·斯密劳动价值论中的庸俗成分。斯密认为，工资、利润和地租三种收入决定商品价值，同时这三种收入也是商品的生产费用，从而成为生产费用价值论的渊源。之后，资产阶级庸俗经济学家萨伊和马尔萨斯等人提出商品价值本身是由劳动、资本和土地共同产生，劳动、资本和土地决定了工资、利息和地租收入，工资、利息和地租共同决定商品的生产费用，商品的价值由劳动、资本和土地共同组成。商品的价值决定价格，价格与价值基本保持一致。

2. 劳动价值论

马克思将价值定义为凝结在商品中的无差别的人类劳动，凝结了人类无差别的抽象劳动。马克思以劳动价值论为基础，认为商品价值 = C + V + M，C 表示不变资本，V 表示可变资本，M 表示剩余价值。因此，从微观来看，企业商品的价值包括不变资本、可变资本和剩余价值三个部分；从中观来看，一个产业的价值也包括以上三个部分；从宏观来看，社会总产品的价值同样包括这三大部分。商品的价格以价值为基础，围绕价值变动。

二、成本决定价格理论在房地产领域中的应用

由供给决定价格理论可知，无论是成本决定价值理论还是劳动决定价值理论，均认为商品的价格与价值成正比，而价值由生产商品的成本

所决定。商品住宅价格是房产价格和地产价格的综合统一，也是住房商品价格和地租资本化的综合货币价格。由此，我们从供给决定价格理论可以列出：住房价格 = 土地价格 + 房屋建筑物价格 = （生地价 + 土地开发成本） + （房屋建安成本 + 房屋销售成本）。

土地成本是住房成本的主要组成部分，包括生地价和土地开发成本，在达到三通一平或七通一平之前的费用都计算为土地成本。需要说明的是，生地土地成本包括土地出让金，拆迁或者征地费用，三通一平或者七通一平费用；熟地土地成本就是土地成交价，但是也包括以上三项费用。

建安成本即建筑安装成本，是房屋建筑成本和房屋设施设备安装成本的简称，包括材料费、机械使用费、施工费、人工费及施工企业管理费及利润等。其中，前两项费用材料费和机械使用费在建安成本中占到70%左右，建安成本占房价比重一般在10%～30%之间。相对于其他成本而言，建安成本是房价中相对稳定的部分，但是随着经济发展和物价上涨，建安成本也随之上升。值得一提的是，近年来随着人们对住房的需求从刚性需求向改善性需求转变，户外基础设施建设、教育医疗设施建设及环境绿化等户外配套设施越来越成为消费者重点考虑的购房因素，而这些户外配套设施大多数具有非营利性公共产品性质，不能通过盈利产生的经营收入弥补成本投入，因此这些开支往往也计入建安成本，构成近年来住房建安成本的重要组成部分。

此外，房地产开发商所承担的税费和利润也是房地产价格的重要构成要素。房地产开发商税费主要有营业税、城市维护建设税和教育费附加税、土地增值税、房产税、城镇土地使用税、印花税、契税及企业所得税等。税费在房地产成本中所占比重同样较高，因此对房地产供给影响较大，也成为政府调控房地产市场的重要手段。此外，房地产供给成本还包括房地产开发商的利润，这也是房地产开发商劳动、资本和土地投入的价值所在。

以上土地成本、房屋建筑物成本和房地产商利润共同构成了房地产价格的基础，因而也是进行房地产价格分析的基础。

第二节　需求决定价格理论及应用

供给决定价格理论是从供给角度考察商品供给成本决定的商品价值和价格，应用到商品住房价格领域，就是从房地产开发商供给的商品住房成本角度分析商品住房价格，有一定的合理性。但是供给决定的住房价格忽视了需求的重要影响作用。因此有必要从需求角度也对商品住房价格进行考察，因此有必要对需求决定价格理论及其在房地产领域的应用进行研究。

一、需求决定价格理论

1. 一般效用论

需求决定价格理论典型的是效用价值论，效用价值论指的是商品满足人们的欲望的能力或者人们对商品的主观心理评价决定商品的价值，它是与供给决定价格的劳动价值论和生产费用价值论截然不同的理论。效用价值论分为一般效用论和边际效用论。一般效用论指的是商品效用决定商品价值，没有效用的物品也因此没有价值和价格；物品效用在于满足人们的需求。

2. 边际效用论

边际效用论指的是商品价值取决于边际效用，即商品满足人们最后的或者说是最小欲望的那一单位商品的效用。边际效用论从需求和消费者主观角度来说明商品价格的形成，认为所有物品价值均来源于人们对物品的主观心理评价，所有物品的价值均取决于人们的主观效用。主观效用决定商品价值，商品价值又决定了商品价格，从而商品边际效用大小决定了商品价格高低。在货币效用保持不变的背景下，商品边际效用与价值之间呈现正相关关系。商品边际效用越大，价值越高，价格也相应越高，反之价值相应越低。边际效用论认为商品价格是商品边际效用和货币边际效用之比。

二、需求决定价格理论在房地产领域中的应用

无论是一般效用论还是边际效用论，都强调消费者主观感知对商品价值和价格的决定作用。房地产除了一般商品特征之外，还具有投资投机性作用，主观感知对价格的决定作用更能得以体现，主要体现在偏好和预期对房地产价格的重要影响。

一方面，偏好对房地产价格影响较大。受社会经济条件、工作地点及其对房地产地理位置和户型面积等具体特征的偏好的影响，消费者对不同房地产愿意支付的价格具有差异性。如一线城市及热点二线城市集中了全国最优质的教育、医疗及政治文化资源优势，使得大量人口集中于这些城市，对这些城市的房地产产生了巨大需求；在城市内部，不同区域地理位置、教育医疗条件又具有较大差异，消费者对城市内部的热门区域又更具有偏好。因消费者对这些优势资源的偏好，导致不同区域房价差别巨大。

另一方面，预期同样影响甚至主导着房地产价格。房地产市场是投资投机性较强的市场，因此预期对房地产价格影响很大。作为房地产市场需求者的消费者，房地产效用及房地产投资的效用取决于心理预期。消费者购置房地产时复杂的心理对未来房地产价格具有重要影响。由于未来的不确定性以及为了降低行为风险，消费者往往根据房地产市场现状及经济社会现状对未来进行预期。而房地产市场消费者更是如此，因为房地产为耐用品，价值高且波动性较大，购房者购房行为更容易受到预期的影响。当购房者预期未来房价上升，房地产需求和价格将会上升；当购房者预期未来房价下降，房地产需求和价格将会下降。房地产预期往往容易受到当前房地产市场形势的影响，这就是房地产市场“买涨不买跌”状况形成的原因。由此可见，房地产需求和价格受预期的影响非常大。

第三节　供求均衡决定房地产价格理论

供给决定价格理论从房地产成本费用角度分析房地产价格，而需求决定价格理论，则从消费者效用角度分析房地产价格。二者对房地产价格的形成均有较强的说服力，但是也都有较大的缺陷。这是因为二者都是片面的，供给决定价格理论忽视了需求的重要作用，而需求决定价格理论忽视了供给的重要作用。越来越多的理论认为房地产价格并不是只受一方面的影响，而是受到供求两方面的共同影响。

一、供求均衡理论

著名经济学家马歇尔在1890年的《经济学原理》中指出，商品的价值由供求状况决定，供求均衡点的价格则是商品价格，这便是马歇尔提出的价格均衡论。供求均衡论就是在供给和需求的共同作用下供求达到均衡状态，均衡点的产量就是均衡产量，均衡点的价格就是均衡价格。马歇尔对前期生产费用论和边际效用论进行了修正，但是同时价格均衡论也是在前两个理论的基础上发展起来的。生产费用论有效解释了供给变动，边际效用有效论解释了需求变动，构成了需求表。边际生产费用递减规律引起了供给量变动，边际效用递减规律引起了需求量变动，构成了需求表。供给量和需求量变动达到均衡的状况，即是供求价格均衡。

二、供求均衡理论在房地产领域中的应用

在市场经济作用下，供求均衡理论可以用到几乎所有的商品市场中，房地产市场也不例外。一般情况下，在其他因素不变的条件下，房地产需求量与价格成反比，供给量与价格成正比，即价格下降引起需求量的上升和供给量的下降。因此，在消费者预期及偏好不变、家庭收入等其他各种因素不变的前提下，房地产市场需求曲线向右下方倾斜，供给曲线向右上方倾斜。但是，前面我们说过房地产市场不仅具有一般商品市场的特征，而且具有投资投机性特征，所以在投资投机性需求旺盛的时候，往往又会出现需求随着价格上升而不断上升的情况，这时候用一般供求均衡理论无法解释短期房地产市场的均衡价格情况。这时候虽

然一般供求均衡理论在投资投机性较强的房地产市场中无法应用，但是从长期来看，房价上升之后居民的需求还是会下降，同时房地产市场供给会增加，供求共同作用会导致均衡价格下降，因而在长期，供求均衡理论同样适用。

第四章　城市房地产市场发展历史及现状

35 个大中城市涵盖了全国除西藏之外大陆地区 30 个省级行政区（省、自治区和直辖市）的省会城市，外加辽宁的大连、浙江的宁波、山东的青岛、福建的厦门和广东的深圳 5 个计划单列市。东部 14 个大中城市，其中一线城市 4 个（北京、上海、广州、深圳），二线城市 10 个（天津、石家庄、南京、杭州、宁波、福州、厦门、济南、青岛、海口），东部城市发达的经济和优越的地理位置为其住房市场发展提供了良好的基础条件。中部城市 6 省省会城市（太原、合肥、南昌、郑州、武汉、长沙）；西部城市 11 省区省会城市（呼和浩特、南宁、重庆、成都、贵阳、昆明、西安、兰州、西宁、银川、乌鲁木齐），这 11 个城市为西部内陆城市，经济发展程度和地理位置条件很大程度上制约了这些城市住房市场的发展程度；东北部城市为东北三省的三个省会城市和辽宁的大连（沈阳、大连、长春、哈尔滨），对这 4 个城市房价收入比的考察有利于对处于东北老工业基地的大中城市住房市场与居民收入的协调状况进行较好的评析。中部、西部和东北部城市因其房价等房地产市场指标总体滞后于一、二线城市，笔者在本书中将其都归为三线城市。

表4－1　35个大中城市区域及类型划分

按区域划分的35个大中城市		城市
一线城市	东部城市（4个）	北京、上海、广州、深圳
二线城市	东部其他城市（10个）	天津、石家庄、南京、杭州、宁波、福州、厦门、济南、青岛、海口
三线城市	中部城市（共6个）	太原、合肥、南昌、郑州、武汉、长沙
	西部城市（共11个）	呼和浩特、南宁、重庆、成都、贵阳、昆明、西安、兰州、西宁、银川、乌鲁木齐
	东北部城市（共4个）	沈阳、大连、长春、哈尔滨

35个大中城市在全国房地产投资、施工面积、竣工面积、新开工面积及销售面积等重要指标方面都占有重要的份额，基本涵盖了一线、二线和三线这几类重要的城市。因此研究35个大中城市发展历史及现状①，对分析全国总体及其他城市房地产市场的发展状况具有重要作用。本章分为两节内容：第一节，在对房地产市场主要指标包括投资、新开工面积、施工面积、竣工面积、销售面积和房价进行历史和现状的分析后，对当前各类城市指标现状进行原因分析。第二节，笔者在本章将通过对35个城市2001—2017年房地产市场发展状况，来分析一线、二线和三线城市房地产发展历史及现状。

① 由于住房市场是房地产市场的重要组成部分，也是城镇居民最为关心的领域，2017年3月以来房地产市场宏观调控政策主要针对住房市场，因此本书关于房地产市场的指标数据均为住房市场指标和数据。

第一节　全国及各城市房地产市场发展历史及现状

2017 年，各类城市主要指标均出现绝对量或增速的回落，住房市场调整趋势逐步确立并逐步深化。本书主要从各类城市住房投资、新开工面积、施工面积、竣工面积、销售面积和销售价格等六大指标来分析城市住房市场的发展状况。

1. **各类城市住房投资温和上升，增速一线城市和东北部城市回落**

2001—2017 年 35 个大中城市住房投资总额从 282 亿元增长到 34723 亿元，这 17 年的增速均值为 18.7%，低于全国增速均值（20.6%）1.9 个百分点，其中，2017 年增速较上年同期略微上升（0.3 个百分点）。2017 年，一线城市投资总额为 6626 亿元，同比上升 1.5%，增速较上年同期下降 8.6 个百分点；东部其他 10 个城市投资总额为 10531 亿元，同比上升 9.0%，增速较上年同期下降 8.4 个百分点；中部城市投资总额为 6979 亿元，同比增长 13.2%，增速较上年同期下降 2.3 个百分点；西部城市投资总额为 8870 亿元，同比增长 6.3%，增速较上年同期上升 6 个百分点；东北部城市投资总额为 1716 亿元，同比增长 4.3%，增速较上年同期上升 35.3 个百分点（见表 4－2）。

表 4－2　2001—2017 年全国及各类城市住宅投资增速

单位：%

年份	全国	35 城	一线 4 城	东部 10 城	中部 6 城	西部 11 城	东北部 4 城
2001 年	28.9	29.9	32.3	21.3	39.3	32.2	27.8
2002 年	23.1	31.1	47.0	21.2	32.2	13.8	7.3

（续表）

年份	全国	35 城	一线 4 城	东部 10 城	中部 6 城	西部 11 城	东北部 4 城
2003 年	28.8	23.5	11.9	35.8	56.5	26.1	32.6
2004 年	30.3	26.8	18.6	33.7	52.3	13.7	51.0
2005 年	21.9	17.8	0.9	18.2	33.6	50.4	26.5
2006 年	26.4	22.4	5.3	23.3	31.7	40.1	39.0
2007 年	32.3	27.9	10.6	38.8	30.2	36.2	36.4
2008 年	22.6	14.9	-0.8	14.4	30.7	16.7	29.1
2009 年	16.0	12.6	0.1	13.7	13.9	19.7	18.8
2010 年	32.9	30.5	37.2	31.7	26.9	29.8	24.3
2011 年	30.2	26.6	21.1	26.8	21.9	30.5	33.1
2012 年	11.4	12.0	0.7	11.4	9.1	24.1	12.1
2013 年	19.4	16.8	11.4	17.5	21.1	20.2	12.5
2014 年	9.2	8.9	8.5	12.7	19.5	11.2	-13.4
2015 年	0.4	2.7	12.0	9.0	7.6	0.4	-28.5
2016 年	6.4	7.1	10.1	17.4	15.5	0.3	-31.0
2017 年	9.4	7.4	1.5	9.0	13.2	6.3	4.3
增速均值	20.6	18.8	13.4	20.9	26.8	21.9	16.6

从以上全国、35 城和各类城市投资额及增速可以看出，2017 年全国及各类城市房地产投资增速总体都比之前有所下降。值得注意的是，在 35 城总体、东中部城市房地产投资增速降低的情况下，西部城市和东北部城市房地产投资增速较前两年相比，呈现出上升的趋势。

在 35 个城市中，2017 年住房投资增速为正的城市有 24 个，同比下降的城市有 11 个。其中，4 个一线城市投资增速为正的城市有 2 个，广州和上海增速分别为 11.0% 和 9.5%，均高于全国 9.4% 的平均水平；

增速为负的城市有 2 个，深圳和北京，增速分别为 -3.3% 和 -12.0%。这两个前期房价上涨幅度最大的城市在宏观调控的作用下，住宅开发商投资热情开始降低。东部其他 10 个城市中，增速为正的城市有 8 个，增速为负的城市有 2 个。增速从高到低分别为石家庄（30.7%）、厦门（28.7%）、海口（20.5%）、宁波（17.6%）、南京（12.7%）、杭州（9.8%）、福州（4.8%）、济南（2.1%）、天津（-2.4%）和青岛（-3.2%）。6 个中部城市中，增速为正的城市有 5 个，增速为负的城市仅太原（-33.4%）1 个，增速最高的是合肥和郑州，增速分别为 27.2% 和 26.2%。在 11 个西部城市中，增速为正的城市有 7 个，增速为负的城市有 4 个，其中增速最高的是贵阳和乌鲁木齐，增速分别为 21.4% 和 20.5%；增速最低的是呼和浩特（-51.5%），其降幅不仅是西部城市中最大的，也是 35 个大中城市最大的。东北部 4 个城市中，增速为正的城市有沈阳（26.5%）和大连（3.1%），增速为负的城市有长春和哈尔滨，降幅分别为 6.2% 和 12.9%。

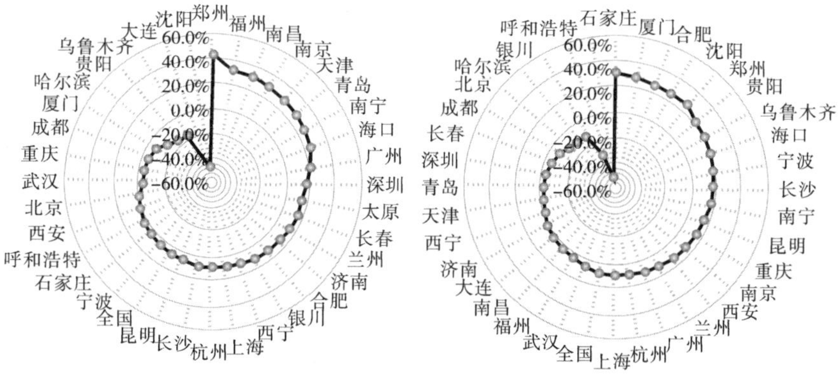

2016 年住宅投资同比增速　　　　**2017 年住宅投资同比增速**

图 4-1

如图4－1，2017年，全国住宅投资增速与2016年相比，增幅高出了3个百分点；35个城市中，增速上升的城市有15个，同比增速下降的城市有20个，在严厉宏观调控政策作用下，住宅投资增速下降城市增多。在多数城市住宅增速下降的情况下，沈阳增速上升幅度最大，2017年比2016年增幅高74.1个百分点，其次是大连、乌鲁木齐、贵阳和厦门，增速较2016年增幅均高出了35个百分点以上；增幅较2016年下降最多的是呼和浩特，下降了55.5个百分点。除此之外，2017年增幅下降超过20个百分点的还有太原、天津、青岛、南昌、福州和银川这几个城市。

2. 各类城市新开工面积大幅下降，降幅同比扩大

2001—2017年35个大中城市住房新开工面积从16047万平方米增加到40923万平方米，这17年的增速均值为8.0%，低于全国增速均值（11.5%）3.5个百分点。其中，2017年增速较上年同期下降9.5个百分点。2017年，一线城市新开工面积为4104万平方米，同比下降6.0%，下降幅度较上年同期扩大2.1个百分点；东部其他10个城市新开工面积10830万平方米，同比下降0.1%，增速较上年同期下降17.7个百分点；中部城市新开工面积为10580万平方米，同比增长4.7%，增速较上年同期下降36.9个百分点；西部城市新开工面积为12378万平方米，同比增长2.4%，增速较上年同期下降0.3个百分点；东北部城市新开工面积为3031万平方米，同比增长23.0%，增速较上年同期上升36.4个百分点（见表4－3）。

表4－3　2001—2017年全国及各类城市住宅新开工面积增速

单位：%

年份	全国	35城	一线4城	东部10城	中部6城	西部11城	东北部4城
2001年	25.5	24.3	37.3	15.5	29.9	19.4	10.5

（续表）

年份	全国	35 城	一线 4 城	东部 10 城	中部 6 城	西部 11 城	东北部 4 城
2002 年	16.8	5.9	8.5	-1.5	31.4	9.0	-15.5
2003 年	27.6	17.7	2.1	31.1	25.4	27.0	19.6
2004 年	9.8	10.3	4.4	18.9	23.0	-0.1	23.1
2005 年	12.7	10.6	-11.6	13.4	22.9	25.1	26.2
2006 年	17.6	9.7	-11.4	5.0	25.6	16.1	34.0
2007 年	22.9	18.0	-5.7	18.3	13.1	26.1	43.3
2008 年	2.2	-6.1	-9.9	-10.8	8.3	-5.0	-11.2
2009 年	15.7	4.7	-9.7	4.6	6.0	11.1	6.2
2010 年	40.0	45.3	42.1	40.7	32.6	59.6	41.5
2011 年	12.8	7.4	19.2	19.7	-1.7	1.1	2.4
2012 年	-10.5	-13.7	-32.0	-23.2	-13.6	-0.9	-6.3
2013 年	11.6	14.2	19.0	4.9	39.1	14.8	-1.8
2014 年	-14.4	-16.1	-14.0	0.1	-15.0	-20.2	-33.3
2015 年	-14.6	-11.4	-6.2	-5.8	-4.5	-14.4	-32.2
2016 年	8.7	12.2	-3.9	17.6	41.6	2.7	-13.4
2017 年	10.5	2.7	-6.0	-0.1	4.7	2.4	23.0
增速均值	11.5	8.0	1.3	8.7	15.8	10.2	6.8

从以上全国、35 城和各类城市住宅新开工面积增速可以看出，2017 年除了全国和东北部 4 城外，其他类型城市相较于 2016 年都在下降，相较于 2001—2017 年的增速均值全国和所有类型城市均出现下降。值得注意的是，新开工面积是反映房地产开发商市场预期和信心的重要指标，也是房地产开发商针对市场状况所能最快做出调整的指标数据。2017 年所有区域新开工面积增速均在下降，特别是一线城市和东部其他 10 个城市的新开工面积，不仅增速下降，而且也出现了绝对量的减

少。一定程度上说明，在严厉宏观调控政策作用下，一线城市最先对政策做出了反映和调整。

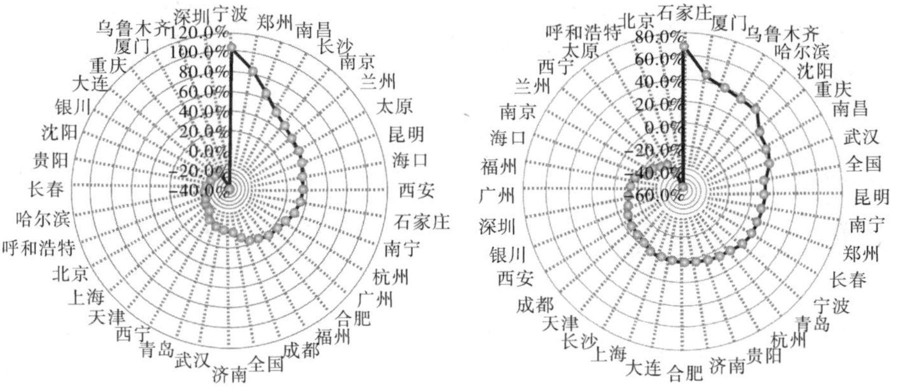

2016 年住宅新开工面积同比增速　　**2017 年住宅新开工面积同比增速**

图 4－2

2017 年全国新开工面积增速较 2016 年高出了 1.8 个百分点；35 个城市中，增速上升的城市有 14 个，同比增速下降的城市有 21 个。35 个城市新开工面积增速变动状况明显高于房地产投资变动状况，新开工面积是比房地产投资更直接反映房地产市场变动的指标。在多数城市新开工面积增速下降的情况下，厦门增速上升幅度最大，2017 年较 2016 年增幅高 79.2 个百分点，其次是乌鲁木齐、沈阳、哈尔滨和重庆，增速较 2016 年增幅均高出了 40 个百分点以上；增幅较 2016 年下降最多的是宁波、郑州和太原，3 个城市增幅分别下降了 97.6%、74.1% 和 69.6%。除此之外，2017 年增幅下降超过 20 个百分点的还有南京、兰州、长沙、海口、北京、南昌、西安、广州、西宁、呼和浩特、福州、昆明、成都、南宁、杭州和合肥（见图 4－2）。

3. **各类城市施工面积温和上升，一线城市和东部城市增速有所回升**

2001—2017 年 35 个大中城市住房施工面积从 28373 万平方米增加

到 187255 万平方米，这 17 年的增速均值为 12.0%，低于全国增速均值（15.5%）3.5 个百分点。其中，2017 年增速较上年同期下降 0.6 个百分点。2017 年，一线城市施工面积为 22794 万平方米，同比下降 1.4%，下降幅度较上年同期收窄 0.4 个百分点；东部其他 10 个城市施工面积 44832 万平方米，同比上升 2.2%，增速较上年同期上升 1.4 个百分点；中部城市施工面积为 38792 万平方米，同比增长 6.0%，增速较上年同期下降 7.1 个百分点；西部城市施工面积为 65208 万平方米，同比下降 2.0%，降幅较上年同期放宽 1.7 个百分点；东北部城市施工面积为 15629 万平方米，同比下降 1.7%，降幅较上年同期收窄 6.8 个百分点（见表 4－4）。从以上全国、35 城和各类城市施工面积及增速可以看出：全国增幅持续 2015 年以来的低速趋势，但是增速呈现出上升趋势；一线城市、东部 10 城市和东北部城市增速呈现出回升趋势；中西部地区增速下降。

表 4－4　2001—2017 年全国及各类城市住宅施工面积增速

单位：%

年份	全国	35 城	一线 4 城	东部 10 城	中部 6 城	西部 11 城	东北部 4 城
2001 年	23.7	22.0	21.9	18.3	24.6	25.4	22.5
2002 年	20.6	18.1	20.4	13.7	32.0	17.5	9.2
2003 年	26.3	22.6	11.9	29.4	72.6	21.4	13.2
2004 年	18.9	16.4	9.9	22.9	28.2	13.2	20.5
2005 年	18.1	14.0	4.1	13.4	19.9	25.4	21.2
2006 年	18.6	13.6	-5.4	13.7	29.9	26.5	26.6
2007 年	23.1	15.0	-3.0	12.0	21.3	26.0	35.8
2008 年	16.2	10.9	-5.5	8.7	27.0	16.3	13.9
2009 年	15.8	10.1	-3.7	6.8	18.4	16.1	12.3
2010 年	25.6	19.9	10.7	18.0	11.7	25.4	36.2
2011 年	23.3	19.0	15.4	22.6	13.8	18.9	24.5

（续表）

年份	全国	35 城	一线 4 城	东部 10 城	中部 6 城	西部 11 城	东北部 4 城
2012 年	10.4	7.7	1.6	6.2	3.5	13.4	8.0
2013 年	13.4	9.2	1.2	8.7	16.0	11.7	4.2
2014 年	5.9	4.9	4.4	3.4	8.3	6.9	-2.0
2015 年	-0.7	-1.8	-2.5	1.8	1.7	-0.4	-18.3
2016 年	1.9	1.3	-1.8	0.8	13.1	-0.3	-8.5
2017 年	2.9	0.7	-1.4	2.2	6.0	-2.0	-1.7
增速均值	15.5	12.0	4.6	11.9	20.5	15.4	12.8

2017 年全国施工面积增速较 2016 年高出了 1.0 个百分点；35 个城市中，增速上升的城市有 16 个，同比增速下降的城市有 19 个。在多数城市施工面积增速下降的情况下，石家庄增速上升幅度最大，2017 年较 2016 年增幅高 15.1 个百分点，其次是沈阳、厦门和宁波，增速较 2016 年增幅均高出了 10 个百分点以上；增幅较 2016 年下降最多的是太原、郑州、济南和呼和浩特，4 个城市其中 3 个增幅分别下降了 17.7%、15.9% 和 15.3%。除此之外，2017 年增幅较 2016 年下降超过 10 个百分点的还有西宁和成都，分别下降 12.4% 和 11.8%（见图 4－3）。

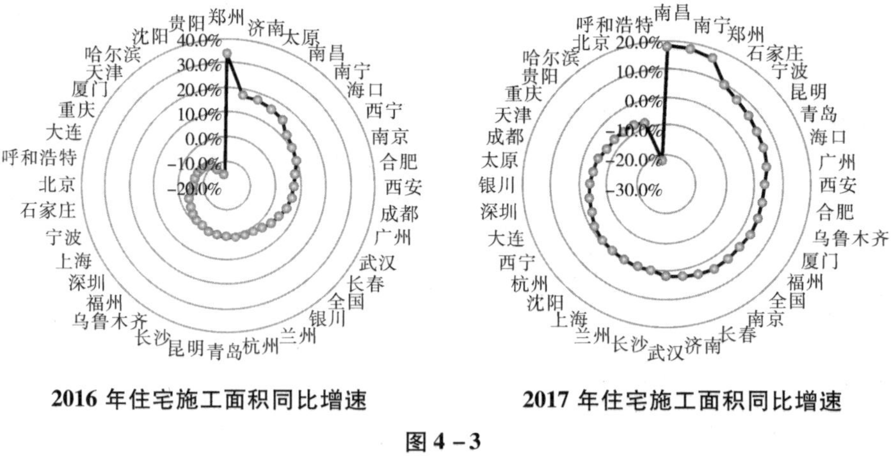

2016 年住宅施工面积同比增速　　**2017 年住宅施工面积同比增速**

图 4－3

4. 各类城市竣工面积大幅下降，各类城市增幅均大幅下滑

2001—2017 年 35 个大中城市住房竣工面积从 11139 万平方米增加到 24518 万平方米，这 17 年的增速均值为 5.2%，低于全国增速均值（8.5%）3.3 个百分点。2017 年，35 城竣工增速为 -10.9%，增速较上年同期下降 16.4 个百分点。其中，一线城市竣工面积为 3482 万平方米，同比下降 10.7%，下降幅度较上年同期放宽 4.6 个百分点；东部其他 10 个城市竣工面积为 7122 万平方米，同比下降 10.1%，增速较上年同期下降 11.7 个百分点；中部城市竣工面积为 3847 万平方米，同比下降 13.0%，增速较上年同期下降 34.0 个百分点；西部城市竣工面积为 8074 万平方米，同比下降 6.6%，增速较上年同期下降 13.5 个百分点；东北部城市竣工面积为 1992 万平方米，同比下降 24.3%，增速较上年同期下降 33.9 个百分点（见表 4 -5）。中部 6 城竣工面积降幅同比最大，高达 34.0%，其次是东北部城市，降幅高达 33.9%，一线城市降幅同比最低，为 4.6%。

表 4 -5　2001—2017 年全国及各类城市住宅竣工面积增速

单位：%

年份	全国	35 城	一线 4 城	东部 10 城	中部 6 城	西部 11 城	东北部 4 城
2001 年	19.0	17.2	16.6	14.2	17.3	23.5	12.6
2002 年	18.0	17.4	25.7	7.6	23.9	20.5	-2.6
2003 年	21.0	9.9	12.9	20.2	-24.4	18.4	10.9
2004 年	7.7	7.8	13.9	13.5	14.2	-10.5	12.0
2005 年	15.4	10.9	-0.8	15.4	26.6	15.9	16.9
2006 年	8.1	2.1	-7.9	-1.9	4.2	14.0	18.1
2007 年	10.5	1.7	-6.4	1.8	11.2	4.0	7.8
2008 年	0.0	-1.8	-25.1	9.0	2.2	9.3	4.0
2009 年	20.8	12.3	-4.0	11.9	14.9	30.1	-0.7
2010 年	6.1	-2.7	-4.6	-4.6	7.5	-9.8	11.6

（续表）

年份	全国	35 城	一线 4 城	东部 10 城	中部 6 城	西部 11 城	东北部 4 城
2011 年	17.1	15.6	0.6	17.5	21.5	15.0	26.0
2012 年	10.3	11.7	7.0	9.2	-2.2	25.4	10.0
2013 年	-0.4	-8.2	-4.9	-3.2	-8.8	-15.0	-4.5
2014 年	2.7	9.4	20.3	10.0	12.2	12.5	-13.0
2015 年	-8.8	-10.3	-14.1	0.4	-17.5	-8.4	-25.3
2016 年	4.6	5.5	-6.1	1.6	21.0	6.9	9.6
2017 年	-7.0	-10.9	-10.7	-10.1	-13.0	-6.6	-24.3
增速均值	8.5	5.2	0.7	6.6	6.5	8.5	4.1

2017 年全国住宅竣工面积增速较 2016 年下降了 11.6 个百分点；35 个城市中，增速同比上升的城市有 15 个，增速同比下降的城市有 20 个。在多数城市住宅竣工面积增速下降的情况下，昆明增速上升幅度最大，2017 年较 2016 年增幅高 143.2 个百分点，其次是大连、福州和南宁，增速较 2016 年增幅均高出了 50 个百分点以上；增幅较 2016 年下降最多的是济南和成都，两个城市增幅分别下降了 155.5% 和 140.6%。除此之外，2017 年增幅较 2016 年下降超过 40 个百分点的还有太原、哈尔滨、深圳、西安、郑州、北京和长沙（见图 4-4）。

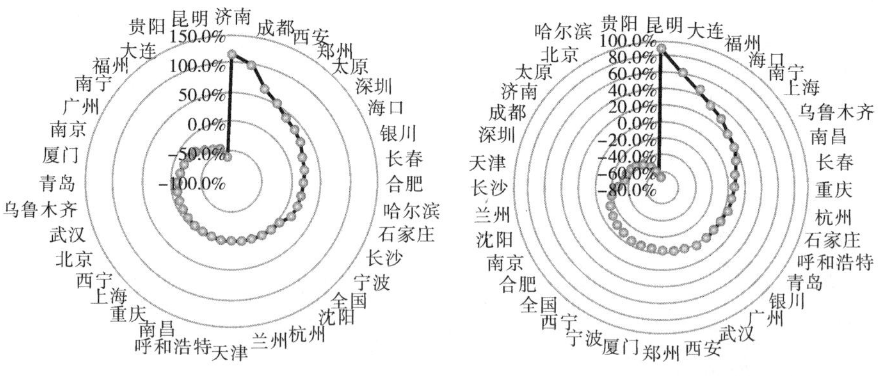

2016 年住宅竣工面积同比增速　　**2017 年住宅竣工面积同比增速**

图 4-4

5. 东中部城市销售面积急速下降，多数城市增速大幅下降

2001—2017年35个大中城市住房销售面积从8353万平方米增加到45539万平方米，这17年的增速均值为12.1%，低于全国增速均值（15.5%）3.4个百分点。2017年，35城销售面积增速为-5.1%，增速较上年同期下降27.4个百分点。其中，一线城市销售面积为3839万平方米，同比下降27.4%，增速较上年同期下降28.5个百分点；东部其他10个城市销售面积10783万平方米，同比下降12.5%，增速较上年同期下降44.0个百分点；中部城市销售面积为10617万平方米，同比下降4.8%，增速较上年同期下降38.8个百分点；西部城市销售面积为16310万平方米，同比增加3.8%，增速较上年同期下降14.7个百分点；东北部城市销售面积为3990万平方米，同比上升14.1%，增速较上年同期下降0.3个百分点。从以上数据可以看出：一线城市、东部10城和中部6城销售面积绝对量下降，增速同比大幅下降；西部城市销售面积有稍微的上升，但是增幅也出现较大程度的下滑；东北部4城销售面积增幅在所有城市中最高，也远远高于全国5.3%的增幅（见表4-6）。由此可以看出，严厉的宏观调控对东中部地区销售面积影响很大，对西部和东北部地区影响逐步减弱。

表4-6　2001—2017年全国及各类城市住宅销售面积增速

单位：%

年份	全国	35城	一线4城	东部10城	中部6城	西部11城	东北部4城
2001年	22.2	22.0	18.5	24.8	16.9	28.3	18.5
2002年	19.6	20.1	22.6	12.0	26.1	24.5	14.3
2003年	28.9	21.9	13.1	29.1	33.7	24.3	20.9
2004年	18.7	15.4	28.9	7.2	30.8	-2.7	18.6
2005年	47.2	45.0	18.1	61.5	59.5	64.3	55.7

（续表）

年份	全国	35 城	一线 4 城	东部 10 城	中部 6 城	西部 11 城	东北部 4 城
2006 年	9.2	1.1	-13.0	-7.3	10.9	17.1	17.3
2007 年	27.0	22.0	1.9	17.2	33.5	39.8	23.1
2008 年	-19.1	-26.2	-36.0	-29.0	-24.1	-25.5	-5.6
2009 年	52.6	52.9	56.1	60.3	53.1	59.9	20.8
2010 年	9.1	-5.6	-34.9	-14.9	8.2	5.5	13.2
2011 年	4.3	-0.8	-8.9	-0.3	-3.4	1.2	5.1
2012 年	1.5	7.3	16.8	13.1	8.7	-1.2	11.7
2013 年	17.5	14.2	13.0	22.2	21.7	10.8	2.7
2014 年	-9.1	-7.9	-13.5	-5.5	-3.4	-1.4	-29.6
2015 年	6.9	7.0	14.0	10.6	17.6	2.6	-15.0
2016 年	22.4	22.3	1.1	31.5	34.0	18.5	14.4
2017 年	5.3	-5.1	-27.4	-12.5	-4.8	3.8	14.1
增速均值	15.5	12.1	4.1	12.9	18.8	15.9	11.8

2017 年全国销售面积增速较 2016 年下降了 17.1 个百分点；35 个城市中，增速同比上升的城市有 7 个，增速同比下降的城市有 28 个。在多数城市销售面积增速下降的情况下，昆明增速上升幅度最大，2017 年较 2016 年增幅高 11.0 个百分点，其次是哈尔滨、大连、石家庄、海口和南宁，增幅同比为正；增幅较 2016 年下降最多的是天津，增速同比下滑 97.9%。除此之外，2017 年增幅较 2016 年下降超过 40 个百分点的还有合肥、杭州、长沙、济南、青岛、郑州和成都。一线城市降幅从高到低依次是广州（36.6%）、上海（34.1%）、北京（25.1%）和深圳（9.3%），可见一线城市销售面积降幅也很大（见图 4-5）。

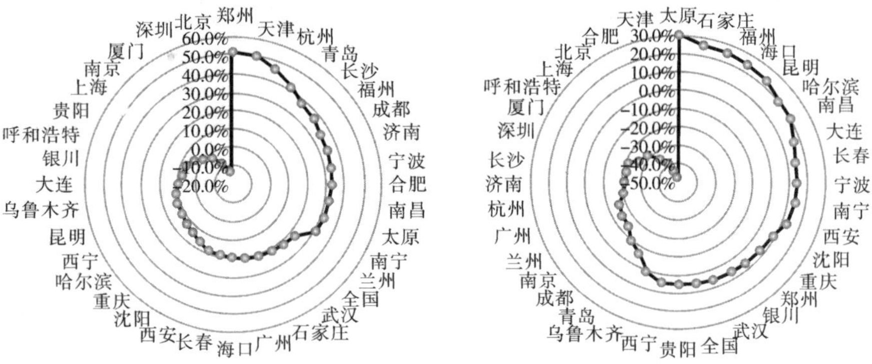

2016 年住宅销售面积同比增速　　**2017 年住宅销售面积同比增速**

图 4－5

6. 各类城市房价增速均大幅下滑，一线城市回落幅度最大

2001—2017 年 35 个大中城市住房价格从 2328 元/米^2 增加到 14030 元/米^2，这 17 年的增速均值为 11.4%，高于全国增速均值（8.5%）2.9 个百分点。2017 年，35 城住房价格增速为 11.4%，增速较上年同期下降 6.3 个百分点。其中，一线城市住房价格为 31323 元/米^2，同比增长 7.8%，增速较上年同期下降 19.2 个百分点；东部其他 10 个城市住房价格 14556 元/米^2，同比增长 13.2 个百分点，增速较上年同期下降 5.3 个百分点；中部城市住房价格为 9240 元/米^2，同比增长 14.4%，增速较上年同期上升 1.6 个百分点；西部城市住房价格为 6871 元/米^2，同比增长 17.0%，增速较上年同期上升 13.6 个百分点；东北部城市住房价格为 8159 元/米^2，同比上升 15.3%，增速较上年同期上升 12.8 个百分点（见表 4－7）。从以上数据可以看出：全国总体、一线城市和东部 10 城住房价格绝对量上升，但是增速同比下降；中部、西部和东北部城市住房价格和房价增速都出现了上升态势。

表 4－7　2001—2017 年全国及各类城市住宅价格增速

单位：%

年份	全国	35 城	一线 4 城	东部 10 城	中部 6 城	西部 11 城	东北部 4 城
2001 年	6.0	6.0	4.9	2.6	4.0	9.0	10.7
2002 年	3.0	2.0	－0.5	7.4	5.4	3.2	－1.2
2003 年	3.9	6.3	7.1	8.0	11.0	4.3	1.2
2004 年	15.2	11.4	12.0	13.4	13.6	11.9	5.7
2005 年	18.1	16.7	17.4	25.4	16.0	10.1	10.9
2006 年	4.1	15.8	17.8	19.9	13.8	13.7	9.7
2007 年	17.0	26.5	37.0	23.3	18.8	16.3	21.6
2008 年	－0.3	6.4	2.2	9.0	6.0	13.9	8.8
2009 年	22.4	15.9	19.0	18.6	10.1	11.6	13.5
2010 年	5.6	23.6	24.4	28.4	25.3	15.1	19.5
2011 年	6.1	4.7	0.5	0.7	10.3	11.8	12.3
2012 年	8.4	2.5	0.3	4.4	4.6	11.7	－3.6
2013 年	7.7	10.1	16.3	6.7	7.7	4.2	6.6
2014 年	1.4	2.0	3.2	－0.9	1.9	1.6	3.3
2015 年	9.1	14.3	24.2	12.3	8.1	3.3	4.7
2016 年	11.3	17.7	27.0	18.5	12.8	3.4	2.5
2017 年	5.7	11.4	7.8	13.2	14.4	17.0	15.3
增速均值	8.5	11.4	13.0	12.4	10.8	9.5	8.3

2017 年全国住宅增速较 2016 年下降了 5.6 个百分点；35 个城市中，增速上升的城市有 23 个，同比增速下降的城市有 12 个。2017 年较 2016 年增幅虽然全国呈现出下降趋势，但是 35 个城市中多数城市均呈现出上升趋势。其中石家庄 2017 年增幅较 2016 年增高了 38.1 个百分点，其次是西安、重庆、昆明、杭州和哈尔滨，增速较 2016 年增幅均

高出了20个百分点以上；增幅较2016年下降最多的是南京，增幅下降了73.5个百分点。除此之外，2017年增幅较2016年下降超过20个百分点的还有深圳、上海和厦门，分别下降28.3%、24.5%和22.3%（见图4－6）。

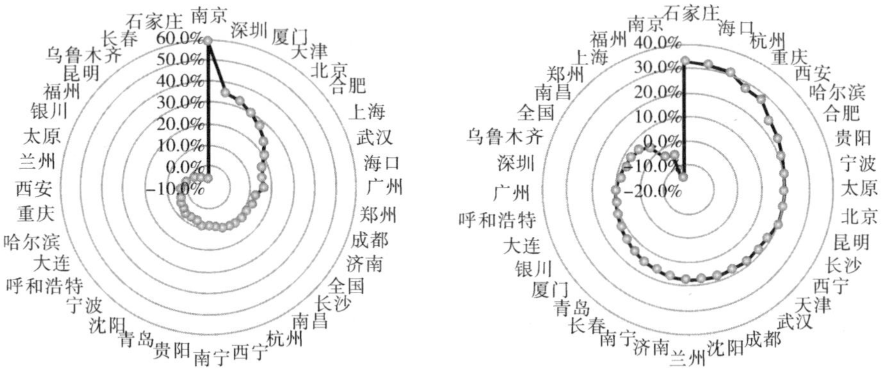

2016年住宅价格同比增速　　**2017年住宅价格同比增速**

图4－6

7. 现状总结：35城主要指标均下降或增速放缓，各类城市住房市场持续深化调整

随着住房市场的深化调整，城市间分化现象也较为突出。一线城市整体除了住房投资和住房价格增速为正外，其他指标增速均为负。北京除了住房价格增速为正外，其他5个指标同比均负增长。上海则出现了量价齐跌的现象，住房销售面积和销售价格增速均为负，特别是销售面积同比下降了33.6%。广州在4个城市中指标下降数相对较少，仅新开工面积和销售面积下降，其他指标均不同程度地有所上升。深圳住房价格保持微弱增长（6.9%），但是其他5个指标均下降，特别是竣工面积（－34.6%）和销售面积（－21.1%）。

在东部其他10个城市整体6个指标中，房地产投资、施工面积和住房价格增速为正，其他 3 个指标竣工面积、新开工面积和销售面积增速为负。天津 5 个指标均为负增长，仅住房价格增速为正；石家庄 6 个指标增速均为正；南京除了房地产投资和施工面积增速为正外，其他 4 个指标增速均为负；杭州除了施工面积和销售面积为负增长，其他指标均有一定程度的正增长；宁波除了竣工面积增速为负外，其他 5 个指标增速均为正；福州新开工面积和住房价格增速为负，其他 4 个指标增速为正；厦门竣工面积和销售面积增速为负，其中销售面积大幅下降（-26.4%），其他 4 个指标增速为正；济南竣工面积、新开工面积和销售面积 3 个指标增速为负，其中竣工面积和销售面积大幅下降，其他 3 个指标增速为正；青岛房地产投资和销售面积 2 个指标增速为负，其他 4 个指标增速均为正；海口除了新开工面积增速为负外，其他 5 个指标增速均为正。

中部城市整体 6 个指标中，除了竣工面积和销售面积负增长外，其他 4 个指标增速为正。太原房地产投资、施工面积、竣工面积和新开工面积均出现了较大幅度的下滑，销售面积和住房价格则出现较大幅度的上升；合肥销售面积出现了 43.7% 的下降，除此之外，竣工面积和新开工面积也为负增长，其他 3 个指标则为正增长；南昌 6 个指标均呈现出正增长，但是增速同比下滑较大；郑州除了竣工面积为负增长外，其他 5 个指标均为正增长；武汉也只有竣工面积增速为负，其他 5 个指标增速均为正；长沙施工面积、竣工面积、新开工面积和销售面积均为负增长，其他 2 个指标为正增长。

西部城市整体 6 个指标中，施工面积和竣工面积为负增长，其他 4 个指标为正增长。呼和浩特房地产投资、施工面积、新开工面积和销售面积 4 个指标均出现了大幅下降，竣工面积和住房价格小幅上升；南宁 6 个指标均为正增长；重庆施工面积增速为负，其他 5 个指标增速均为正；成都仅住房价格增速为正，其他 5 个指标增速为负；贵阳施工面积和竣工面积下降，其他 4 个指标上升；昆明 6 个指标均出现上升趋势；西安竣工面积和新开工面积增速为负，其他 4 个指标增速为正；兰州施工面积、竣工面积、新开工面积和销售面积增速为负，房地产投资和住房价格增速为正；西宁房地产投资、施工面积、竣工面积和新开工面积下降，销售面积和住房价格上升；银川房地产投资、施工面积和新开工面积下降，竣工面积、销售面积和住房价格上升；乌鲁木齐 6 个指标均呈现不同幅度的上升。

东北部城市整体 6 个指标中，施工面积和竣工面积下降，其他 4 个指标上升。沈阳施工面积和竣工面积下降，其他 4 个指标增速为正；大连施工面积和新开工面积增速为负，其他 4 个指标增速为正；长春房地产投资增速为负，其他 5 个指标增速为正；哈尔滨房地产投资、施工面积和竣工面积下降，新开工面积、销售面积和住房价格上升。

从各类城市主要指标可以看出：住房投资温和上涨，一线城市和东北部城市增速回落；新开工面积大幅下降，降幅同比扩大；施工面积温和上升，增速一线城市和东部城市有所回升；竣工面积大幅下降，各类城市增速均大幅下降；销售面积东中部城市急速下降，多数城市增速大幅下降；房价增速各类城市均大幅下降，一线城市增速回落幅度最大。从以上指标变动趋势可以看出，2017 年我国主要城市住房市场与全国基本趋势一致，各类城市住房市场均进入深化调整期。随着主要城市及全国住房市场进入深入调整期，大多数城市进入了住房市场主要指标的下行通道，大多数城市住房市场主要指标均表现为绝对量或增速的同比下降。有的城市量价齐跌，有的城市通过以价换量房价下降而销售量上升，有的城市则通过价格维稳措施维持了价格的上涨但是销售量大幅下滑。

35个城市基本代表了全国一线城市、热点二线城市和三线城市，其住房市场主要指标占全国比重较大。35城之外的其他大量城市住房市场主要指标同样占据了较大比重，在全国住房发展中的作用不可小觑，对其住房发展状况应予以足够重视。从全国及35城住房市场发展情况可以判断：一线城市和东部城市主要指标下降，或者增速同比下滑，指标波动幅度较大；中西部和东北部城市波动幅度小于一线城市和东部城市，部分指标下降，但是仍有一些指标及其增速同比呈现出上升趋势，其承受市场和政策调控变动的能力较热点城市要强。

第二节　全国及各城市房地产市场发展原因分析

全国及各类城市2017年住房市场下行调整的共同原因有三个：其一，2016年的高基数；其二，信贷收紧导致刚性需求难以转化成实际需求；其三，在不动产统一登记制度等长效机制稳步推进及反腐力度持续稳步推进的背景下，各地出现大量廉价抛售房源消息，从而导致住房市场主体预期不稳，在“买涨不买跌”的心理下观望情绪加重，央行城镇储户问卷调查数据也显示未来准备购房的比重不断下降。除了上述三个主要共同因素外，各类城市还有自身较为突出的原因。

（一）一线城市：2016年高基数、信贷政策收紧及保障性住房供给增多

从一线城市来看，住房市场主要指标增速低于其他城市或者跌幅大于其他城市，其波动程度远大于其他城市。导致一线城市2017年住房市场波动的主要原因有上年的高基数、信贷收紧及自主性住房等保障性

住房政策。首先，2016 年住房市场的高基数是导致 2017 年各项指标下跌或其增速回落的最直接原因。其次，信贷收紧导致大量刚性需求难以转变为实际需求。最后，保障性住房分流了大量刚性需求。

1. 2016 年销售量价大幅上涨，高基数导致 2017 年难以大幅上涨

2016 年全年一线城市住房销售量价双双大幅上涨，从而造成绝对量与增速的高基数使得 2017 年全年难以有较大幅度的增长。从图 4 - 7 可以看出，2001—2017 年住房销售面积和价格具有较强的相关性，2001 年以来两个指标出现了三个较大的波峰，第一个波峰是 2009 年，第二个波峰是 2013 年，第 3 个波峰则是 2016 年。正是因为 2016 年的高基数，使得 2017 年销售面积和住房价格难以大幅度上升。

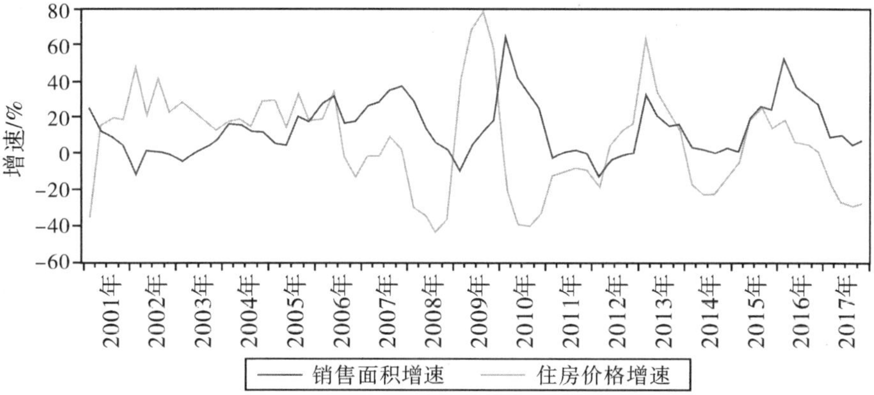

图 4 - 7　2001—2017 年一线城市销售面积增速和住房价格增速

2. 信贷政策收紧导致刚性需求受限

信贷政策收紧是一线城市住房市场下行的主要原因。2017 年 3 月以来，一线城市住房市场在严厉的宏观调控持续背景下，信贷政策收紧成为宏观政策层面对住房市场的主要影响因素。2017 年第 1 季度，北京房地产开发资金来源合计为 1588 亿元，同比下降 0. 5%；2017 年第 2 季度，资金来源合计为 3205 亿元，同比下降 3. 7%；2017 年第 3 季度，

资金来源合计为 4712 亿元，同比下降 14.7%；2017 年第 4 季度，资金来源合计为 6988 亿元，同比下降 13.2%。上海 2017 年第 1 季度，房地产开发资金来源合计为 1318 亿元，同比下降 20.2%；2017 年第 2 季度，资金来源合计为 2625 亿元，同比下降 8.5%；2017 年第 3 季度资金来源合计为 3799 亿元，同比下降 14.4%；2017 年第 4 季度资金来源合计为 5385 亿元，同比下降 16.0%。从一线城市的代表北京和上海资金来源来看，严厉的宏观调控后，两个城市资金来源均呈现出逐个季度下降的趋势。个人住房贷款作为资金来源中的重要一部分，必然受到严重冲击。信贷政策的收紧，对于改善型需求和投资投机性需求抑制作用非常强。

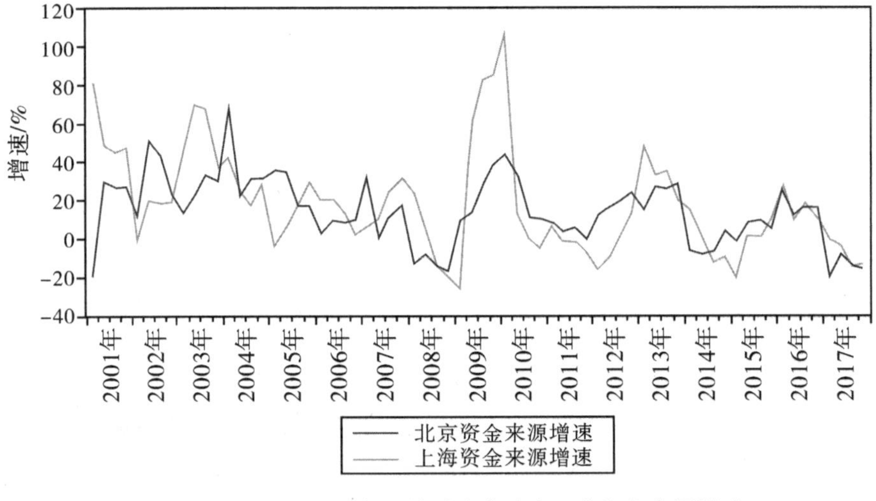

图 4-8　2001—2017 年一线城市房地产开发资金来源增速

3. **保障性住房供给增多分流刚性需求**

保障性住房持续推进，特别是北京等城市自主性住房的大量供给分流住房需求的同时严重影响购房者预期，这两年来新出现的共有产权住房概念，也加强了购房者的观望态度，购房者进入商品住房市场的观望情绪渐浓。自主性住房及共有产权住房等保障性住房政策的不断建立完善，分流了大量商品住房市场的刚性需求并严重影响购房者预期，在“买涨不买跌”的心理下进入观望期。以北京为例，自 2013 年 10 月以来，北京加大自主性商品房地块的推出，北京住宅用地供应自住房占比也逐步上升并得到稳定。2017 年底自住房供应达 50300 套[①]。自主性商品住房具有价格较低，供应量大等诸多优势，成为诸多刚性需求者的首选。自主性商品住房自 2013 年 10 月开始供应以来，一方面通过分流刚性需求群体影响房价的整体走势，另一方面也通过影响购房者预期影响住房市场整体走势，对住房市场整体下行起到了重要的影响作用。

（二）东部城市：供求转变是根本原因，限购及信贷收紧是重要因素

东部城市主要指标下行的主要原因是刚性需求的不断释放及投资投机性需求的持续抑制。刚性需求经过多年来的累积释放特别是前期以及 2016 年全年的迅猛释放后，在 2017 年难以快速增长；本书中将东部 10 个城市界定为二线城市，作为区域中心住房市场的二线城市受 2017 年 3 月以来限购政策的影响，大量区域内的投资投机性需求被逐渐挤出住房市场，在当地居民住房需求逐渐得到满足的背景下，限购政策成为这些城市住房市场需求增长的瓶颈。由于信贷政策从紧，市场刺激作用不明显，导致东部城市主要指标下跌或其增速同比下降。

1. 住房供给整体较为充足，住房库存增速较高

住房竣工增速整体较高，新增供给能力高于一线城市。从住房竣工面积来看（见图 4 -9），2001—2017 年东部城市竣工增长率整体高于一

① 数据来源：北京市住建委。

线城市，这 17 年的增速均值为 6.6%，而一线城市增速均值仅为 0.73%。一定程度上说明了东部城市住房供给较一线城市要稳定且充足。正是东部城市较一线城市更为充足的住房供给，使得东部城市住房库存水平总体上高于一线城市，从而保证了较为充足的住房供给。

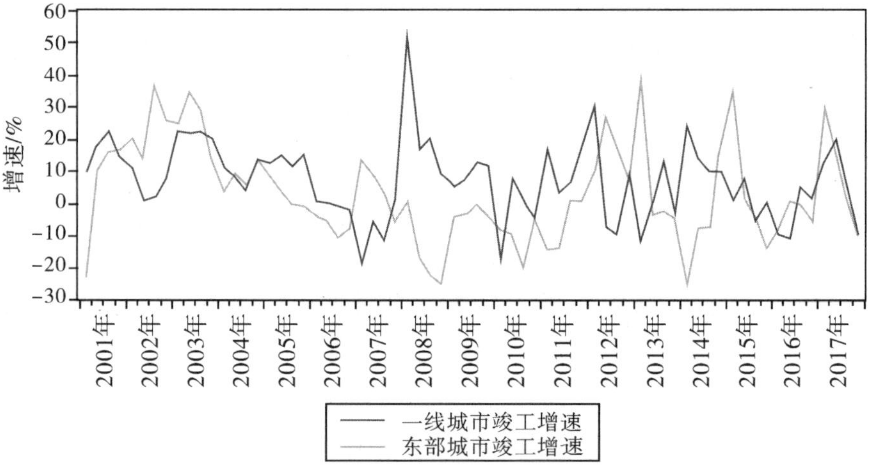

图 4－9　2001—2017 年一线城市和东部城市住房竣工面积增速

2．**需求大幅下降是住房市场下行的另一重要原因**

供给增多的同时，需求大幅下滑，直接导致供给超过需求，成为二线城市本轮房价下行的根本原因。从东部城市销售量来看（见图 4－10），10 个东部城市中，仅石家庄、福州、海口和宁波 4 个城市住房销售面积正增长，其他城市住房销售面积均同比下跌。在同比上升的城市中，石家庄以 25.2% 的增速成为东部城市中增速最高的城市，福州增速紧随其后，为 25.0%，海口增速为 23.6%，宁波增速为 14.0%。在同比下跌的城市中，天津增速为 －46.8%，厦门为 －26.4%，济南为 －20.9%，杭州为 －19.5%，南京为 －14.0%，青岛为 －6.7%。

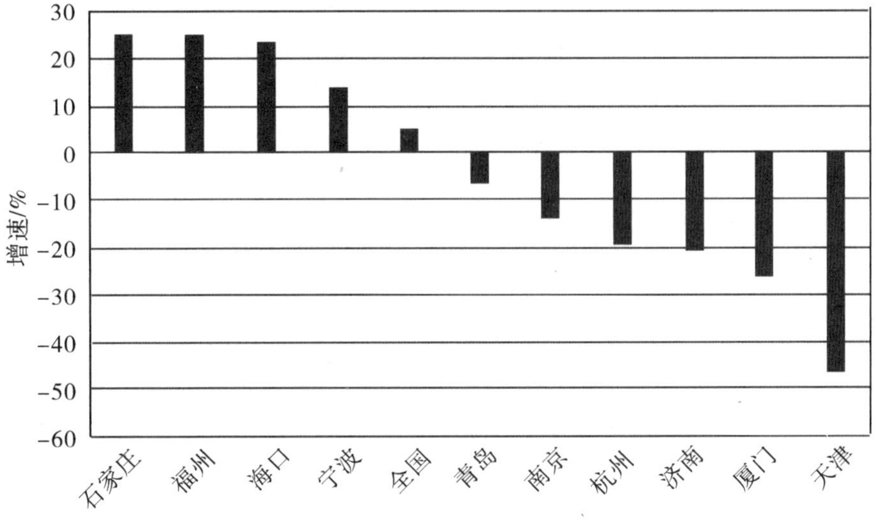

图 4－10　2017 年东部城市销售面积增速

3. 限购及信贷收紧为本轮住房市场调整的主要政策因素

限购排挤出大量投资投机性需求及本地外区域内的住房需求，刚性需求经过前期释放短期内进入疲弱状态。东部 10 城全部参与限购，信贷政策收紧，严重影响到居民的购房需求。作为区域中心城市的省会城市和计划单列市，其住房市场需求主要为本地及区域内的自主性需求及改善性需求。在严厉的宏观调控下改善性需求严重受到影响，大量投资投机性需求及本地外区域内的住房需求被排挤出住房市场之外，刚性需求成为住房市场需求主力。而经过前期刚性需求的释放，特别是 2009 年、2013 年和 2016 年刚性需求的集中释放，住房刚性需求在短期内难以保持前期的高增长，从而住房市场需求于 2017 年进入疲弱状态，住房需求难以为继。

二线城市资金来源城市间分化加剧，整体资金水平弱于上一年，资金来源趋紧。以天津为例，2001—2017 年天津资金来源增速波动趋势较为明显，2003 年、2005 年、2007 年、2009 年、2013 年和 2016 年为波峰期，资金来源增速高；2002 年、2004 年、2006 年、2008 年、2012 年、2015 年和 2017 年增速低（见图 4－11）。2016 年为增速波峰期，2016 年第 1 季度，资金来源增速高达 45.8%，之后上升一直到 2016 年第 3 季度达到波峰，增速为 49.4%，2016 年第 4 季度以来随着信贷的收紧开始出现下降趋势，2016 年第 4 季度增速为 37.0%。2017 年全年保持下降趋势，2017 年第 1 季度增速为 35.4%，第 2 季度为 19.8%，第 3 季度为 7.4%，第 4 季度增速由正转负，同比出现负增长。由此可见，以国内贷款为主要构成的资金来源在信贷政策收紧的影响下，增速大幅下降。从而导致开发企业资金和购房者资金受限，很大程度上抑制了购房需求。

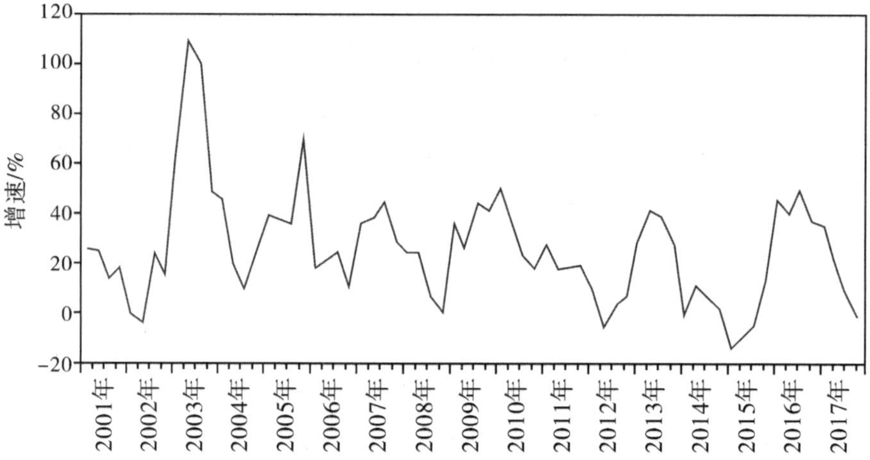

图 4－11　2001—2017 年天津资金来源增速

（三）中西部和东北部城市：刚性需求支撑不足，热点城市对这些城市预期的引导作用明显

本书中将中西部和东北部城市界定为三线城市，这些城市住房市场主要指标波动幅度小于一、二线城市特别是一线城市，在一、二线城市

及全国住房市场整体房价同比低速增长的背景下，三线城市依旧保持了较高的增长态势，市场整体表现好于一、二线城市。综合起来看，除了2016年高基数等其他共同因素外，导致本轮三线城市住房市场下行调整的主要原因在于刚性需求增长有限及热点城市对这些城市预期的较大影响。

1. 刚性需求为主要需求主体，经过前期累积释放短期内难以快速增长

三、四线城市一般为本地化的住房市场，难以有区域市场的整体带动，从而导致住房投资作用不大，刚性需求为这些城市主要的需求支撑。而经过前期特别是2016年刚性需求的累积及集中释放，2017年难以快速积累足够的刚性需求进一步支撑住房市场的快速发展。如图4-12所示，2017年，21个三线城市中，销售面积增幅同比上升的城市仅昆明、哈尔滨、南宁和贵阳4个城市，其他17个城市同比下降。其中，合肥2017年销售面积降幅为46.8%，2016年增幅为32.6%，2017年增幅较2016年下降79.4%。从21个城市增幅较2016年增幅大幅下降可知，三线城市居民的购房需求大幅下降。

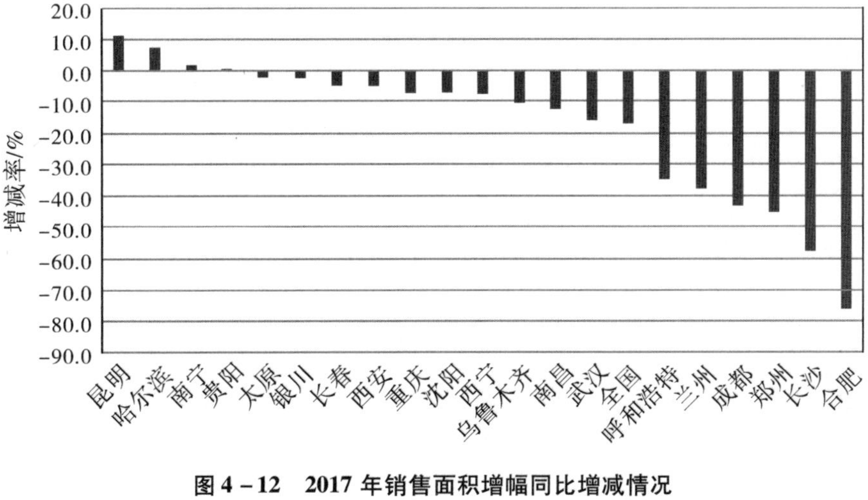

图4-12　2017年销售面积增幅同比增减情况

2. 市场主体预期受热点城市住房市场情况影响突出

多年来，一、二线城市住房市场发展状况对三、四线城市住房市场主体预期影响较大，特别是热点城市住房市场发展状况对于全国具有重要风向标作用。房地产开发商及购房者等市场主体的行为及预期受热点城市市场状况影响较大，从而导致这些城市住房市场主要指标波动起伏状态受热点城市波动状况影响显著，同时因投资投机性需求较小等原因而波动起伏程度弱于热点城市。在一、二线城市特别是一线城市等热点城市住房市场主要指标大幅下滑态势下，大量三线城市及全国购房者预期受到较大影响，购房者预期的悲观情绪导致这些城市住房市场主要指标呈现下行态势。

第五章　基于房价收入比的城市房价合理性评价

第四章对2001年以来各类城市房地产市场发展历史及现状进行了总结分析，可以看出各类城市在经过2016年房地产市场快速发展之后，2017年进入了深度调整期，房地产市场各指标或其增幅下降趋势较为明显。其中一、二线城市下降幅度最大，三线城市下降趋势相对较弱。对于2001年以来房地产市场的历史和现状，我们是否有必要对其进行评价？房地产市场是否健康，房价是否合理？这不仅是学界研究的问题，同样也是普通民众关心的问题。从第二章的文献综述我们已经知道，房价收入比是国内外被广泛应用的评价房地产市场特别是房价合理性的重要指标。因此，本章将重点采用房价收入比对各类城市房价合理状况进行评价。

本章内容分为三节：第一节，房价收入比模型、指标及数据说明。房价收入比重要的是合理区间的界定，笔者在这一节重点采用国际通行方法结合我国实际，对合理区间进行了界定。第二节，基于房价收入比的房价合理性的评价。第三节，基于房价收入比对城市房价合理性的评价。通过房价收入比的分析，可以结合第四章房地产市场发展历史及现状，对我国房地产健康状况作出客观且符合国际视角的评价。

第一节　房价收入比模型、指标及数据说明

一、模型简介

房价收入比主要用于评价住房价格是否处于居民收入可支撑的合理水平，反映家庭购房支付能力及住房价格与收入的协调性。世界银行将房价收入比定义为一个国家或地区的平均房价与家庭年平均收入的比值，而西方发达国家通行的算法是住房单套房房价中值与家庭年收入中值的比值。由于中国统计数据是按住宅单位平方米的成交价格而非按套来统计的价格，故国内普遍采用单位平方米住宅平均销售价格×住宅平均面积÷家庭年均可支配收入=房价收入比的计算公式。

房价收入比合理区间是判断住房市场与居民收入协调性最为重要的标准，离开了合理区间，房价收入比本身并不能起到评价与判断的作用，因此房价收入比合理区间的界定便成为运用房价收入比指标评价住房市场与居民收入协调性的最为关键性因素。国际上一般采用［4，6］的区间来评价住房市场与居民收入的协调性，认为房价收入比超过6则意味着超过了居民的购房支付能力，住房市场与居民收入处于非协调发展状态。

二、国内通用房价收入比缺陷及本书改进

对国外房价收入比已有文献的综合研究发现，在国外房价收入比是

一个评价住房市场与居民收入是否协调，居民对房价是否可承受的较好的评价指标。其之所以能作为一个很好的评价指标，最主要的原因是以美国为代表的西方国家房地产市场历史较长，所获取的经验数据足够研究者总结出一个较为合理的区间来评价房价收入比是否在该区间内，以此判断住房市场与居民收入是否协调。国内与国外相比，1998 年住房全面市场化以来，住房市场与居民收入的经验数据有限，因此房价收入比的合理区间尚难形成共识，只能使用西方学者提出的合理区间来探讨中国房价收入比是否合理。但是西方国家房价收入比区间应用于中国却不一定合理，原因大致可归纳为以下几点：

（一）国际通行算法在中国数据难以取得

在国际通行的房价收入比计算中，其定义较为严格，且分类较为明确，在应用时要结合到底是什么情况下的房价收入比。西方房价收入比计算既有新建住房也有二手房，所选取的住房价格是单套住房价格的中位值，家庭年收入采用的也是中位值。中国住房交易价格是按照单位平方米交易价格来计算，而非按照单套住房交易价格来计算，所以单套住房价格的中位值数据难以获取；另外，中国家庭年收入中有相当部分的收入未被纳入统计数据，因此年收入的统计值与实际年收入具有一定的差距，且中位值也是难以获取的。综合以上数据的难以获取性，中国房价收入比计算结果与西方的横向比较具有一定的局限性。

（二）国家体制及经济发展水平的差异

中国住房价格增速与国民收入和居民收入增速相比前者总体上低于后者，这说明国民经济社会发展程度足以支撑住房价格的上涨。住房价格上涨速度并非如诸多研究所论述的脱离了国民经济支撑，相反未来还有继续上涨的空间。Renaud（1989）的研究就指出，房价收入比［4，6］的合理区间也有特例，他 1991 年和 1994 年的进一步修正指出房价收入比因不同国别及社会经济体制而差异较大，西方发达国家房价收入比一般低于社会主义体制国家。

（三）灰色收入与隐性收入

国际上对收入的测量往往是居民家庭所有收入，而我国学者在计算收入时往往取的是官方公布的家庭年收入，部分学者用的还是家庭可支配收入数据，即使学者选取的是家庭户均年收入，大量隐性收入与灰色收入也难以被囊括其中。目前虽然很多学者在计算房价收入比时将家庭收入扩大 1.2 倍，但是隐性收入和灰色收入到底为多少还需要进一步考证。

（四）中国父母对儿女买房的资助

在中国先成家后立业等传统观念的影响下，住房成为年轻人特别是婚龄年轻人的必需品，因此 22 ～ 30 岁的年轻人成为购房的主要人群。但是该年龄阶段的年轻人因刚开始工作经济能力有限，加之大城市特别是一线城市住房价格过高且过快上涨，其不得不向父母求助以满足购房需求。相关研究表明，相当一部分年轻人买房的方式通常是父母资助购房首付，甚至全部或大部由父母承担，夫妻双方共同支付月供。这样的话住房支出由两个或两个以上家庭（年轻人家庭，男方父母及女方父母，甚至包括祖父母辈）共同承担。但是目前中国房价收入比测算的收入则只有年轻夫妻的收入，所以计算出来的房价收入比势必会被夸大。

（五）住房结构未有效考虑

目前计算的房价收入比考虑的是新建商品住宅的交易价格，忽视了二手房交易价格（低于新建住宅价格），这样就人为提高了房价。据相关资料统计，中国80%多的城镇居民拥有自己的住房，在改善性需求而非投资性需求下，房价应该是新购买商品住宅减去出售原有住房的价格，但是国内学者在计算时由于难以获得数据往往忽视这一情况。

（六）数据来源存在的问题

西方发达国家房价收入比相关数据往往是通过抽样调查获得，而国内数据获取的主要方式是通过报表所形成的统计数据，因此无论是从口径还是从精确性方面国内外均存在差异。鉴于以上因素，房价收入比在中国的合理区间设定显然要高于国际普遍认为的数值区间，但是应该高多少才是合理的，目前还没有一种较好的计算方法，但需要剔除掉这些因素的影响确定出适合中国的合理房价收入比区间，来判断目前中国住房市场与居民收入是否协调。鉴于西方发达国家通用的房价收入比在国内使用时所存在的诸多缺陷，本书着重从两个方面进行改进：其一，房价收入比模型本身。其二，合理区间的界定及住房面积的选取。

三、本书房价收入比模型、指标及数据说明

综合国内外房价收入比研究现状，可以发现国外房价收入比计算方法在我国数据难以取得，采用其普遍认为的合理区间［4，6］不尽合理。而国内学者对房价收入比的探究大多着重在概念的澄清、能否以房价收入比来判断泡沫、房价收入比计算的修正等，对目前国内住房与居

民收入是否协调并没有做出突破性研究。笔者正是根据目前国内外房价收入比对中国现实住房市场解释分析作用的局限性，在应用房价收入比分析住房市场与居民收入变化协调时，增加多方面的细致分析，同时在研究方法上力求有所创新和突破。

（一）房价收入比表达式

西方发达国家房价收入比计算公式为：房价收入比 = 一定时期内住房销售套价的中位数 ÷ 居民收入中位数。但是中国住房销售统计数据以单位平方米销售价格作为统计标准，城镇居民收入同样以平均数作为统计标准，用中位数计算法来分析房价收入比的数据难以获得。国内通用的房价收入比计算公式无论最后怎么改进，基本都是采用如下的计算公式：房价收入比 =（每平方米住房销售价格 × 住房面积）÷（城镇居民家庭人均可支配收入 × 户均人口）。本书亦采用该房价收入比计算的标准公式，其中每平方米住房销售价格 = 商品住宅销售额 ÷ 商品住宅销售面积；户均人口根据国家统计局公布的城镇居民家庭平均每户家庭人口数据，按每户 3 人计算。在对房价收入比影响较大的住房面积和房价收入比合理区间的选取上做出相应合理性变动，下文将对此做详细解释。

（二）合理区间的界定

虽然房价收入比是国际通用的衡量住房价格与居民收入协调性的指标，但是其合理区间却没有严格界定。对于国内目前普遍将西方国家的［4，6］合理区间作为评价中国住房市场与居民收入协调状况的标准，笔者认为不尽合理。原因在于中国宏观经济及房地产市场目前处于快速发展阶段，西方发达国家成熟房地产市场［4，6］的合理区间对发展中国家特别是处于快速发展阶段的中国来说适用性有限。本书对房价收入比合理区间的界定采用两种方法进行估算：方法一，采用 1998 年世界银行对 96 个国家和地区房价收入比统计的中位数与平均数估算法；方法二，采用城镇居民家庭住房支出占居民家庭收入的可承受比例法。

1. 方法一：采用 1998 年世界银行对 96 个国家和地区房价收入比统计的中位数与平均数估算法

借鉴世界银行 1998 年对 96 个国家和地区的房价收入比统计分析：房价收入比一般随着居民家庭收入的增加而下降，发展中国家房价收入比一般高于发达国家，96 个国家和地区房价收入比平均值为 8.4，中位数为 6.4。根据世界银行对 96 个国家和地区房价收入比平均值 8.4 和中位数 6.4 的统计，可以大致估算得出一般国家房价收入比合理区间应在［7.4，9.4］及［5.4，7.4］较为合理，结合国际通行的［4，6］合理区间，综合起来看区间［4，9.4］较适合一般国家的房价收入比合理区间。

2. 方法二：采用城镇居民家庭住房支出占家庭收入的可承受比例法

采用城镇家庭住房支出占家庭收入的可承受比例法来定量计算房价收入比合理区间。不同国家政治体制、经济发展水平、房地产金融政策及居民消费结构和习惯差异性较大，这些对房价收入比合理区间的界定均会产生较大影响。住房全面市场化以来，在房地产金融政策支持下，住房消费信贷已经成为大多数城镇居民购房的重要支付手段，因此首付比例及贷款利率和偿还年限均会对城镇居民购房支付能力产生重要影响。由于住房抵押贷款是中国城镇居民家庭购房的主要方式，因此本书以住房抵押贷款的可提供性及可获得性为出发点，根据最常用的住房抵押等额还款方式对城镇居民购房可支付能力进行推算。

$$P \times S = z \times P \times S + k \times I \times [(1+i)^n - 1] \div [i(1+i)^n]$$

其中，P 为单位平方米住房销售价格，S 为单套住房建筑面积；z 为首付款比例，$k=1-z$，为城镇居民家庭可承受还款比例；I 为城镇居民家庭年均可支配收入，i 为住房银行抵押贷款利率，$[(1+i)^n-1]\div[i(1+i)^n]$ 为等额分期付款现值因子。

根据上式可整理得到房价收入比 PIR：

$$PIR=\frac{P\times S}{I}=\frac{k}{(1-z)}\left[\frac{(1+i)^n-1}{i(1+i)^n}\right]$$

借鉴 Hamer 在《城镇住房改革的问题与方案》研究中得出城镇家庭最低还贷额为收入 15% 的结论，以及中国人民银行和中国银监会 2007 年在《关于加强商业性房地产信贷管理的通知》对购房家庭住房贷款的支出不得高出其收入 50% 的规定和最大贷款比例为 70% 的约束条件，2000—2017 年个人住房贷款平均利率为 5.85%①（自 2000 年以来，我国个人住房贷款利率多次调整，以 2000 年 1 月至 2017 年 12 月 31 日个人住房贷款利率的平均利率为标准），最长贷款年限为 30 年计算房价收入比的合理区间。计算得到中国城镇居民家庭具有购房支付能力的房价收入比区间为：

$$(0.15\div0.7)\times[(1+i)^n-1]\div[i(1+i)^n]\leqslant PIR\leqslant(0.50\div0.7)\times[(1+i)^n-1]\div[i(1+i)^n]$$

计算得到：$2.6\leqslant PIR\leqslant8.7$。

根据以上结果可以得到中国房价收入比合理区间为［2.6，8.7］，而中国人民银行和银监会公布的住房贷款利率和还款比例由商业银行统一执行，因此［2.6，8.7］的合理区间对全国包括 35 个大中城市是通用的。

① 根据中国人民银行公布的金融机构人民币贷款加权平均利率和个人住房贷款利率计算得来。

3. 两种方法结论分析及房价收入比合理区间的确定

从以上两种方法可以得知，1998 年世界银行对 96 个国家和地区房价收入比统计的中位数与平均数估算法与城镇居民家庭住房支出占居民家庭收入的可承受比例计算得出的房价收入比合理区间极为相似，一定程度上说明中国房价收入比合理区间与 96 个国家和地区中位数与平均数相似，而高于发达国家普遍认为的合理区间［4，6］。结合中国的实际情况，本书认为：［4.0，8.7］为符合中国国情的房价收入比合理区间，房价收入比在此范围内，说明居民购房支付能力较强，住房市场与居民收入协调发展状况较好；而房价收入比大于该区间时，说明住房价格过高，居民购房支付能力不足，住房市场与居民收入协调状态欠佳。同时借鉴 96 个国家和地区房价收入比中位数 6.4，房价收入比越接近中位数，表明越合理；房价收入比小于合理区间上限 8.7，但是偏离中位数较远，表明虽然房价收入比位于合理区间，但是房价仍然有下行的空间，住房市场与居民收入的协调性有待进一步加强。

（三）住房面积的选取

因为面积的选取对房价收入比影响较大，所以面积的选取是房价收入比计算中重要的研究内容，但是国内目前还没有统一的标准。目前国内学者在计算房价收入比时选取面积差异较大，从 60 平方米到 100 平方米都有学者选取研究过。有的学者认为住房面积 = 城镇居民家庭人均住宅面积 × 户均人口；有的学者采用了通用的 90 平方米作为标准；还有的学者采用了 60 平方米、70 平方米以及 100 平方米；等等。

笔者认为因为住房面积的选取对房价收入比的数值影响非常大，因此要做到面积的选取尽可能地反映目前中国住房市场的真实情况。按照房价收入比的精确定义，房价收入比为一定时期内住房销售价格与该期间内居民收入的比值，西方发达国家在计算房价收入比时往往将房地产市场一手房市场与二手房市场的房价收入比做出了较为严格的区分，目前中国二手房市场的交易没有系统精确的统计数据，更为重要的是中国住房市场交易以一手房市场为主，二手房市场没有真正地发展起来，因此本书房价收入比仅计算新建商品住房的房价收入比情况，故对新建商品住房面积的精确计算是影响房价收入比精确性的关键因素。

新建商品住房单套销售面积 = 新建商品住房销售面积 ÷ 新建商品住房销售套数，从数据可获得性来看，全国和各省有商品住宅销售套数的统计，但是35个大中城市却没有商品住宅销售套数的统计数据。由于商品房销售套数和竣工套数有非常强的一致性，综合考虑数据的准确性与数据可获得性两方面的因素，本书采用商品住房单套竣工面积代替商品住房单套销售面积。35个大中城市住宅竣工套数数据从2006年开始统计，因此笔者通过计算2006—2016年全国和各城市商品住房单套竣工面积11年的平均值，来替代房价收入比中需要的单套住宅销售面积数据。全国及35个大中城市单套住房平均竣工面积如表5-1所示。

表5-1　全国及35个大中城市商品住房单套平均竣工面积

单位：平方米

区域	单套住房平均竣工面积					
全国	104					
一线城市	北京	上海	广州	深圳	—	—
	106	105	114	93	—	—
东部城市	天津	石家庄	南京	杭州	宁波	福州
	100	112	103	118	115	124
	厦门	济南	青岛	海口	—	—
	110	122	101	106	—	—

（续表）

区域	单套住房平均竣工面积					
中部城市	太原	合肥	南昌	郑州	武汉	长沙
	118	104	103	109	99	112
西部城市	呼和浩特	南宁	重庆	成都	贵阳	昆明
	116	104	90	97	115	118
	西安	兰州	西宁	银川	乌鲁木齐	—
	104	119	115	102	98	—
东北部城市	沈阳	大连	长春	哈尔滨	—	—
	90	86	94	87	—	—

第二节　基于房价收入比的全国房价合理性评价

一、全国房价收入比现状

从表 5 - 2 可知，全国房价收入比呈现出比较明显的三阶段特征。第一阶段为 2000—2007 年，房价收入比均在 9.0 以上；第二阶段为 2008—2009 年，受全球经济危机的影响，房价收入比合理与不合理相互交替；第三阶段为 2010—2017 年，房价收入比逐步下降，均在合理区间范围内。

表 5－2　2000—2017 年全国商品住宅价格及房价收入比

年份	商品住宅价格/（元·米$^{-2}$）	单套房（面积为104平方米）价格/元	住宅销售价格增长率/%	城镇家庭人均年可支配收入/元	城镇家庭平均每户年可支配收入①/元	可支配收入增长率/%	房价收入比	合理区间［4.0，8.7］中位数（6.4）
2000 年	1952	202967	–	6280	18840	–	10.8	不合理
2001 年	2068	215059	5.6	6860	20579	8.4	10.5	不合理
2002 年	2130	221473	2.9	7703	23108	10.9	9.6	不合理
2003 年	2212	230015	3.7	8472	25417	9.1	9.0	不合理
2004 年	2549	265055	13.2	9422	28265	10.1	9.4	不合理
2005 年	3010	312996	15.3	10493	31479	10.2	9.9	不合理
2006 年	3132	325774	3.9	11760	35279	10.8	9.2	不合理
2007 年	3665	381114	14.5	13786	41357	14.7	9.2	不合理
2008 年	3655	380075	－0.3	15781	47342	12.6	8.0	合理
2009 年	4474	465253	18.3	17175	51524	8.1	9.0	不合理
2010 年	4724	491249	5.3	19109	57328	10.1	8.6	合理
2011 年	5011	521117	5.7	21810	65429	12.4	8.0	合理
2012 年	5430	564713	7.7	24565	73694	11.2	7.7	合理
2013 年	5850	608375	7.2	26955	80865	8.9	7.5	合理
2014 年	5932	616945	1.4	28844	86532	6.5	7.1	合理
2015 年	6472	673125	8.3	31195	93584	7.5	7.2	合理
2016 年	7203	749068	10.1	33616	100848	7.2	7.4	合理
2017 年	7614	791837	5.4	36396	109188	7.6	7.3	合理

① 城镇居民家庭年均可支配收入＝城镇居民人均可支配收入×户均人口。数据来源：相关年份《中国统计年鉴》。

第一阶段为2000—2007年，房价收入比均在9.0以上。此阶段属于住房全面市场化初级发展阶段，虽然住房销售价格较低，但是城镇居民家庭可支配收入较低，导致该阶段各年份房价收入比均超过9.0，房价收入比不合理，超出了房价收入比合理区间［4.0，8.7］，居民购房支付能力不足。

第二阶段为2008—2009年，房价收入比合理与不合理相互交替。住房价格和城镇家庭可支配收入增速呈现出此消彼长的特点，二者增速快慢交错于两个年份。2008年的全球经济危机，住房销售价格首次出现了住房全面市场化以来的逆向变化，出现了-0.3%的增长率，房价收入比随之也降到了8.0；2009年随着经济危机影响的逐步减弱，房价迅速反弹，增长率达到18.3%，为2000年以来房价的最高增长率，远远超过城镇家庭可支配收入的增长率，从而房价收入比从2008年的8.0上升到9.0，超出房价收入比合理区间。

第三阶段为2010—2017年，房价收入比逐步下降，均在合理区间范围内。随着国家住房市场调控的逐步深入及效果的逐渐显现，在宏观调控及市场双重调节作用下，住房价格增速整体下降，居民收入增速整体高于住房价格增速，房价收入比不断被拉低，该阶段房价收入比均在合理区间［4.0，8.7］范围内，房价收入比逐步下降。

从图5-1的2000—2017年全国房价收入比趋势图可以直观且明显地看出：2000—2017年全国房价收入比整体上呈现出逐步下降的趋势。图中虚线为房价收入比合理区间上限8.7，房价收入比位于该虚线以上，代表其值过高，居民住房支付能力不足；房价收入比位于该虚线以下，代表房价收入比处于合理区间之内，居民住房支付能力较强。从图中可以看出，房价收入比小于等于8.7的年份有9个，分别为2008年及2010—2017年；房价收入比超过8.7的年份有9个，分别为2000—

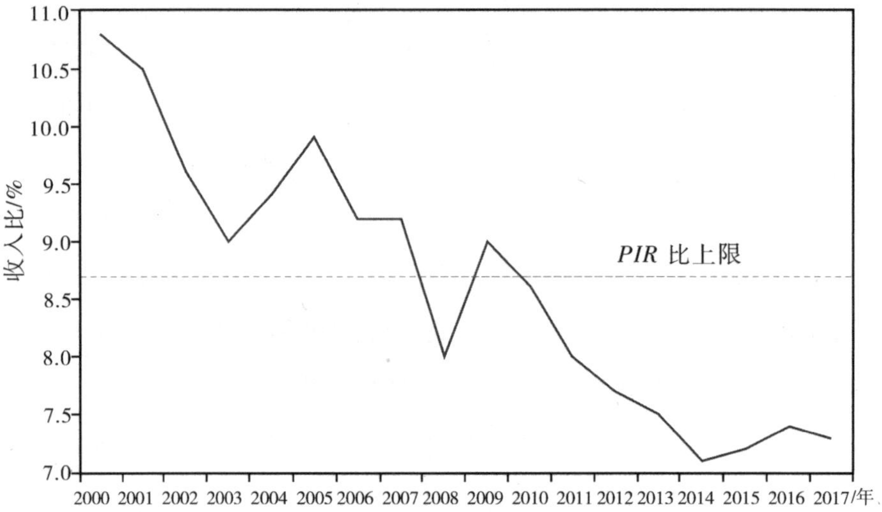

图 5－1　2000—2017 年全国房价收入比趋势图

2007 年和 2009 年。

住宅全面市场化开始的头几年，住房的市场价值开始得到体现，同期城镇家庭可支配收入基数小，从而房价收入比超过合理区间，住房价格超出了居民的购房支付能力；之后在市场和国家宏观调控的作用下，住房销售价格增幅整体上低于居民收入增幅，房价收入比整体处在合理区间之内，全国房价收入比整体上合理，居民购房支付能力较强。但是离房价收入比合理区间的中位数 6. 4 还有段距离，房价收入比还有继续下降的空间，或居民购房支付能力有待进一步增强。

二、基于房价收入比对全国房地产市场现状的评析

（一）房价收入比整体下行趋势的原因分析

从全国房价收入比情况来看，全国房价收入比整体上呈现出逐年下

降的趋势，2010 年以来房价收入比基本处于合理范围之内，居民购房支付能力较强。2000 年全国房价收入比为 10. 8，居民购房支付能力严重不足，之后随着城镇居民家庭可支配收入增速超过房价增速，房价收入比不断下降，居民购房支付能力不断提高。导致全国 2010 年以来房价收入比不断下降的原因主要在于：

其一，全国住房市场发展的日益成熟，刚性需求爆发性释放期的日益结束。住房全面市场化初始阶段（1998—2001 年），全国住房市场发展处于初始阶段，该阶段住房市场发展欠成熟，住房销售价格虽然较低，但是相对于居民收入来讲比较高；2002—2007 年住房市场进入刚性需求集中释放的快速发展阶段，住房市场在快速发展中逐渐成熟，房地产开发商提供的商品住房供应量日益增多，可供消费者选择的住房类型及品质开始多元化。但是该阶段住房市场整体上处于供不应求阶段，虽然住房市场发展日益成熟，但是在旺盛的需求释放阶段，住房销售价格增幅保持在高位，房价收入比仍处于高于 9 的阶段。2008 年在全球经济危机的作用下，房价收入比急速下降，出现 2000 年以来首次处于合理区间内。2009 年在经济危机影响逐步减弱的宏观经济背景下，房价反弹，房价收入比再次升高至合理区间以上。

其二，2010—2017 年全国居民收入增速相对于住房价格增速变化趋势较为平稳，整体上高于房价增幅。但是居民收入增幅整体上低于国民经济及财政收入增幅，因此注重从国富到民富的转变是提高居民购房支付能力的重要方式。与波动起伏变化较大的住房价格增速相比，全国居民收入增速变化相对较为平稳，2010 年及之后居民家庭可支配收入在前期不断增长的前提下基数得到了提高，虽然增长率相对于前期来说有所下降，但是基数高且增长率较为平稳，从而整体上将房价收入比拉低。

在认识到居民收入稳步增长的同时，也要意识到居民收入2000年以来的增速整体上低于GDP增速和中央及地方财政收入增速，经济发展的根本目标并非经济增长本身，而在于提高城乡居民收入水平和生活水平。相对于快速发展的国民经济，普通民众普遍感觉收入增长有限，在住房价格高企的前提下其购房支付能力的提高有限。“十二五”时期以改善民生为重点的社会建设提上日程，而居民收入的提升是改善民生的重要举措。“十二五”规划明确提出将提高城乡居民收入作为重要内容，未来在住房市场逐步成熟完善及国家宏观调控的作用下，住房价格增幅将逐步回落稳定，而居民收入增幅的上升及稳定发展已是必然之势。可以较为客观地预测到未来房价收入比将会在合理区间内继续保持下行态势。

（二）全国整体下行现状与普通民众感知相背的原因分析

1. 城镇居民各收入等级间收入差距大

虽然城镇居民收入增速总体上高于住房价格增速，一定程度上说明城镇居民收入相对于住房价格而言购房支付能力在上升。但是现实是越来越多的城镇居民感觉购房支付能力在下降，根本原因在于城镇居民家庭之间的收入分配差距较大，贫富差距悬殊。

从表5-3可以看出，2000—2016年全国各收入等级人群间人均可支配收入变化情况，20%最高收入等级人群与20%最低收入等级人群的比值维持在高位运行，基本都在5倍以上。根据世界银行（2010年）最新数据，美国60%的财富掌握在5%最高收入人口中，而中国则是40%左右的财富掌握在1%最高收入人口中。由此可以看出中国财富集中程度及贫富悬殊甚至超过了美国，成为全球贫富悬殊较为严重的国家之一。从基尼系数来看，国家统计局公布数据显示：2000—2016年，中国基尼系数从 0.41 上升到最高值 0.49（2001 年下降为 0.40），后几年有所下降，但是仍然高达 0.47，基尼系数整体上呈现出不断上升的趋势。虽然自 2010 年开始逐年回落但是仍高于 0.40 的国际警戒线。

表 5－3　2000—2016 年全国各收入等级人群间人均可支配收入

年份	20% 低收入/元	20% 中低收入/元	20% 中等收入/元	20% 中等偏上收入/元	20% 高收入/元	全国居民基尼系数
2000 年	3132	4624	5898	7487	11299	0.41
2001 年	3320	4947	6366	8164	12663	0.40
2002 年	3032	4932	6657	8870	15459	0.43
2003 年	3295	5377	7279	9763	17472	0.48
2004 年	3642	6024	8167	11051	20102	0.47
2005 年	4017	6711	9190	12603	22902	0.49
2006 年	4567	7554	10270	14049	25411	0.49
2007 年	5364	8901	12042	16386	29479	0.48
2008 年	6075	10196	13984	19254	34668	0.49
2009 年	6725	11244	15400	21018	37434	0.49
2010 年	7605	12702	17224	23189	41158	0.48
2011 年	8789	14498	19545	26420	47021	0.48
2012 年	10354	16761	22419	29814	51456	0.47
2013 年	11434	18483	24518	32415	56389	0.47
2014 年	11219	19651	26651	35631	61615	0.47
2015 年	12231	21446	29105	38572	65082	0.46
2016 年	13004	23055	31522	41806	70348	0.47

资料来源：根据各年份《中国统计年鉴》相关数据计算得来。

2. 各收入等级间收入差距大必然导致房价收入比差距大

在各收入等级间收入差距较大的影响下，全国各收入等级间房价收入比必然差异较大。从表5-4可知，占全国总人口60%的居民（20%低收入户、20%中低收入户和20%中等收入户）房价收入比高于全国平均水平。仅占40%的中等偏上和高收入等级家庭各年份房价收入比基本在合理区间［4.0，8.7］之内，这两个收入等级房价收入比较为合理，有足够的购房支付能力。而20%中等收入家庭房价收入比与全国变动趋势一致，有较为明显的三阶段特征。20%中等收入等级房价收入比始终高于全国平均水平，虽然2010年以来住房支付能力有所提升，也逐渐回归到房价收入比合理区间内，但是离合理区间中位数6.4还有一定的差距，因此20%中等收入、20%中低收入及20%低收入家庭的住房支付能力有待进一步提升。

表5-4　2000—2016年全国各收入等级房价收入比

年份	20%低收入	20%中低收入	20%中等收入	20%中等偏上收入	20%高收入	全国平均
2000年	21.6	14.6	11.5	9.0	6.0	10.8
2001年	21.6	14.5	11.3	8.8	5.7	10.5
2002年	24.3	15.0	11.1	8.3	4.8	9.6
2003年	23.3	14.3	10.5	7.9	4.4	9.0
2004年	24.3	14.7	10.8	8.0	4.4	9.4
2005年	26.0	15.5	11.4	8.3	4.6	9.9
2006年	23.8	14.4	10.6	7.7	4.3	9.2
2007年	23.7	14.3	10.5	7.8	4.3	9.2
2008年	20.9	12.4	9.1	6.6	3.7	8.0

（续表）

年份	20% 低收入	20% 中低收入	20% 中等收入	20%中等 偏上收入	20% 高收入	全国平均
2009 年	23.1	13.8	10.1	7.4	4.1	9.0
2010 年	21.5	12.9	9.5	7.1	4.0	8.6
2011 年	19.8	12.0	8.9	6.6	3.7	8.0
2012 年	18.2	11.2	8.4	6.3	3.7	7.7
2013 年	17.7	11.0	8.3	6.3	3.6	7.5
2014 年	18.3	10.5	7.7	5.8	3.3	7.1
2015 年	18.3	10.5	7.7	5.8	3.4	7.2
2016 年	19.2	10.8	7.9	6.0	3.5	7.4

资料来源：根据各年份《中国统计年鉴》相关数据计算得来。

第三节　基于房价收入比的城市房价合理性评价

全国房价收入比总体状况可以使我们认识全国住房市场与居民收入协调的总体状况，但是由于我国区域广阔且不同地区之间住房市场与居民收入差别较大，必然导致地区间城市的房价收入比具有较大差异，由其反映出的住房市场与居民收入协调性也必然差异较大。为了更好地分析出城市之间房价收入比差异，在分析全国房价收入比的基础上对全国35个大中城市的房价收入比进行计算，并对这些城市住房市场与居民收入协调性进行分析。

一、东部城市房价收入比现状及评析

（一）一线城市房价收入比现状及评析

1. 房价现状

从表5－5可以看出，一线城市房价远远高于全国水平，而且差距越来越大。以全国房价最高的深圳市为例，2000—2017年，深圳房价与全国房价的比值从2.7上升到6.4，呈现不断上升的趋势，一线城市与全国房价差距不断扩大。从四个一线城市来看，2000—2017年房价年均增长率深圳最高（14.0%），广州最低（9.2%），北京和上海分别为12.6%和12.9%。2017年一线城市房价从高到低分别是深圳（48622元/米^2）、北京（34118元/米^2）、上海（24866元/米^2）和广州（17685元/米^2）。

表5－5　2000—2017年一线城市住房价格

年份	北京		上海		广州		深圳		全国	
	房价/（元·米$^{-2}$）	增长率/%	房价/（元·米$^{-2}$）	增长率/%	房价/（元·米$^{-2}$）	增长率/%	房价/（元·米$^{-2}$）	增长率/%	房价/（元·米$^{-2}$）	增长率/%
2000年	4557	—	3157	—	3978	—	5275	—	1952	—
2001年	4716	3.4	3535	10.7	4047	1.7	5507	4.2	2068	5.6
2002年	4466	－5.6	3988	11.4	3995	－1.3	5267	－4.6	2130	2.9
2003年	4456	－0.2	4989	20.1	3983	－0.3	5537	4.9	2212	3.7
2004年	4747	6.1	5761	13.4	4356	8.6	6385	13.3	2549	13.2
2005年	6162	23.0	6698	14.0	5074	14.2	7018	9.0	3010	15.3

（续表）

年份	北京		上海		广州		深圳		全国	
	房价/（元·米$^{-2}$）	增长率/%	房价/（元·米$^{-2}$）	增长率/%	房价/（元·米$^{-2}$）	增长率/%	房价/（元·米$^{-2}$）	增长率/%	房价/（元·米$^{-2}$）	增长率/%
2006 年	7376	16.5	7039	4.8	6149	17.5	8830	20.5	3132	3.9
2007 年	10661	30.8	8253	14.7	7993	23.1	13370	34.0	3665	14.5
2008 年	11648	8.5	8182	-0.9	8502	6.0	12823	-4.3	3655	-0.3
2009 年	13224	11.9	12364	33.8	8989	5.4	14389	10.9	4474	18.3
2010 年	17151	22.9	14213	13.0	10615	15.3	18954	24.1	4724	5.3
2011 年	15518	-10.5	13448	-5.7	11383	6.7	20861	9.1	5011	5.7
2012 年	16554	6.3	13870	3.0	12001	5.1	18996	-9.8	5430	7.7
2013 年	17854	7.3	16192	14.3	13954	14.0	23427	18.9	5850	7.2
2014 年	18499	3.5	16415	1.4	14739	5.3	24040	2.5	5932	1.4
2015 年	22300	17.0	21501	23.7	14083	-4.7	33661	28.6	6472	8.3
2016 年	28489	21.7	25910	17.0	16346	13.8	45498	26.0	7203	10.1
2017 年	34118	16.5	24866	-4.2	17685	7.6	48622	6.4	7614	5.4

2. 房价收入比现状

（1）房价收入比现状（不分收入等级）。

从一线城市房价和全国房价的比较可知，一线城市房价远远高于全国平均水平，高房价必然决定高房价收入比。与高房价对应，四个城市房价收入比远远高于全国平均水平。以房价收入比最高的深圳为例，2000—2017 年深圳和全国房价收入比比值从 0.8 上升到 4.4，可见以深圳为代表的一线城市房价上升之快，房价收入比上升之高，居民住房支付能力远远不足。从四个一线城市来看，2000—2017 年房价收入比平均值从高到低分别是深圳（16.8）、北京（15.3）、上海（12.6）和广州（10.8）（见表 5-6）。

表 5－6　2000—2017 年一线城市房价收入比

合理区间［4.0，8.7］

年份	北京		上海		广州		深圳		全国	
	比值	合理度	比值	合理度	比值	合理度	比值	合理度	比值	合理度
2000 年	17.0	不合理	10.0	不合理	9.9	不合理	8.7	合理	10.8	不合理
2001 年	15.7	不合理	10.3	不合理	9.7	不合理	8.7	合理	10.5	不合理
2002 年	13.2	不合理	10.7	不合理	10.3	不合理	7.7	合理	9.6	不合理
2003 年	11.1	不合理	11.6	不合理	9.2	不合理	7.4	合理	9.0	不合理
2004 年	10.5	不合理	12.0	不合理	9.1	不合理	8.0	合理	9.4	不合理
2005 年	12.1	不合理	12.5	不合理	9.6	不合理	11.3	不合理	9.9	不合理
2006 年	12.8	不合理	11.8	不合理	10.7	不合理	13.6	不合理	9.2	不合理
2007 年	16.8	不合理	12.1	不合理	12.3	不合理	18.6	不合理	9.2	不合理
2008 年	16.3	不合理	10.6	不合理	11.6	不合理	16.6	不合理	8.0	合理
2009 年	17.1	不合理	14.9	不合理	11.3	不合理	17.1	不合理	9.0	不合理
2010 年	20.5	不合理	15.5	不合理	12.0	不合理	20.3	不合理	8.6	合理
2011 年	16.3	不合理	12.9	不合理	11.5	不合理	19.8	不合理	8.0	合理
2012 年	15.7	不合理	12.0	不合理	10.9	不合理	16.2	不合理	7.7	合理
2013 年	15.4	不合理	12.8	不合理	11.5	不合理	18.2	不合理	7.5	合理
2014 年	14.6	不合理	11.9	不合理	11.9	不合理	20.4	不合理	7.1	合理
2015 年	14.6	不合理	16.5	不合理	10.4	不合理	26.1	不合理	7.2	合理
2016 年	17.2	不合理	15.6	不合理	11.1	不合理	32.4	不合理	7.4	合理
2017 年	19.0	不合理	13.8	不合理	11.1	不合理	31.8	不合理	7.3	合理

从一线城市房价收入比趋势图（如图 5－2 所示）来看，与全国房价收入比整体呈现下降趋势相异，四大城市房价收入比 2000—2017 年整体上呈现出上升态势，特别是 2005—2017 年各城市房价收入比维持在高位。2009 年下半年开始的严厉房地产市场宏观调控作用于 2011 年

显现：北京、上海房价收入比有比较明显的下降，广州和深圳房价收入比有微弱下降；2012 年四大城市房价收入比也整体呈现出继续下降的趋势，严厉的宏观调控效果持续显现；但是 2013 年除北京外，上海、广州和深圳房价收入比均开始反弹；2016 年全国房地产市场以一线城市领涨为主，全国主要城市房价均呈现出了较大幅度的上涨，特别是北京和深圳涨幅最大，2016 年房价收入比分别提高 2.6 和 6.3。2017 年初，国家开始加大对房地产市场宏观调控力度，各大城市开始不断出台政策稳定房地产市场，3 月房地产新政出台，进一步起到了稳定房地产市场的作用。2017 年底，上海和深圳房价收入比均有所下降。

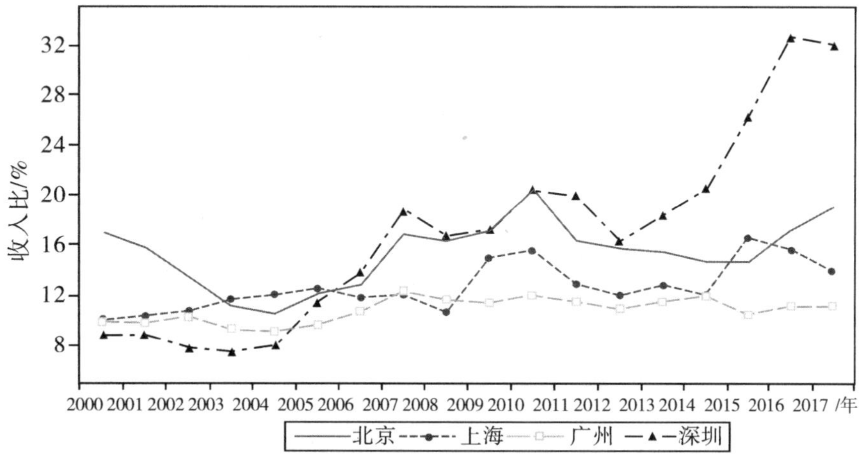

图 5－2　2000—2017 年一线城市房价收入比趋势图

（2）不同收入等级的房价收入比现状（以北京为例）。

一线城市城镇居民间收入差距大，在房价不断上涨的驱动下投资投机性需求旺盛，拉动了楼市住房价格上涨。投资投机性需求和住房价格二者相互促进相互作用推动了住房价格的过快上涨。2000—2017 年这 18 年中，北京房价不断上涨，房价收入比也不断上升。作为全国房价收入比最高的城市之一，北京又以其政治文化中心的特殊优势地位成为众多家庭安家的首选城市。由于北京在一定程度上实际是全国性市场的特殊性，因此购房需求特别是投资投机性需求就更为强劲。因此，城镇居民购房支付能力必然会在强劲的需求下降低。另外，居民家庭间收入差距较大也是公认的事实，因此有必要在对全市房价收入比进行计算的同时对各收入等级房价收入比进行计算并对比，以探讨不同收入等级居民家庭的购房支付能力。

表 5 - 7　1999—2016 年北京不同收入户的房价收入比

年份	低收入户	中低收入户	中等收入户	中高收入户	高收入户	全市平均
1999 年	27.4	20.0	16.4	13.3	8.9	17.0
2000 年	26.1	19.1	15.4	12.4	7.9	15.7
2001 年	25.6	17.3	13.7	10.9	6.6	13.2
2002 年	21.1	14.9	12.0	9.6	6.3	11.1
2003 年	22.2	15.0	11.6	8.9	5.6	10.5
2004 年	24.9	17.1	13.3	10.3	6.5	12.1
2005 年	26.1	17.7	13.9	11.1	7.0	12.8
2006 年	35.4	23.6	18.6	14.6	9.1	16.8
2007 年	37.8	24.2	18.4	14.2	8.6	16.3
2008 年	39.1	24.8	19.5	15.0	9.0	17.1
2009 年	43.4	28.5	22.9	18.2	11.1	20.5
2010 年	35.8	22.8	18.6	14.7	8.5	16.3
2011 年	35.0	22.5	17.8	14.0	8.7	15.7
2012 年	33.4	21.9	17.4	13.9	8.6	15.4
2013 年	30.3	20.4	16.6	13.3	8.3	14.6
2014 年	42.1	23.4	17.1	12.8	7.8	14.6
2015 年	48.9	27.3	20.0	15.1	9.4	17.2
2016 年	27.4	20.0	16.4	13.3	8.9	17.0

数据来源：根据相关年份《北京统计年鉴》相关数据计算整理得来。

从表5－7数据可以看出，中高收入户的房价收入比最接近全市平均房价收入比，但是仍然远远高于合理房价收入比上限8.7。显然，中高收入户购房支付能力有限；低收入户房价收入比均在20以上，2015年达到最大值48.9，根本没有购房的能力；中低收入户和中等收入户的房价收入比也已至20以上，购房支付能力越来越弱；高收入户应为最有购房支付能力的人群，从1999—2016年的数据可以看出该收入阶层购房支付能力较强，但是从2015年开始高收入户房价收入比攀升至合理区间上限以上，住房价格甚至超过了高收入阶层的购房支付能力。

3. **房价收入比状况评析**

一线城市房价收入比远远超过全国平均水平，导致一线城市房价过快上涨的原因主要在于市场供不应求。大城市人口数量的剧增，自住、改善性需求与投资投机性需求不断增加、拆迁导致的被动需求等使需求旺盛，同时住房市场供给不足。以北京为例，2000—2017年这18年间，房地产开发住宅竣工面积（代表商品住宅供给）一直远远小于住宅销售面积（代表商品住宅需求），这18年间两者之差（销售减去竣工即需求超过供给面积）总计为3446万平方米，以北京住房单套竣工面积106米^2/套来计算，供求缺口为32.5万套。供给远小于需求，供求偏紧的矛盾一直较为突出，成为房地产市场化以来一线城市房价过快上涨的重要原因之一。

从上面分析可知，需求是拉动一线城市房价上涨的重要原因。此外，成本同样也是推动价格过快上涨的重要原因。地价占商品住宅销售价格比重大且不断上升是房价成本上升的主要原因。以北京为例，2000—2017年北京土地价格呈不断上升之势，从3588元/米^{2}上涨到66579元/米^2，年均增长率达到18.7%，高于同时期房价年均增长率（12.6%）。北京及其他一线城市土地价格的快速上涨，是房价上涨的重要因素之一。

（二）东部其他城市（10 个）房价收入比现状及评析

1. 房价现状

东部其他 10 个城市房价是全国仅次于一线城市房价的区域，其中 2017 年厦门和杭州房价均超过一线城市房价较低的广州（17685 元/米^2），厦门房价甚至超过上海（24866 元/米^2）。此外，还有南京、天津和宁波房价均超过了 14000 元/米^2，房价直逼一线城市。上述 5 个二线城市房价不断升高，房价有追齐一线城市的趋势，且厦门和杭州房价已经超过了一线城市中的个别城市，因此我们将厦门、杭州、南京、天津和宁波这五个城市称为热点二线城市。热点二线城市之外的五个城市，房价区间位于 9000 ～ 12000 元/米^2 之间，虽然房价低于热点二线城市，但是也远远高于全国房价平均水平（见表 5 – 8）。

表 5 – 8　2000—2017 年东部其他 10 个城市房价

单位：元/米^2

年份	厦门	杭州	南京	天津	宁波	海口	福州	青岛	石家庄	济南	全国
2000 年	2505	2733	2598	2243	1781	1982	1850	1743	1684	1800	1952
2001 年	2559	2624	2577	2301	1864	1946	2002	1831	1908	1858	2068
2002 年	2595	3197	2780	2425	2357	2049	1960	2066	1555	2068	2130
2003 年	3077	3657	2888	2463	2526	1989	2178	2297	1571	2262	2212
2004 年	3768	3884	3098	2950	2895	2215	2463	2747	1534	2690	2549
2005 年	4744	5049	3850	3991	4034	2529	2981	3594	1705	2952	3010
2006 年	6601	5971	4270	4649	5105	2673	3976	4001	2005	3234	3132
2007 年	8907	7434	5011	5557	6091	3403	4900	5105	2378	3607	3665

（续表）

年份	厦门	杭州	南京	天津	宁波	海口	福州	青岛	石家庄	济南	全国
2008 年	9979	8347	4787	5598	7024	4435	5395	4758	2630	4155	3655
2009 年	8935	10561	6893	6605	9068	5318	6441	5383	3734	4797	4474
2010 年	11590	14259	9227	7913	11730	8069	7874	6421	3803	6100	4724
2011 年	12936	12613	8415	8539	10649	6664	9529	7171	4400	6676	5011
2012 年	12954	13293	9675	8010	11385	6512	10645	7583	4714	6651	5430
2013 年	14551	14679	11078	8390	11405	7342	10155	7987	4943	7013	5850
2014 年	17778	14035	10964	8760	10890	7473	6178	7855	5562	7158	5932
2015 年	18928	14748	11260	9870	11022	7636	11333	8437	7798	7527	6472
2016 年	25251	16211	17884	12870	11738	8868	11058	8997	7354	8412	7203
2017 年	28052	21225	15259	15139	14145	11694	10547	10052	9738	9712	7614
年均增长率	15.3%	12.8%	11.0%	11.9%	13.0%	11.0%	10.8%	10.9%	10.9%	10.4%	8.3%

从表 5－8 东部其他 10 个城市房价可以较为清楚地看出，以房价为划分依据，东部其他 10 个城市主要分为两类：一类为热点二线城市，房价直追一线城市；另一类为一般二线城市，房价低于一线城市，但是远远高于全国平均水平。二线城市房价高的直接原因是 2000 年以来一直保持着较高的房价增长率。从图 5－3 中可以直观地看出：2000—2017 年热点二线城市房价年均增长率均高于 10%，其中厦门增长率是所有城市中的最高值。由此可见，二线城市，特别是热点二线城市的高增长率，是其房价直逼一线城市最为直接的原因。

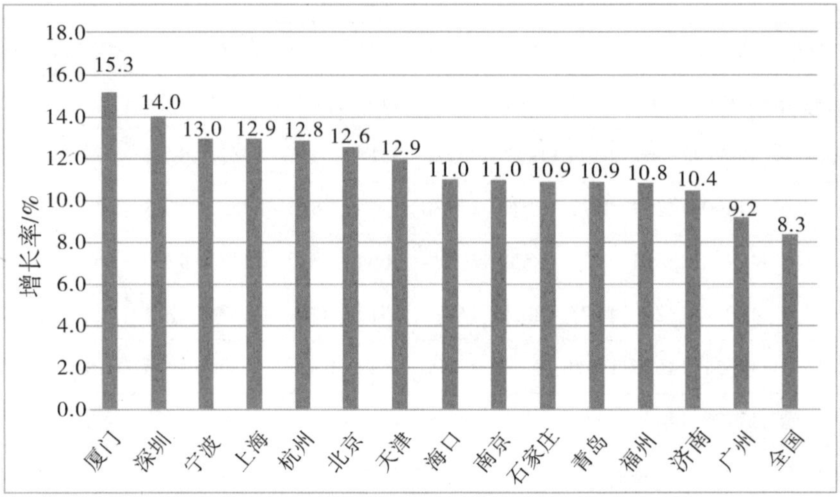

图 5－3　2000—2017 年东部城市房价年均增长率

2. 房价收入比现状

东部其他 10 个城市中除济南外的 9 个城市因住房价格整体上高于全国住房价格，房价收入比整体上高于全国平均水平（见表 5－9）。其中，厦门、杭州、海口和福州房价收入比整体趋势与全国相反，整体呈现上升趋势；南京、天津、宁波、青岛和石家庄呈现出较为明显的两阶段特征：2000—2009 年房价收入比整体上呈现出下降趋势，但是从 2010 年开始房价收入比反弹，整体呈现出上升趋势。青岛 2007 年及之前房价收入比整体上升，2007 年及之后房价收入比整体下降。济南房价收入比较平稳，整体趋势与全国一致，且低于全国平均水平。从以上东部其他 10 个城市房价收入比趋势可知，10 个城市中除了济南和青岛房价收入比整体下降，其他城市均呈现出上升趋势。东部城市虽然经济发展水平和居民可支配收入显著高于除了一线城市之外的其他区域，但是近年来住房销售价格增幅整体上高于居民收入增幅，加之住房销售价格基数本来就较高，导致这些城市居民购房支付能力不足，成为仅次于一线城市的购房艰难区域。

表 5 - 9　2000—2017 年东部其他 10 个城市房价收入比

年份	厦门	杭州	天津	海口	石家庄	南京	福州	宁波	青岛	济南	全国
2000 年	8.5	9.4	9.6	9.5	10.3	11.6	6.0	5.7	9.1	8.6	10.8
2001 年	7.8	8.4	9.2	8.9	10.5	10.7	6.3	5.6	8.6	8.0	10.5
2002 年	7.6	9.4	9.1	8.9	7.7	10.8	5.9	6.5	8.7	8.0	9.6
2003 年	8.3	9.8	8.3	7.8	7.0	9.9	6.0	6.1	7.9	8.1	9.0
2004 年	9.0	9.2	8.9	7.9	6.2	9.3	6.3	6.3	8.6	8.6	9.4
2005 年	10.0	10.5	10.9	8.2	3.0	8.9	8.2	8.0	9.6	8.3	9.9
2006 年	12.4	10.9	11.3	7.9	6.0	8.4	9.7	9.0	9.0	8.1	9.2
2007 年	14.4	11.9	11.8	9.1	6.2	8.6	10.2	9.5	9.9	7.7	9.2
2008 年	14.4	12.0	10.0	10.9	6.1	7.2	9.8	9.6	8.1	6.9	8.0
2009 年	11.9	13.6	10.7	12.1	7.8	9.4	10.8	11.5	8.3	7.3	9.0
2010 年	13.7	16.5	11.3	16.7	7.2	11.3	11.7	13.5	8.9	8.4	8.6
2011 年	13.4	12.8	11.0	11.5	7.4	9.1	12.4	10.8	8.7	8.0	8.0
2012 年	12.0	12.3	9.4	10.1	7.1	9.2	12.3	10.4	8.2	7.1	7.7
2013 年	12.2	12.9	9.0	10.4	6.8	9.6	10.9	9.5	7.9	11.2	7.5
2014 年	15.6	10.9	9.6	9.8	7.4	8.9	6.6	8.5	7.1	10.8	7.1
2015 年	15.4	10.6	10.0	9.3	9.6	8.5	11.2	8.0	7.2	6.5	7.2
2016 年	18.9	10.8	12.0	10.0	8.4	12.4	10.1	7.9	7.2	6.8	7.4
2017 年	19.4	13.1	13.0	12.2	10.3	9.7	8.9	8.8	7.4	7.2	7.3

3. **房价收入比状况评析**

从东部其他 10 个城市房价收入比看，整体上低于一线城市，这主要源于这些城市住房价格低于一线城市，且居民家庭收入增速上升。但是也要注意到 2008 年及之后绝大多数城市房价收入比开始升高，与全国房价收入比变动趋势相反。不少东部其他城市房价收入比开始超过10，居民购房支付能力不足。造成这些城市房价收入比近几年来不断攀升的主要原因有：

其一，宏观经济的发展为住房销售价格快速上涨提供了客观条件。近年来国家对二线城市的支持导致这些区域经济发展受重视度加强，带动了这些城市经济的发展。宏观经济发展与房地产市场发展往往具有正相关性，虽然一线城市地区生产总值总量远超二线城市，但是近年来二线城市地区生产总值增速普遍高于一线城市，从而导致二线城市房价收入比有上升趋势。另外，二线城市基础设施建设的加快，城市间及城市内快速路网建设的加速，大型市政基础设施建设工程数量不断增多及旧城改造导致拆迁量的增加等都带动了这些城市住房销售价格的快速上涨。

其二，导致二线城市近几年房价收入比上升快的最直接因素是供需因素。从这10个东部城市住房市场供给来看，开发商倾向于大面积的中高档三居室户型。以2006—2016年东部城市单套住房平均竣工面积来看，仅南京、青岛、天津和深圳单套住房面积比全国平均要少，其他10个城市均高于全国平均水平，其中福州、济南、杭州和宁波四个城市单套住房竣工面积超过115平方米，远远超过全国平均水平。如图5－4所示，从东部其他10个城市住房需求来看，随着住房限购等严厉宏观调控政策的实施，部分一线城市居民转战二线城市，以满足住房自住性需求及投资投机性需求，加之这些城市的居民日益增多的需求，共同导致住房市场需求增多，供求偏紧的状况带动了这些城市住房市场的发展及住房价格的攀升。

其三，一线城市过高的住房价格和增速受国家宏观调控的严厉监控和制约，房地产开发投资风险随之增大。众多房地产开发商开始转战房

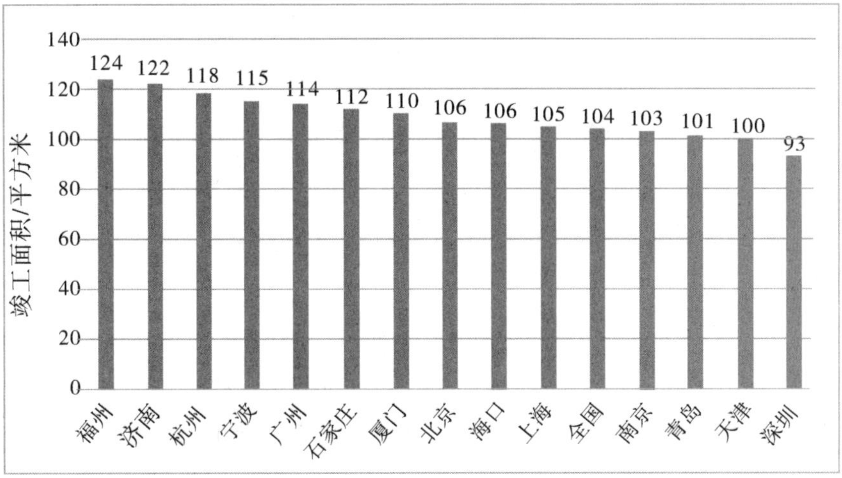

图 5－4　2006—2016 年东部城市平均单套住宅竣工面积

地产市场仍有较大发展空间的二线城市，从而带动了这些城市住房市场近几年的发展。

二、中部城市房价收入比现状及评析

（一）中部城市房价现状

中部 6 个城市房价整体上可以分为三类：第一类城市是武汉和合肥，房价都超过 11000 元/米^2，与东部城市中的海口房价水平相当，房价较高。2000—2017 年这十几年间房价年均增长率合肥在 6 个城市中最高，达到 12.7%，武汉房价年均增长率在 6 个城市中排第二，达到 12.1%。第二类城市是太原、郑州和南昌，房价均超过 8000 元/米^2，高于全国平均水平，但是低于东部所有城市。2000—2017 年三个城市中房价年均增长率最高的是南昌（11.4%），其次分别是太原（9.9%）和郑州（9.1%），增长率高于全国平均水平（8.3%），但是低于东部城市增长率。第三类城市是长沙，房价低于全国平均水平，是东中部城市中房价最低的城市。长沙房价低的最直接原因是2000年房价较低，且2000—2017年这十几年间房价年均增长率低，为8.6%（见表5－10）。从以上中部城市房价特征可知：中部城市房价差别较大，武汉和合肥的房价水平与东部10城市的中等水平相当；太原、郑州和南昌房价相比于全国较高，但是与东部城市差距较大；长沙是6个城市中房价最低的，低基数和低增长率直接决定了长沙的低房价。

表5－10　2000—2017年中部6个城市房价

单位：元/米^2

年份	武汉	合肥	太原	郑州	南昌	长沙	全国
2000年	1636	1499	1765	1891	1298	1795	1952
2001年	1745	1522	1907	1880	1491	1736	2068
2002年	1916	1618	2107	1914	1632	1649	2130
2003年	2023	1889	2296	1955	2080	1786	2212
2004年	2463	2271	2721	2004	2429	1775	2549
2005年	2986	2807	3067	2387	2518	2089	3010
2006年	3548	2891	3424	2691	3053	2431	3132
2007年	4516	3172	3718	3328	3509	3191	3665
2008年	4680	3459	4422	3598	3361	3201	3655
2009年	5199	4095	4499	4054	3637	3533	4474
2010年	5552	5501	7046	4596	4331	4322	4724
2011年	6768	5631	6724	4691	5281	5484	5011
2012年	6895	5754	6405	5643	5880	5602	5430
2013年	7238	6084	6668	6587	6639	5759	5850
2014年	7399	6917	7155	6579	6225	5458	5932
2015年	8404	7512	7303	7223	6955	5544	6472
2016年	9819	9312	7348	8093	7707	6160	7203
2017年	11453	11442	8827	8323	8106	7287	7614
年均增长率	12.1%	12.7%	9.9%	9.1%	11.4%	8.6%	8.3%

（二）中部城市房价收入比现状

从表 5-11 的数据可以看出，中部 6 个城市中的合肥和武汉房价收入比变动趋势与全国趋势相反，房价收入比整体上呈现出不断上升的趋势，2006 年及之后阶段房价收入比整体上高于全国平均水平，之前阶段房价收入比低于全国平均水平；太原、郑州和长沙房价收入比变动趋势与全国一致，都呈现出不断下降的趋势。特别是长沙房价收入比整体上低于全国平均水平，且稳定性较强。南昌房价收入比较为稳定，2000—2017 年房价收入比变动区间位于 7.2 和 9.4 之间，房价波动范围不大，特别是 2017 年房价收入比下降为 7.5，实现了房价收入比向最低点的回归。中部 6 个城市中合肥、太原和武汉在 2017 年的房价收入比均超过了合理区间的上限（8.7）。按中部 6 城市的住房市场发展程度来看，其本应为居民购房相对容易的城市。但是近年来该区域城市住房销售价格增幅与居民收入增幅的差距逐渐拉大，导致房价收入比呈现出上升趋势。未来随着一线城市及东部城市住房市场的逐步成熟，住房市场投资投机性供给与需求向该区域转移的可能性将逐步加大，这将进一步拉动该区域住房销售价格的快速上涨，成为该区域城市需要重点防范的问题。

表 5-11　2000—2017 年中部城市房价收入比

年份	合肥	太原	武汉	郑州	南昌	长沙	全国
2000 年	6.5	12.6	6.5	9.9	7.2	6.9	10.8
2001 年	6.8	12.2	6.7	9.2	7.7	6.3	10.5
2002 年	6.8	12.4	7.0	8.9	7.8	5.7	9.6
2003 年	7.5	11.4	7.1	8.3	9.0	5.7	9.0

（续表）

年份	合肥	太原	武汉	郑州	南昌	长沙	全国
2004 年	8.3	11.2	8.0	7.5	9.2	5.6	9.4
2005 年	9.1	11.0	8.9	7.7	8.5	5.8	9.9
2006 年	8.5	11.0	9.7	7.9	9.4	6.1	9.2
2007 年	8.2	9.8	10.9	8.4	9.3	6.8	9.2
2008 年	7.7	10.1	9.7	7.8	7.7	6.1	8.0
2009 年	8.3	10.0	9.8	8.1	7.7	6.1	9.0
2010 年	10.0	14.2	9.3	8.2	8.2	6.7	8.6
2011 年	8.7	11.6	9.9	7.2	8.8	7.5	8.0
2012 年	7.8	9.8	8.8	7.7	8.6	6.4	7.7
2013 年	7.5	9.6	8.4	8.6	8.8	5.9	7.5
2014 年	8.2	9.6	7.7	7.8	7.4	5.1	7.1
2015 年	8.1	9.1	8.0	8.1	7.5	4.8	7.2
2016 年	9.3	8.6	8.6	8.4	7.7	4.9	7.4
2017 年	10.4	9.7	9.0	8.0	7.5	5.4	7.3

（三）中部城市房价收入比现状评析

中部6个城市中有3个城市房价收入比超出了［4.0，8.7］的合理区间，合肥和武汉的房价收入比有明显上升的趋势，居民购房支付能力有所减弱，这与严厉宏观调控趋势逆势而行。原因主要在于：

其一，宏观经济发展水平为住房销售价格的上涨奠定了经济基础。随着2004年国家开始提出“中部崛起”，中部地区经济发展逐步得到重视，从而逐步改变了自20世纪80年代来以来经济发展陷于“中部塌陷”的落后局面，2004年以来中部地区经济发展不断受到重视为住房市场的发展提供了紧跟东部地区住房市场发展的历史机遇。“中部崛起”与东部地区产业转移相重合，中部凭借其优越的地缘优势成为承接东部地区产业转移的主要区域，为其宏观经济发展进一步为住房市场发展奠定了良好的基础。加之2008年以来经济危机与宏观调控对投资投机性需求旺盛的东部城市影响远远高于其他区域城市，中部城市凭借其较为优越的地缘优势成为严厉宏观调控背景下投资投机性供给与需求转移的重要区域。

其二，城市化为中部城市提供了旺盛的住房需求。城市化的快速发展通过以下途径提供了住房旺盛需求：随着中部城市化的快速发展，中部地区从农村转移到城市的劳动力大量增加，大大提高了住房需求的人口基数；城市化发展改变了中部城市经济发展落后的局面，使20世纪八九十年代因经济发展远远落后于东部沿海地区时大量流失的高素质外流劳动力产生部分回流，同时也限制了现有高素质劳动力的外流，为住房市场需求量及需求层次的提高奠定了基础；随着城市发展战略的逐步完善，中部地区城市发展水平越来越接近东部发达城市，其开放及优越的人口政策对外来人才的吸引力逐步加强，同时大量优秀人才如该地生源的东部城市特别是一线城市高校毕业生出现了大量返回中部城市发展的潮流，提高了这些城市住房市场的需求。

其三，交通及城市公共设施的完善为住房价格的上涨提供了客观条件。2008年经济危机背景下政府推出了4万亿元投资机会拉动经济增长，其重点投资领域包括铁路、公路和机场等重大基础设施，随后京沪和武广等重大铁路项目进入建设和通车阶段，2009年郑西和武广高速铁路相继开通，截至2010年底全国高铁投入运营里程达8358公里，此运营里程高居世界第一位。与高铁快速建设同步的是高速公路“断头路”建设进程的加快，2009年和2010年建设规模分别达3629公里和2498公里。在投资拉动下，全国公路交通设施投资和建设规模达到历史最高水平。交通特别是高速公路和高速铁路的建设及城市公共设施的完善使得中部城市及沿线的聚集效应得以大幅度增长，宏观经济在交通及公共设施的完善下得以拉动，从而带动了中部城市房地产市场的快速发展。随着城市交通及公共设施的完善，中部城市房地产发展突破了在老城区发展的模式局限，新城区及城际沿途的住房市场发展成为带动中部城市住房市场发展的重要途径，城市全面发展的同时城市地位及城市价值得以提升，从而带动了这些城市住房价值。另外，随着交通设施的完善，东部地区房地产开发投资开始从一线城市等东部城市向中部城市转移，带来了新的房地产开发理念，房地产开发水平得以不断提高，高品质楼盘不断被推出，从而带动了2008年以来中部城市住房销售价格的快速上涨。

三、西部城市房价收入比现状及评析

（一）西部城市房价现状

西部城市房价大体上可以分为三种类型：第一类城市以成都、昆明、西安和南宁四个城市为主，其房价高于全国平均水平，与中部城市中的太原、郑州和南昌房价水平相当。2000—2017年房价年均增长率西安在四个城市中最高（10.7%），其次是成都（10.4%），最后是南宁（8.7%）和昆明（8.7%）。第二类城市是兰州、重庆、贵阳、西宁、呼和浩特和乌鲁木齐，其房价低于全国平均水平，房价增长率除了乌鲁木齐（8.7%）外其他城市均在9%以上。第三类城市是银川，其房价在5000元/米^{2}以下，远远低于全国平均水平，也是东中西部所有35个城市中唯一一个年均增长率在8%以下的城市（见表5－12）。从以上西部城市房价特征可知，西部三种类型的城市中：成都、昆明、西安和南宁与中部城市中等水平房价的城市相当；兰州、重庆、贵阳、乌鲁木齐、西宁和呼和浩特房价均低于全国平均水平，2000 年房价基数低，但年均增长率高；银川房价远远低于全国平均水平，是所有城市中房价最低，且年均增长率最低的城市。

表 5－12　2000—2017 年西部城市房价

单位：元/米^2

年份	成都	昆明	西安	南宁	兰州	重庆	贵阳	乌鲁木齐	西宁	呼和浩特	银川	全国
2000 年	1608	1985	1451	1855	1560	1078	1405	1627	1287	1187	1345	1952
2001 年	1648	2333	1849	2035	1601	1131	1354	1771	1264	1330	1540	2068
2002 年	1775	2127	1929	2154	1480	1277	1471	1828	1303	1203	1889	2130
2003 年	1908	2131	1921	2169	1673	1321	1735	1865	1499	1277	1727	2212
2004 年	2224	2437	2393	2482	2084	1573	1643	1796	1536	1430	1923	2549
2005 年	2854	2513	2686	2388	2339	1902	1801	1920	1727	1541	2030	3010
2006 年	3437	2733	3073	2656	2515	2070	2138	2021	1940	2176	2185	3132
2007 年	4190	2994	3215	3273	2920	2588	2619	2528	2313	2459	2229	3665
2008 年	4869	3499	4056	3726	3062	2640	2866	3031	2817	2511	2592	3655
2009 年	4875	3644	3749	4463	3500	3266	3492	3355	2811	3252	3387	4474
2010 年	5827	3408	4341	4952	4064	4040	4233	4280	3197	3648	3801	4724
2011 年	6311	4553	5793	5133	4050	4492	4553	4929	3439	3908	4020	5011
2012 年	6678	5405	6224	5619	5420	4805	4473	5255	4304	4798	4187	5430
2013 年	6708	5615	6435	6155	5520	5239	4488	5858	4380	4631	4523	5850
2014 年	6536	6067	6105	6103	5860	5094	4904	5758	4807	5153	4111	5932
2015 年	6584	7178	6221	6229	6089	5012	4967	6142	4602	4946	4498	6472
2016 年	7377	6851	6385	6767	6162	5162	5392	5829	5007	5196	4448	7203
2017 年	8595	8197	8166	7700	7137	6605	6552	6188	5890	5661	4892	7614
年均增长率	10.4%	8.7%	10.7%	8.7%	9.4%	11.3%	9.5%	8.2%	9.4%	9.6%	7.9%	8.3%

（二）房价收入比现状

西部11个城市中2017年住房平均价格低于全国平均水平的有7个城市（除了成都、昆明、西安和南宁），与此相对应房价收入比整体上低于全国平均水平。其中，成都、贵阳和重庆房价收入比呈现上升趋势，这些城市一开始房价收入比较低，随着住房市场发展房价收入比逐步升高；房价收入比趋于下降的城市有南宁、兰州、西安、昆明、西宁、乌鲁木齐、银川和呼和浩特共8个城市。由此可见，西部11个城市中房价基数低，房价增长率相对于收入增长率较低，从而房价收入比整体上呈现出逐步下降的趋势。随着房价收入比的不断下降，2015—2017年连续三年西部所有城市房价收入比均在合理区间［4.0，8.7］之内，说明西部城市城镇居民家庭具有较强的购房支付能力（见表5－13）。

表5－13　2000—2017年西部城市房价收入比

年份	南宁	成都	兰州	西安	重庆	贵阳	昆明	西宁	乌鲁木齐	银川	呼和浩特	全国
2000年	9.6	6.9	11.1	7.7	6.8	5.8	10.0	9.2	9.6	8.0	7.3	10.8
2001年	10.0	6.7	10.3	9.1	5.7	5.3	11.3	8.5	9.7	8.7	7.5	10.5
2002年	10.0	6.3	8.7	8.9	6.5	5.6	9.7	8.2	9.3	10.0	5.9	9.6
2003年	9.4	6.4	8.9	8.2	5.7	6.3	8.9	8.5	8.5	8.3	5.3	9.0
2004年	9.8	7.1	9.8	9.2	5.9	5.5	9.1	7.8	7.3	8.2	5.1	9.4
2005年	8.5	8.3	9.9	9.4	6.4	5.7	8.5	7.1	6.2	7.9	4.4	9.9
2006年	8.4	9.0	9.3	9.8	6.2	6.3	8.4	7.2	6.7	7.5	5.4	9.2
2007年	8.9	9.6	9.9	8.8	7.1	7.2	8.1	7.5	7.7	6.3	4.2	9.2
2008年	8.6	10.0	9.1	9.4	6.4	7.2	8.4	8.2	8.5	6.2	4.3	8.0

（续表）

年份	南宁	成都	兰州	西安	重庆	贵阳	昆明	西宁	乌鲁木齐	银川	呼和浩特	全国
2009 年	9.4	9.1	9.5	7.8	7.2	8.0	8.1	7.5	8.9	7.5	5.1	9.0
2010 年	9.7	9.7	10.0	8.2	8.0	8.8	6.6	7.9	10.3	7.7	5.1	8.6
2011 年	8.9	9.1	8.8	9.5	7.7	8.1	7.2	7.5	10.6	7.2	4.8	8.0
2012 年	8.8	8.5	10.3	9.0	7.3	7.1	7.6	8.5	9.9	6.6	5.4	7.7
2013 年	8.6	7.8	8.9	6.7	7.2	6.7	6.9	7.8	9.5	6.6	4.5	7.5
2014 年	7.8	6.9	8.8	5.9	7.0	6.8	6.7	7.8	8.4	5.5	5.1	7.1
2015 年	6.9	6.8	7.8	6.5	6.4	6.3	7.3	6.3	6.7	5.5	4.6	7.2
2016 年	7.6	7.1	7.2	6.2	6.0	6.3	6.5	6.3	5.9	5.1	4.5	7.4
2017 年	8.0	7.7	7.7	7.3	7.1	7.1	7.1	6.8	5.8	5.1	4.5	7.3

（三）房价收入比状况评析

西部城市房价收入比整体上低于东中部城市，房价收入比较低，城镇居民购房支付能力较强，且住房价格和可支配收入上涨空间都较大，为未来房地产市场的继续发展提供了较为广阔的空间。导致西部城市房价收入比普遍低于东中部城市的原因主要是：

其一，宏观经济发展落后于东中部城市，导致住房销售价格低于东中部城市。东中部城市宏观经济发展水平普遍高于西部城市，公共设施更加完善，城镇居民住房刚性需求和改善性需求更为强劲，当地住房市场发展水平故而更高。西部城市深处内陆，宏观经济发展情况远不如靠近沿海地区的东中部城市发达，住房市场发展也远远落后于东中部城市，从而住房价格基数及增幅总体上低于东中部城市。作为经济发展在中国相对更落后的西部城市而言，其住房市场主要是自住性的刚性需求，投资投机性需求小，住房价格因投资投机性需求拉动作用小，在全国四大区域中其住房销售价格整体上也因此最低。

其二，西部城市居民可支配收入增幅较大。2000 年以来东中部城市居民可支配收入水平一直高于西部城市，但近几年随着东中部城市经济的持续放缓，其城镇居民可支配收入增幅较为平缓，而西部城市经济则进入快速增长期，城镇居民可支配收入也较为迅速。西部城市住房市场发展较为落后住房价格上升有限，且居民可支配收入处于较快上涨期的特点使得这些城市房价收入比总体上低于全国平均水平，房价收入比较为合理，城镇居民购房支付能力较强。

四、东北部城市房价收入比现状及评析

（一）东北部城市房价现状

从东北部 4 个城市房价特征可以明显地看出，4 个城市房价可以分为三种类型：第一种类型是高房价城市大连，其房价远远高于全国平均水平，也高于西部所有城市，和中部城市中的武汉和合肥房价水平相当，与东部城市中的海口和福州房价水平相当。也就是说大连的房价水平相当于中部城市的最高房价水平，以及东部城市房价的中等水平。第二类城市是沈阳和哈尔滨，其房价高于 7500 元/米^2，与全国平均房价水平相当，稍微高出全国平均水平。沈阳和哈尔滨的房价大致相当于西部城市中的南宁，以及中部城市中南昌的房价水平。第三类城市是长春，其房价低于全国平均水平，大致相当于西部城市中的中等水平，与重庆和兰州的房价水平接近；低于所有东中部城市的房价。从房价增长率来看，大连在 2000 年房价基数高，且年均增长率在 4 个城市中最高，

所以到2017年其房价水平也达到4个城市的最高水平；长春和哈尔滨房价年均增长率近似，都在8.3%左右，与全国平均增长率一致；值得注意的是，沈阳2000年房价基数高，但是其房价年均增长率不仅是4个城市中的最低值，也是东中西部所有城市中房价年均增长率的最低值（见表5－14）。

表5－14　2000—2017年东北部城市房价

单位：元/米²

年份	大连	沈阳	哈尔滨	长春	全国
2000年	2369	2549	2033	1725	1952
2001年	2679	2605	2127	2196	2068
2002年	2669	2601	2157	2065	2130
2003年	2699	2753	2183	1973	2212
2004年	2973	2852	2215	2119	2549
2005年	3580	3027	2384	2272	3010
2006年	4256	3184	2503	2408	3132
2007年	5417	3536	2943	3118	3665
2008年	5617	3856	3515	3344	3655
2009年	6175	4196	4147	4012	4474
2010年	6759	5109	5174	5097	4724
2011年	7929	5614	5347	5969	5011
2012年	7584	5989	5113	5273	5430
2013年	7859	6074	5884	5729	5850
2014年	8921	5865	5751	5847	5932
2015年	8711	6416	6124	6374	6472
2016年	9119	6838	6338	6018	7203
2017年	10019	7944	7861	6811	7614
年均增长率	8.9%	6.9%	8.3%	8.4%	8.3%

（二）房价收入比现状

东北部4个城市房价收入比变动趋势与全国一致，均呈现出逐步下降的趋势。其中，大连房价收入比最高，2000—2017年这18年间只有2015—2017年房价收入比在合理区间内，其他年份均超过合理区间上限8.7；哈尔滨和长春房价收入比与全国基本相似，随着房价收入比的不断下降，2005年开始两城市房价收入比开始回落至合理区间内，城镇居民家庭购房支付能力不断增强；沈阳房价收入比下降幅度最大，从2000年的14.9下降至2017年的6.7，接近房价收入比合理区间的中位数6.4，房价合理回归，城镇居民有足够的购房支付能力（见表5-15）。随着房价收入比的逐步下降，东北部城市房价收入比合理性增强，居民购房支付能力上升。这主要归因于近年来东北部地区宏观经济的较快发展，有效拉动居民收入增幅快于住房销售价格增幅，从而带动了该区域城市居民购房支付能力的上升。

表5-15　2000—2017年东北部城市房价收入比

年份	大连	哈尔滨	长春	沈阳	全国
2000年	12.0	12.2	9.8	14.9	10.8
2001年	12.5	11.7	11.3	14.1	10.5
2002年	11.3	10.7	9.6	12.6	9.6
2003年	10.3	9.6	8.2	12.0	9.0
2004年	9.9	9.0	7.9	11.1	9.4
2005年	10.3	8.2	8.1	10.4	9.9
2006年	11.1	7.7	7.6	9.5	9.2
2007年	12.4	8.0	8.4	8.4	9.2
2008年	11.1	8.4	7.7	7.9	8.0

（续表）

年份	大连	哈尔滨	长春	沈阳	全国
2009 年	11.3	9.0	8.7	7.9	9.0
2010 年	11.0	10.2	9.9	8.6	8.6
2011 年	11.3	9.3	10.1	8.3	8.0
2012 年	9.5	7.9	8.0	7.9	7.7
2013 年	9.0	8.1	7.6	7.2	7.5
2014 年	9.2	6.9	7.4	6.4	7.1
2015 年	8.4	6.9	7.1	6.1	7.2
2016 年	8.3	6.6	6.7	6.1	7.4
2017 年	8.6	7.7	7.1	6.7	7.3

（三）房价收入比状况评析

东北部城市在住房全面市场化初始阶段房价收入比较高，房价超出了居民的购房支付能力；之后随着居民收入增速高于住房销售价格增速，房价收入比出现下行趋势。究其原因主要在于：

2000—2002 年，东北老工业基地经济发展落后从而住房市场也发展落后，居民收入及增速有限，住房销售价格相对于居民收入比值高。东北老工业基地曾是新中国工业的“摇篮”，但是随着国家对东部沿海地区经济发展政策的逐步倾斜，1990 年以来东北地区体制结构性矛盾日益凸显，经济发展水平与东部沿海发达省区相比差距越来越大。以经济发展及居民收入发展水平为支撑的住房市场发展在该阶段也较为落后，因此房价收入比较高。

2003—2006 年，国家提出振兴东北老工业基地的战略，东北地区发展受到国家政策支持，其经济发展水平逐步得以提高，住房价格与居民收入都得以较快增长。随着城镇居民收入水平及经济发展水平的提高，在全国住房市场在该阶段快速发展的大环境之下，东北部地区人均住宅居住面积低于全国的趋势促进了该区域城市住房市场的快速发展。同时经济快速发展带动下的城镇居民收入增幅在该阶段也高于住房销售价格的增幅，从而有效带动了该阶段房价收入比的下降。

2007—2017 年，与全国大多数城市房价收入比出现下降的趋势一致。原因在于该阶段东北老工业基地振兴战略实施效果的显现，该战略实施以来东北地区逐步缩小了与全国特别是东部地区的差距，并于 2008—2013 年阶段效果凸显，居民收入不断增加。2008 年，东北三省地区生产总值占全国比重较 2007 年上升了 0.1 个百分点，达到 8.6%，这是 2000 年以来该区域地区生产总值比重的首次止跌回升。且地区生产总值增长率达 13.4%，高于全国平均水平 1.7%，在四大区域增长率中排名第一。东北地区 2008 年以来经济的快速发展提升了东北部城市住房市场的逐步成熟发展，其居民收入增长速度在该阶段高于住房价格增长速度从而导致房价收入比在该阶段继续保持下降趋势。

第六章　基于时差相关的房价影响因素分析

通过前面几章的分析，我们已经了解了房地产市场发展的历史现状，并通过房价收入比对全国及各类城市房价的合理性做出了客观评价，我们现在就有必要了解，造成各类城市房地产市场现状及决定房价是否合理的影响因素是什么，是什么决定了房价的变动趋势。在房价影响因素方面，国内外学者进行了大量的研究，在研究方法方面有定性分析和定量分析两种方法；在研究内容方面有研究供求因素对房价的影响，也有研究土地市场对房价的影响，还有研究国民经济及金融环境对房价的影响。借鉴以前学者的研究方法和研究内容，笔者在这章将结合定性分析和定量分析方法，从供给、需求、土地市场、金融支持和宏观环境五大方面来筛选影响房价的备选指标。

本章内容分为三节：第一节，时差相关多变量模型简介。采用时差相关性分析，判断出房价影响因素备选指标中房价的先行指标、同步指标和滞后指标，根据相关判断方法从中选出有效的先行指标，作为房价的影响因素。第二节，基于时差相关的全国房价影响因素分析。通过时差相关性分析方法，对全国房价和备选指标之间进行时差相关性分析，筛选出有效先行指标，作为全国房价的影响因素。第三节，基于时差相关的城市房价影响因素分析。根据时差相关性分析方法，筛选出影响各个城市房价的先行指标，作为各个城市房价的影响因素。

第一节　时差相关多变量模型简介

一、模型表达式

时差相关性分析方法是利用相关系数验证经济时间序列先行、一致和滞后关系的一种常用方法。通常以一个重要的、能够敏锐地反映当前经济活动的时间序列作为基准指标，然后使被分析指标在时间上相对于基准指标前后移动若干个月（季），计算基准指标与这些移动后的序列的相关系数，从而根据时差相关系数的大小，选出先于基准指标活动的先行指标、与基准指标活动大体一致的同步指标和较迟变动的滞后指标。相关系数的取值范围介于 -1 到 1 之间，其中 0 表示不相关，-1 表示完全负相关，1 表示完全正相关。相关系数可以反映两个时间序列之间的线性关系程度。通过对时间关系的量化，判断一个序列相对于另一个序列是先行还是滞后。假设基准指标为 $Y=(y_1, y_2, \cdots, y_n)$，被分析指标为 $X=(x_1, x_2, \cdots, x_n)$，时差相关系数为 R：

$$R_l = \frac{\sum_{t=t'}^{n_l}(x_{t+l}-\bar{x})(y_t-\bar{y})}{\sqrt{\sum_{t=t'}^{n_l}(x_{t+l}-\bar{x})^2\sum_{t=t'}^{n_l}(y_t-\bar{y})^2}}$$

其中，$l=0, \pm1, \pm2, \cdots, \pm MN$，$t'=\begin{cases}1, & l\geqslant 0,\\ 1-l, & l<0。\end{cases}$

式中，$l=0$ 表示不移动，代表同步；$l<0$ 表示先前移动，代表先

行；$l>0$ 表示向后移动，代表滞后，MN 表示移动的月份数，n_l表示 X 和 Y 指标取齐后的数据个数。在对指标进行计算时，一般计算几个不同延迟数下的时差相关系数，在这些R_l值中，选择绝对值的最大值R'_l，其相应的延迟数 l 表示超前或者滞后期。在检验过程中，R'_l越接近于 1 越理想，说明 X 与 Y 波动越接近。若R'_l在 $l=0$ 时最大，说明指标 X 是基准指标 Y 的同步指标；若R'_l在 $l<0$ 时最大，则说明 X 是基准指标 Y 的滞后指标。

二、指标先行、同步及滞后性质的确定

采用 stata 依据上述时差相关分析模型，计算出房地产价格与先行或滞后若干时段指标之间的时差相关系数。然后根据计算出的时差相关系数决定指标的取舍，并对最终选出的指标进行分类。相关系数大小不受符号的限制，即取指标对应的绝对值最大的相关系数；各指标的有效时差相关系数一般应大于 0.5；先行和滞后指标的时差通常在两年以内。指标分类依据：若指标对应的最大相关系数在指标超前期得出，那么该指标就划分为先行指标；相反，指标对应的最大相关系数在指标延迟期得出，那么该指标就划分为滞后指标。例如，对于影响房地产价格的先行指标，计算房地产价格与先行指标前后 2 年（8 个季度）的时差相关系数，在计算所得结果的 18 个相关系数中，找出房地产价格与先行指标的相关系数绝对值最大值，最终确定出各指标的性质类别。同理，同步指标与滞后指标也采用此原理获取。应用时差相关分析法计算得出的结果（以房地产投资为例），表 6－1 中相关系数绝对值最大的为 0.9802，相对应的先导长度为 1 期（季度），因此划分为先行指标，同理，同步指标与滞后指标也采用此原理获取。

表 6－1 土地价格与基准指标（房地产价格）时差相关系数

先行（滞后）期	先行值与基准	滞后值与基准	先行值绝对值	滞后值绝对值
0 期	0.9798	0.9798	0.9798	0.9798
1 期	0.9802	0.9793	0.9802	0.9793
2 期	0.9776	0.9794	0.9776	0.9794
3 期	0.9747	0.9791	0.9747	0.9791
4 期	0.9726	0.9789	0.9726	0.9789
5 期	0.9709	0.9782	0.9709	0.9782
6 期	0.9665	0.9773	0.9665	0.9773
7 期	0.9637	0.9766	0.9637	0.9766
8 期	0.9621	0.9737	0.9621	0.9737

三、房价影响因素备选指标选取的理论依据

房价不仅与人们的日常生活紧密相关，而且还关系到经济社会的健康可持续发展。因此，国内外学者对房价影响因素进行了大量的研究。从国内外研究来看，房价影响因素大致可以分为以下几个方面：其一，供给与需求角度。国内外学者基本都认为供求关系是决定房价变动的基本因素。价格理论认为，供给和需求是决定市场中价格变动的基本因素，从而所有影响房价的因素都是通过影响供求关系进而发生作用的。Decarlo（1997）指出，引起房价变动的原因主要有供求变化、空置率、货币政策和就业水平等因素，但他认为其中供求关系是最重要的因素。其二，心理因素。住房不仅属于必需品，同时还具有投资品的性质。因此，住房受买涨不买跌的心理预期影响，部分学者认为心理预期很多时

候较市场供求基本面更能决定房价的变动趋势。时筠仑和雷星晖等（2005）认为房地产经济从某种程度上来说是一种“信心经济”，即使在供求基本面没有实质性变化的背景下，如果形成一种普遍的社会预期，在“羊群效应”的作用下房价也会产生较大的波动。其三，土地市场。土地市场与商品房市场相互影响相互作用，国内外大量学者实证了二者之间存在着相互影响的作用，同时认为土地市场对住房市场具有单向决定作用的学者也不在少数。Evans（1987）指出，土地利用规划以及其他方面的供给限制导致地价的不断上涨，从而推进房价的提高。Dowall 和 Landis（2003）分析土地使用控制对土地市场和住房市场的影响，得出对土地的利用系统地影响新建房屋的价格。其四，金融环境。房地产业是资本密集型行业，房地产开发商与购房者均离不开金融的支持，因此房地产对金融的依赖就决定了金融对房价的重要影响作用。Geoff（1999）实证研究证明，从长期来看，抵押贷款利率与住宅需求有显著的负相关关系。张涛和龚六堂等（2006）实证研究表明按揭贷款利率下降能有效带动房价上升，反之亦然。其五，宏观环境。房价与宏观环境的关系历来都是国内外学者研究的重点热点领域，Bartik（1991）实证研究表明房价与就业之间存在显著的正相关关系，Geoff（1999）则实证分析了收入与房价之间的相互作用关系。李晨（2010）则通过因子分析法对全国 15 个大中城市进行研究，结果表明宏观经济是影响房价的第一主因子。

四、房价影响因素备选指标体系及数据来源

从以上房价影响因素的理论依据可以看到，房地产价格影响因素众多，受房地产供给、需求、土地市场、房地产金融及宏观环境等五大方

面的因素影响。对房地产价格波动的了解和掌握，主要可以通过五大方面因素相关指标来进行房价影响因素分析。

（1）房地产供给是供求基本面的重要一面，从而对房地产价格波动具有重要的决定性作用。本文选取房地产投资、新开工面积、施工面积、竣工面积及开发商预期（用新开工面积及土地购置面积增长来反映）5大指标来反映房地产开发商的供给能力。5个指标均为全国和35个大中城市相应的指标数据。

（2）房地产需求则是供求基本面的另一重要方面，在中国房地产市场上对房地产价格的波动具有决定性的作用。

（3）土地市场与商品房市场相互影响相互作用，国内外诸多学者实证检验结果表明商品房市场与土地市场具有显著的互为因果关系，因此将土地市场作为商品房价格的重要影响因素毋庸置疑。本文选取土地需求面积和土地价格来反映土地市场的发展状况。

（4）房地产金融是影响商品房市场的另一重要因素，很大程度上决定了开发商供给能力和购房者需求水平。本文选取开发企业资金来源总额用以反映商品房市场整体资金松紧程度，住房贷款利率用以反映购房者将潜在购房需求转化为实际购房需求的能力。

（5）宏观环境是商品房市场的基本支撑面，商品房市场发展离不开宏观环境影响。本文选取GDP、PPI、就业率、财政支出、M2和一般贷款利率反映宏观环境状况。

表6-2　房价影响因素备选指标体系

一级指标	二级指标	相关说明
房价	房价	商品房销售额：住宅/商品房销售面积

（续表）

一级指标	二级指标	相关说明
供给	1. 房地产开发投资	商品房投资额：住宅
	2. 施工面积	商品房施工面积：住宅
	3. 竣工面积	商品房竣工面积：住宅
	4. 新开工面积	商品房新开工面积：住宅
	5. 房地产开发企业预期	企业家（房地产业）信心指数
需求	6. 销售面积	商品房销售面积：住宅
	7. 购房意愿	央行《城镇储户问卷调查》：未来打算购房比例
	8. 房价预期	央行《城镇储户问卷调查》：未来预期房价上涨比例
土地市场	9. 土地需求面积	土地购置面积
	10. 土地价格	自然资源部中国地价信息服务平台中国地价基准地价：住宅用途
房地产金融	11. 房地产开发资金来源	房地产开发资金来源：合计
	12. 房贷利率	贷款加权平均利率：个人住房贷款利率
宏观环境	13. GDP	国内生产总值
	14. 财政支出	政府财政支出
	15. 货币供给	M2（货币和准货币）：期末值
	16. 人均可支配收入	城镇居民家庭人均可支配收入
	17. 宏观经济景气指数	宏观经济景气指数（一致指数）
	18. 物价指数	PPI 工业生产者价格指数
	19. 就业率	100% - 失业率
	20. 一般贷款利率	金融机构贷款基准利率：中长期贷款，5 年以上
	21. 上证指数	上交所指数：上证综合指数（收盘）

表6－2中房地产市场各指标数据均为住房指标数据，房地产开发企业预期、购房意愿、房价预期、房贷利率、货币供给、宏观经济景气指数、物价指数、就业率、一般贷款利率和上证指数这10个指标为全国统一数据，即35个大中城市指标数据和全国一样；房地产开发投资、施工面积、竣工面积、新开工面积、销售面积、土地需求面积、土地价格、房地产开发资金来源、GDP、财政支出和人均可支配收入这11个数据全国和35个大中城市采用各自不同的数据。所有数据均来源于wind宏观经济数据库和行业数据库，同花顺行业经济、宏观和区域数据库。本书下文中出现的所有数据，如无特殊注明，均来源于上述两个数据库，或者根据数据库中的原始数据整理计算得来。

第二节　基于时差相关的全国房价影响因素分析

一、全国房价影响因素的先行、同步及滞后性质判断

采用时差相关性分析方法对全国房价及其影响因素之间的时差相关系数进行判断。从表6－3可以看出：全国房价影响因素的先行指标有新开工面积、房地产开发企业预期、购房意愿、房价预期、土地需求面积、土地价格、房贷利率、物价指数和就业率共9个指标；同步指标仅有上证指数1个指标；滞后指标有房地产开发投资、施工面积、竣工面积、销售面积、房地产开发资金来源、GDP、财政支出、货币供给、人均可支配收入、宏观经济景气指数和一般贷款利率共计11个指标。

根据各指标的有效时差相关系数一般应大于0.5的原则，最后判断得出有效的先行指标为新开工面积、房地产开发企业预期、购房意愿、

房价预期和土地价格，共计 5 个；有效的同步指标有上证指数，共计 1 个指标；有效的滞后指标有房地产开发投资、施工面积、竣工面积、销售面积、房地产开发资金来源、GDP、财政支出、货币供给、人均可支配收入和宏观经济景气指数，共计 10 个指标。

表 6－3　各指标先行及滞后性质的判断

一级指标	二级指标	相关系数最大值	先行/滞后指标	先行/滞后期
供给	房地产开发投资	0.7922	滞后指标	2 期
	施工面积	0.9783	滞后指标	6 期
	竣工面积	0.5743	滞后指标	2 期
	新开工面积	0.6269	先行指标	7 期
	房地产开发企业预期	0.7561	先行指标	4 期
需求	销售面积	0.7029	滞后指标	2 期
	购房意愿	0.8122	先行指标	7 期
	房价预期	0.6198	先行指标	5 期
土地市场	土地需求面积	0.1901	先行指标	7 期
	土地价格	0.9802	先行指标	1 期
房地产金融	房地产开发资金来源	0.8435	滞后指标	2 期
	房贷利率	0.3955	先行指标	8 期
宏观环境	GDP	0.7728	滞后指标	2 期
	财政支出	0.7966	滞后指标	2 期
	货币供给	0.9865	滞后指标	8 期
	人均可支配收入	0.7766	滞后指标	2 期
	宏观经济景气指数	0.6862	滞后指标	8 期
	物价指数	0.3786	先行指标	4 期
	就业率	0.4489	先行指标	8 期
	一般贷款利率	0.3267	滞后指标	8 期
	上证指数	0.5294	同步指标	0 期

二、全国房价和影响因素之间的相关性分析

从以上时差相关性分析可知，全国房价的先行指标有 5 个，分别是供给层面的商品住宅新开工面积、开发企业（房地产业）预期，需求层面的购房意愿和房价预期，以及土地市场层面的土地价格。本书将所有先行指标筛选出来作为房价的影响因素，下面笔者将逐一分析房价和各影响因素之间的关系。

表 6-4　全国房价的先行指标体系

准则层	二级指标层	相关系数最大值	先行/滞后指标	先行/滞后期
供给	新开工面积	0.6269	先行指标	7 期
	房地产开发企业预期	0.7561	先行指标	4 期
需求	购房意愿	0.8122	先行指标	7 期
	房价预期	0.6198	先行指标	5 期
土地	土地价格	0.9802	先行指标	1 期

（一）全国房价和新开工面积之间的相关性分析

从表 6-4 的全国房价的先行指标体系可知，新开工面积是房价的先行指标，先行 7 期的新开工面积与房价的相关系数达到 0.6269。从图 6-1 中可以看出，全国房价和新开工面积之间整体趋势和中间的波动过程都具有较强的相关性。

从全国房价和新开工面积的整体趋势来看，两者都呈现出不断上升的特征。2000—2017 年，全国房价从 1952 元/米^2 上升到 7614 元/米^2，年均增长率达 8.3%。同期，全国新开工面积从 23335 万平方米上升到

128098万平方米，年均增长率为10.5%。住宅新开工面积以住宅开始破土创槽的日期为准，房地产开发商的破土热情与房地产市场状况及开发商对市场预期密切相关，其进展决定着未来住宅市场的供应情况。因此，住宅新开工面积先行于房价，对未来房价的变动具有重要的影响作用。从全国房价和新开工面积的中间波动过程来看，两者同样具有较强的时差相关性。从两者的时差相关性分析可知，新开工面积的上涨和下降具有先行于房价波动的特征。从全国房价和新开工面积的整体趋势和中间波动过程可知，新开工面积与房价具有较强的时差相关性，新开工面积对房价具有较强的影响作用。

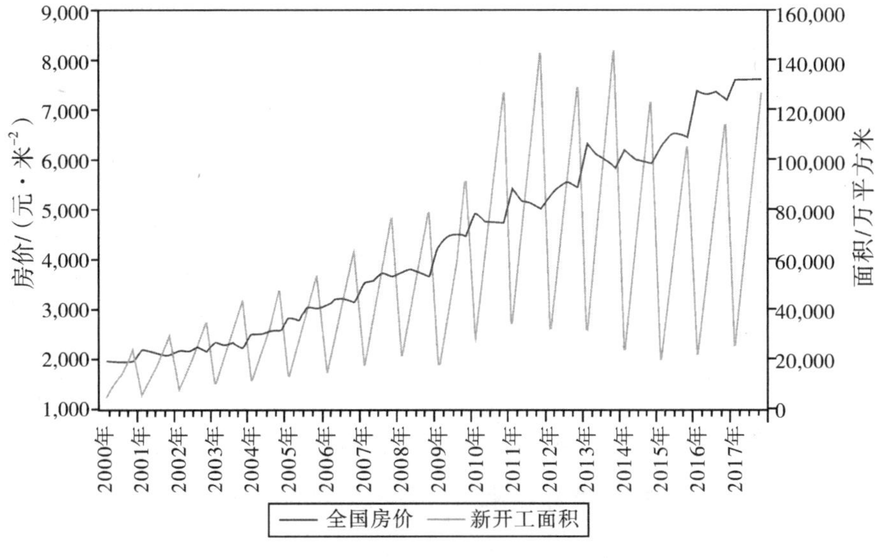

图6-1　2000Q1—2017Q4全国房价和新开工面积

（二）全国房价与开发企业（房地产业）预期的相关性分析

从全国房价的先行指标体系可知，房地产开发企业预期是房价的先行指标，先行4期的开发企业预期与房价的相关系数达到0.7561。从

图6－2中可以看出，全国房价和房地产开发企业预期之间趋势具有较强的一致性。房地产开发企业预期整体上呈现出不断下降的趋势，而房价虽然整体上不断上升，但是从中间的波动过程来看：房地产开发企业预期好的时候，也是房价上升较快的时期；开发企业预期不好的时候，同样也是房价下降较快的阶段。从图6－2中还可以看出，企业预期上升和下降的波动区间与全国房价波动区间基本一致，且较房价波动区间有一定的先行期，很大程度上说明了企业预期对市场反映的敏感性，开发企业对房地产市场的预感有一定的正确把握。

2000年第1季度到2017年第4季度，房地产开发企业预期出现了两次最大限度的下降，一次是2008年第四季度，房地产开发企业预期从上年同期的137.9下降到81.9，同比下降了40.6%；一次是2011年第4季度，房地产开发企业从预期上年同期的120.7下降到81.5，同比下降了32.5%。相对应地，房价在这两个时间段也出现了较大幅度的下滑，2008年全国房价出现了2000年以来的首次下滑，从上年同期的3665元/米^{2}下降到3655元/米^2，同比下降了0.3%，2007年第4季度的全国房价增速高达17.0%，因此房价增速则同比下降了17.3%；2011年全国房价增速从第1季度的10.1%不断下滑，2011年第4季度，全国房价增速下降到6.1%，2012年房价增速为负，房价出现负增长，降幅为2.4%，成为2000年以来房价降幅最大的季度。

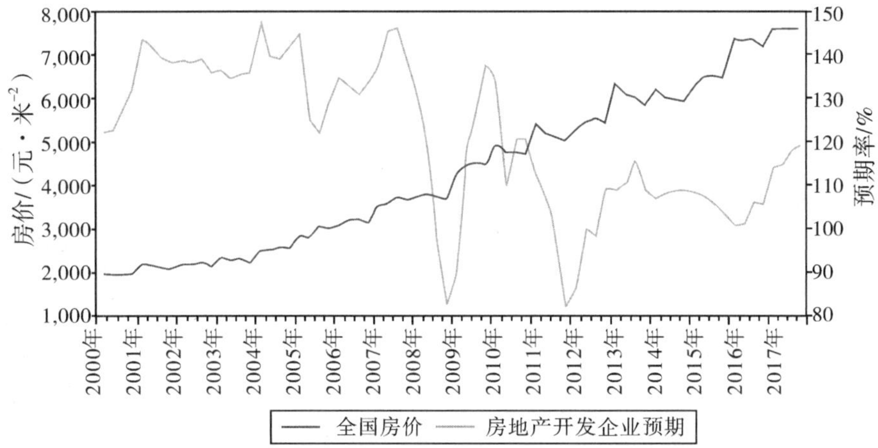

图 6－2　2000Q1—2017Q4 全国房价和房地产开发企业预期

（三）全国房价与城镇居民购房意愿的相关性分析

从全国房价的先行指标体系可知，城镇居民购房意愿是全国房价的先行指标，先行 7 期的城镇购房意愿与全国房价的相关系数达到 0. 8122。城镇居民购房意愿是中国人民银行对全国城镇居民储户未来打算购房比例的调查，很大程度上反映了城镇居民对住宅市场的景气判断和未来购房的意愿。从图 6－3 中可以看出，全国房价和先行期的购房意愿之间的波动趋势具有较强的一致性。2007 年第 1 季度，城镇居民购房意愿为 16. 5%，之后一直保持下降趋势，一直到 2008 年第 1 季度下降到 14. 6%。因此从 2007 年第 2 季度开始，城镇居民购房意愿就开始了下降趋势。但是同期的全国房价在整个 2007 年 4 个季度一直保持上升态势，直到 2008 年第 4 季度才开始出现下降的趋势。由此可见，购房意愿变动先行于全国房价变动，对全国房价未来变动趋势具有较为重要的影响作用。

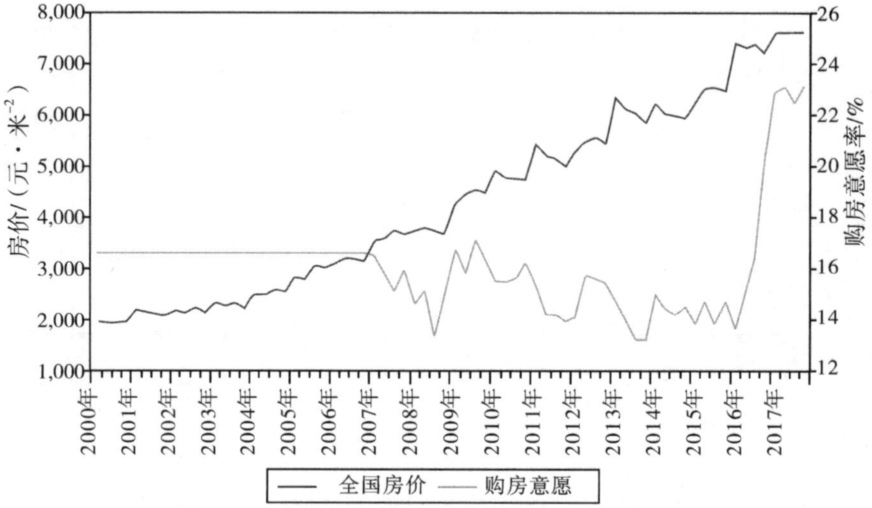

图 6-3　2000Q1—2017Q4 全国房价和购房意愿

注：购房意愿 2000—2006 年数据根据指数平滑法预测得出。

（四）全国房价与城镇居民房价预期的相关性分析

住宅是消费品，人民需要住宅满足居住的需求，而且是必需品。住宅不是一般的消费品，它还具有投资品的性质，满足人们投资从而获得资产升值的需求。这两部分需求构成了住房市场的需求，一部分是刚性需求和改善性需求，另一部分则是投资性需求。无论是刚性需求还是投资性需求，特别是投资性需求会受到城镇居民对未来房价预期的作用，因此城镇居民房价预期对全国房价具有重要的影响作用。从全国房价和居民房价预期的时差相关关系可知，全国房价和先行 5 期的城镇居民房价预期具有较强的时差相关性，相关系数为 0.6198（见图 6-4）。2011 年第 1 季度居民房价预期从 2010 年第 4 季度的 43.3% 大幅下降到 30.0%，之后房价预期保持下降趋势一直到 2012 年第 1 季度下降到 17.7%；房价则在 2012 年第 1 季度出现了同比下降，从 2011 年第 1 季度的5431元/米^{2}下降到5303元/米^2，同比下降2.35%。从以上数据可以看出，房价预期是全国房价的先行指标，其变动状况受宏观经济形势及房地产市场现状的影响，同时也对住房这一具有投资品性质的消费品具有重要的影响作用。

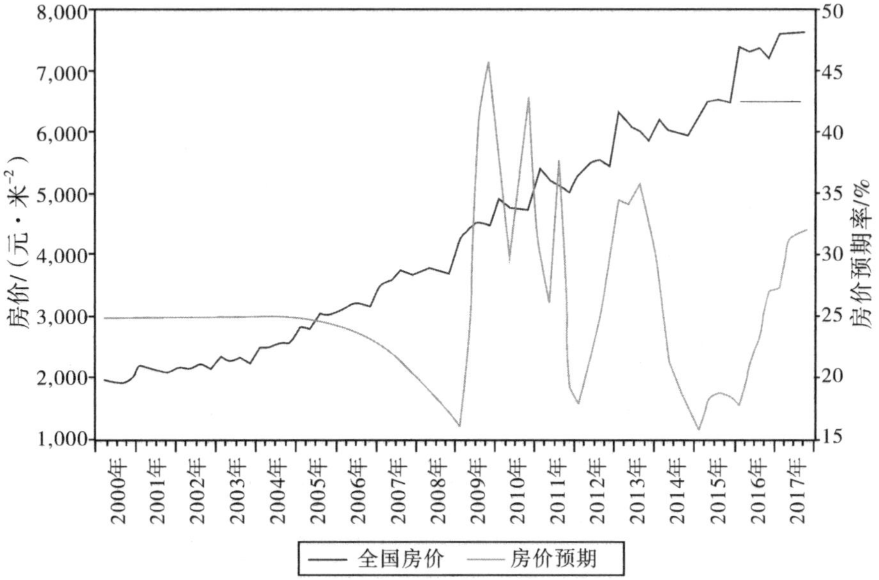

图6－4　2000Q1—2017Q4全国房价和房价预期

（五）全国房价与土地价格的相关性分析

从全国房价的先行指标体系可知，土地价格是全国房价的先行指标，先行1期的土地价格与全国房价的相关系数达到0.9802，在5个先行指标中时差相关性系数最高。从图6－5中可以看出，全国房价和土地价格的整体趋势和中间波动过程具有较强的一致性。

从全国房价和土地价格的整体趋势来看，两者整体上都呈现出逐步上升的趋势：2000—2017年全国房价从1952元/米^{2}上升到7614元/米^2，年均增长率为8.3%；全国土地价格从918元/米^{2}增加到6522元/米^2，年均增长率为12.2%。两者均具有较高的增长率，且土地价格增长率整体上高于全国房价增长率，很大程度上说明了全国房价的不断增长很大部分原因在于土地价格的增长。

从全国房价和土地价格中间的波动过程来看，土地价格波动整体上具有先行于全国房价波动的特征。2008年第2季度，土地价格为1806元/米^2，同比增长率为-2.4%，是2000年以来的第一次负增长。而全国房价在2008年第3季度开始出现-0.32%的增长，也是2000年以来的第一次负增长，而且全国房价的波动出现在土地价格波动之后；2008年第4季度，全国土地价格上涨到3543元/米^2，较上年同期的1941元/米^{2}上涨了82.53%，在持续了第2季度和第3季度的低增长之后，土地价格迅速升高。相应地，全国房价在经历了2008年第3季度和第4季度的负增长之后，2009年第1季度，全国房价从上年同期的3727元/米^{2}增长到4265元/米^2，同比增长14.4%。全国房价在土地价格反弹之后

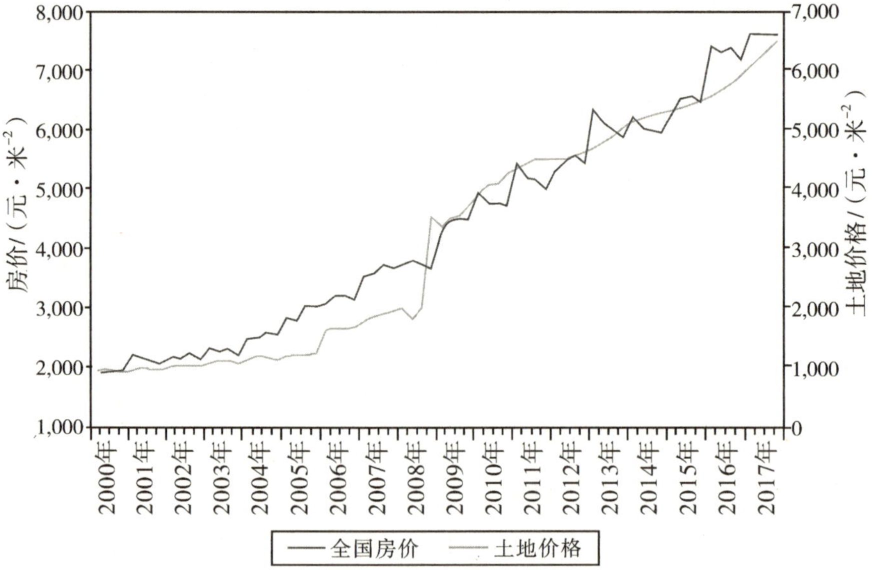

图6-5　2000Q1—2017Q4全国房价和土地价格

的1个季度出现反弹。从以上全国房价和土地价格波动过程来看，两者具有较强的相关性，土地价格在全国房价波动之前而波动，由此可见土地价格是全国房价波动的重要影响因素。

第三节　基于时差相关的城市房价影响因素分析

一、基于时差相关的东部城市房价影响因素分析

（一）一线城市房价影响因素分析

北上广深是国内公认的一线城市，其住房市场发展速度及发展水平在全国较其他城市要高。一线城市住房市场发展状况不仅关系到本区域住房市场和宏观经济的健康状况，而且对其他城市及全国住房市场预期产生着至关重要的作用，事关全国住房市场健康发展问题及宏观经济稳定健康发展。

1. 一线城市影响因素备选指标的先行、同步及滞后性质判断

（1）北京房价影响因素备选指标的先行、同步及滞后性质判断。

采用时差相关性分析方法对北京房价及其影响因素之间的时差相关系数进行判断。从表6－5可以看出：北京房价影响因素的先行指标有施工面积、房地产开发企业预期、购房意愿、房价预期、土地价格、房贷利率、物价指数、就业率和上证指数共9个指标；同步指标有一般贷款利率，共计1个指标；滞后指标有房地产开发投资、竣工面积、新开工面积、销售面积、土地需求面积、房地产开发资金来源、GDP、财政支出、

货币供给、人均可支配收入和宏观经济景气指数，共计 11 个指标。

根据各指标的有效时差相关系数一般应大于 0.5 的原则，最后判断得出有效先行指标为施工面积、房地产开发企业预期、购房意愿、房价预期、土地价格和上证指数，共计 6 个指标；有效同步指标为 0 个；有效滞后指标有房地产开发投资、房地产开发资金来源、GDP、财政支出、货币供给、人均可支配收入和宏观经济景气指数，共计 7 个指标。

表 6 – 5　北京房价影响因素备选指标的先行、同步及滞后性质判断

一级指标	二级指标	相关系数最大值	先行/滞后指标	先行/滞后期
供给	房地产开发投资	0.6089	滞后指标	1 期
	施工面积	0.5531	先行指标	7 期
	竣工面积	0.2409	滞后指标	8 期
	新开工面积	0.2276	滞后指标	8 期
	房地产开发企业预期	0.7214	先行指标	6 期
需求	销售面积	0.2975	滞后指标	8 期
	购房意愿	0.7773	先行指标	8 期
	房价预期	0.6381	先行指标	8 期
土地市场	土地需求面积	0.3116	滞后指标	7 期
	土地价格	0.9025	先行指标	6 期
房地产金融	房地产开发资金来源	0.6661	滞后指标	1 期
	房贷利率	0.4363	先行指标	2 期
宏观环境	GDP	0.7752	滞后指标	1 期
	财政支出	0.8193	滞后指标	1 期
	货币供给	0.9626	滞后指标	8 期
	人均可支配收入	0.7774	滞后指标	1 期
	宏观经济景气指数	0.6754	滞后指标	8 期
	物价指数	0.4776	先行指标	4 期
	就业率	0.3551	先行指标	8 期
	一般贷款利率	0.3884	同步指标	0 期
	上证指数	0.5544	先行指标	2 期

（2）上海房价影响因素备选指标的先行、同步及滞后性质判断。

采用时差相关性分析方法对上海房价及其影响因素之间的时差相关系数进行判断。从表 6－6 可以看出：上海房价影响因素的先行指标有施工面积、房地产开发企业预期、购房意愿、房价预期、土地需求面积、房贷利率、物价指数、就业率和上证指数共 9 个指标；同步指标有货币供给和一般贷款利率，共计 2 个指标；滞后指标有房地产开发投资、竣工面积、新开工面积、销售面积、土地价格、房地产开发资金来源、GDP、财政支出、人均可支配收入和宏观经济景气指数，共计 10 个指标。

根据各指标的有效时差相关系数一般应大于 0.5 的原则，最后判断得出有效先行指标为施工面积、房地产开发企业预期、购房意愿、房价预期和上证指数，共计 5 个；有效同步指标为货币供给，共计 1 个；有效滞后指标有房地产开发投资、土地价格、房地产开发资金来源、GDP、财政支出、人均可支配收入和宏观经济景气指数，共计 7 个指标。

表 6－6　上海房价影响因素备选指标的先行、同步及滞后性质判断

一级指标	二级指标	相关系数最大值	先行/滞后指标	先行/滞后期
供给	房地产开发投资	0.6493	滞后指标	2 期
	施工面积	0.6579	先行指标	8 期
	竣工面积	0.0375	滞后指标	8 期
	新开工面积	0.2502	滞后指标	8 期
	房地产开发企业预期	0.7148	先行指标	5 期
需求	销售面积	0.1666	滞后指标	7 期
	购房意愿	0.8190	先行指标	7 期
	房价预期	0.6685	先行指标	5 期

（续表）

一级指标	二级指标	相关系数最大值	先行/滞后指标	先行/滞后期
土地市场	土地需求面积	0.4320	先行指标	4 期
	土地价格	0.9735	滞后指标	2 期
房地产金融	房地产开发资金来源	0.7324	滞后指标	1 期
	房贷利率	0.4297	先行指标	1 期
宏观环境	GDP	0.7205	滞后指标	2 期
	财政支出	0.8068	滞后指标	2 期
	货币供给	0.9715	同步指标	0 期
	人均可支配收入	0.7564	滞后指标	5 期
	宏观经济景气指数	0.6607	滞后指标	8 期
	物价指数	0.4690	先行指标	4 期
	就业率	0.3646	先行指标	8 期
	一般贷款利率	0.4499	同步指标	0 期
	上证指数	0.5184	先行指标	1 期

（3）广州房价影响因素备选指标的先行、同步及滞后性质判断。

采用时差相关性分析方法对广州房价及其影响因素之间的时差相关系数进行判断。从表 6－7 可以看出：广州房价影响因素的先行指标有竣工面积、房地产开发企业预期、销售面积、购房意愿、房价预期、土地需求面积、房贷利率、物价指数、就业率和上证指数共 10 个指标；同步指标为 0 个；滞后指标有房地产开发投资、施工面积、新开工面积、土地价格、房地产开发资金来源、GDP、财政支出、货币供给、人均可支配收入、宏观经济景气指数和一般贷款利率，共计 11 个指标。

根据各指标的有效时差相关系数一般应大于 0.5 的原则，最后判断得出有效先行指标为房地产开发企业预期、购房意愿、房价预期和上证指数，共计 4 个；有效同步指标为 0 个；有效滞后指标有房地产开发投资、施工面积、土地价格、房地产开发资金来源、GDP、财政支出、货币供给、人均可支配收入和宏观经济景气指数，共计9个指标。

表6-7　广州房价影响因素备选指标的先行、同步及滞后性质判断

一级指标	二级指标	相关系数最大值	先行/滞后指标	先行/滞后期
供给	房地产开发投资	0.7148	滞后指标	3期
	施工面积	0.9424	滞后指标	1期
	竣工面积	0.0609	先行指标	8期
	新开工面积	0.2724	滞后指标	1期
	房地产开发企业预期	0.7577	先行指标	6期
需求	销售面积	0.4829	先行指标	1期
	购房意愿	0.7937	先行指标	7期
	房价预期	0.6065	先行指标	8期
土地市场	土地需求面积	0.3368	先行指标	8期
	土地价格	0.9119	滞后指标	8期
房地产金融	房地产开发资金来源	0.6895	滞后指标	3期
	房贷利率	0.4316	先行指标	8期
宏观环境	GDP	0.7589	滞后指标	3期
	财政支出	0.7605	滞后指标	3期
	货币供给	0.9869	滞后指标	8期
	人均可支配收入	0.7649	滞后指标	3期
	宏观经济景气指数	0.7263	滞后指标	8期
	物价指数	0.4201	先行指标	4期
	就业率	0.4256	先行指标	8期
	一般贷款利率	0.4362	滞后指标	8期
	上证指数	0.5434	先行指标	1期

（4）深圳房价影响因素备选指标的先行、同步及滞后性质判断。

采用时差相关性分析方法对深圳房价及其影响因素之间的时差相关

系数进行判断。从表 6 – 8 可以看出：深圳房价影响因素的先行指标有竣工面积、房地产开发企业预期、销售面积、购房意愿、房价预期、土地需求面积、房贷利率、物价指数、就业率和上证指数共 10 个指标；同步指标为一般贷款利率，共计 1 个；滞后指标有房地产开发投资、施工面积、新开工面积、土地价格、房地产开发资金来源、GDP、财政支出、货币供给、人均可支配收入和宏观经济景气指数，共计 10 个指标。

根据各指标的有效时差相关系数一般应大于 0.5 的原则，最后判断得出有效先行指标为房地产开发企业预期、购房意愿、房价预期、物价指数和上证指数，共计 5 个；有效同步指标为 0 个；有效滞后指标有房地产开发投资、施工面积、土地价格、房地产开发资金来源、GDP、财政支出、货币供给、人均可支配收入和宏观经济景气指数，共计 9 个指标。

表 6 – 8　深圳房价影响因素备选指标的先行、同步及滞后性质判断

一级指标	二级指标	相关系数最大值	先行/滞后指标	先行/滞后期
供给	房地产开发投资	0.7168	滞后指标	1 期
	施工面积	0.7699	滞后指标	1 期
	竣工面积	0.4655	先行指标	6 期
	新开工面积	0.2510	滞后指标	4 期
	房地产开发企业预期	0.6839	先行指标	6 期
需求	销售面积	0.2202	先行指标	2 期
	购房意愿	0.7755	先行指标	7 期
	房价预期	0.6405	先行指标	6 期
土地市场	土地需求面积	0.3320	先行指标	6 期
	土地价格	0.9675	滞后指标	8 期

（续表）

一级指标	二级指标	相关系数最大值	先行/滞后指标	先行/滞后期
房地产金融	房地产开发资金来源	0.8048	滞后指标	1期
	房贷利率	0.3890	先行指标	2期
宏观环境	GDP	0.7535	滞后指标	7期
	财政支出	0.8186	滞后指标	1期
	货币供给	0.9723	滞后指标	8期
	人均可支配收入	0.6137	滞后指标	7期
	宏观经济景气指数	0.7132	滞后指标	8期
	物价指数	0.5170	先行指标	4期
	就业率	0.3021	先行指标	8期
	一般贷款利率	0.4741	同步指标	0期
	上证指数	0.5446	先行指标	1期

2. 一线城市房价与影响因素之间的相关性分析

从以上数据和分析可知：北京有6个有效先行指标，分别是施工面积、房地产开发企业预期、购房意愿、房价预期、土地价格和上证指数；上海有5个有效先行指标，分别是施工面积，房地产开发企业预期，购房意愿、房价预期和上证指数；广州有4个有效先行指标，分别是房地产开发企业预期、购房意愿、房价预期和上证指数；深圳有5个有效先行指标，分别是房地产开发企业预期、购房意愿、房价预期、物价指数和上证指数。

从4个一线城市有效先行指标可以看出，每个城市都有4个相同的先行指标：房地产开发企业预期、购房意愿、房价预期和上证指数。一线城市除这4个共同有效指标外，北京还有施工面积和土地价格2个有效先行指标，上海还有施工面积这个有效先行指标，深圳还有物价指数这个有效先行指标。此外，与全国5个房价先行指标比较可以看出，一线城市与全国有 3 个共同的先行指标，分别是房地产开发企业预期、购房意愿和房价预期。由此可以看出，无论是一线城市还是全国总体上来说，市场主体预期对房价都具有重要的影响作用。

表 6－9　一线城市房价有效先行指标

区域	二级指标	相关系数最大值	有效先行/滞后指标	有效先行/滞后期
北京	施工面积	0.5531	有效先行指标	7 期
	房地产开发企业预期	0.7214	有效先行指标	6 期
	购房意愿	0.7773	有效先行指标	8 期
	房价预期	0.6381	有效先行指标	8 期
	土地价格	0.9025	有效先行指标	6 期
	上证指数	0.5544	有效先行指标	2 期
上海	施工面积	0.6579	有效先行指标	8 期
	房地产开发企业预期	0.7148	有效先行指标	5 期
	购房意愿	0.8190	有效先行指标	7 期
	房价预期	0.6685	有效先行指标	5 期
	上证指数	0.5184	有效先行指标	1 期
广州	开发企业预期	0.7577	有效先行指标	6 期
	购房意愿	0.7937	有效先行指标	7 期
	房价预期	0.6065	有效先行指标	8 期
	上证指数	0.5434	有效先行指标	1 期
深圳	房地产开发企业预期	0.6839	有效先行指标	6 期
	购房意愿	0.7755	有效先行指标	7 期
	房价预期	0.6405	有效先行指标	6 期
	物价指数	0.5170	有效先行指标	4 期
	上证指数	0.5446	有效先行指标	1 期

一线城市住房市场最为显著的共同点是房价快速上涨，以房价之高为主要显著特点的住房市场发展水平远远高于全国平均水平。导致一线

城市房价高的最主要原因是住房市场需求大。一线城市作为全国经济、社会发展最为先进的地区，是全国人才较为集聚的中心城市，同时就业机会众多吸引各行业人群在一线城市发展，城市新增人口导致自住性需求增加；随着国内经济和城市经济发展，居民改善性需求亦飞速上涨；在供求关系的作用下，需求缺口的存在导致房价过快上涨，由此导致投资投机性需求旺盛，加大了住房市场需求，进一步推高房价。

导致一线城市住房市场与居民收入严重失调的原因主要在于四大城市综合地位的无可替代性导致其住房价值远高于其他区域的城市。住房价值及其作为投资品的升值特性导致全国各地具有投资能力的最高收入阶层人群大量进入北上广深购房，住房真正成为一种投资品而非居住的必需品，真正需要购房的广大普通民众却被排斥在住房市场之外；住房市场健康发展的制度政策长期没有建立起来助长了这些城市住房市场的疯狂发展，房地产开发商对住房市场的控制脱离了市场供求原则，“囤地”“捂地”及“捂盘惜售”等操控房价的行为在一线城市最为常见，“地王”现象在一线城市屡见不鲜。2010 年之前对一线城市购房的无门槛政策客观推动了一线城市住房市场成为全国投资投机性需求最为重要的地域城市，导致这些城市住房销售价格脱离了当地居民收入支撑，住房市场与居民收入发展水平严重脱节。

（二）东部其他 10 个城市房价影响因素分析

1. 东部其他 10 个城市房价影响因素备选指标的先行、同步及滞后性质判断

（1）天津房价影响因素备选指标的先行、同步及滞后性质判断。

采用时差相关性分析方法对天津房价及其影响因素之间的时差相关系数进行判断。从表 6 - 10 可以看出：天津房价影响因素的先行指标有

竣工面积、销售面积、购房意愿、房价预期、房贷利率、物价指数、就业率和上证指数共 8 个指标；同步指标有一般贷款利率，共计 1 个指标；滞后指标有房地产开发投资、施工面积、新开工面积、房地产开发企业预期、土地需求面积、土地价格、房地产开发资金来源、GDP、财政支出、货币供给、人均可支配收入和宏观经济景气指数，共计 12 个指标。

根据各指标的有效时差相关系数一般应大于 0.5 的原则，最后判断得出有效先行指标为销售面积、购房意愿、房价预期和上证指数，共计 4 个；有效同步指标为 0 个；有效滞后指标有房地产开发投资、施工面积、房地产开发企业预期、土地价格、房地产开发资金来源、GDP、财政支出、货币供给、人均可支配收入和宏观经济景气指数，共计 10 个指标。

表 6－10　天津房价影响因素备选指标的先行、同步及滞后性质判断

一级指标	二级指标	相关系数最大值	先行/滞后指标	先行/滞后期
供给	房地产开发投资	0.7988	滞后指标	2 期
	施工面积	0.9053	滞后指标	8 期
	竣工面积	0.3139	先行指标	1 期
	新开工面积	0.4853	滞后指标	8 期
	房地产开发企业预期	0.7073	滞后指标	8 期
需求	销售面积	0.5553	先行指标	3 期
	购房意愿	0.7540	先行指标	7 期
	房价预期	0.5820	先行指标	6 期
土地市场	土地需求面积	0.4381	滞后指标	8 期
	土地价格	0.9860	滞后指标	4 期
房地产金融	房地产开发资金来源	0.8460	滞后指标	2 期
	房贷利率	0.3722	先行指标	3 期

（续表）

一级指标	二级指标	相关系数最大值	先行/滞后指标	先行/滞后期
宏观环境	GDP	0.7824	滞后指标	2 期
	财政支出	0.8001	滞后指标	1 期
	货币供给	0.9673	滞后指标	8 期
	人均可支配收入	0.7581	滞后指标	2 期
	宏观经济景气指数	0.6345	滞后指标	8 期
	物价指数	0.3924	先行指标	4 期
	就业率	0.4197	先行指标	8 期
	一般贷款利率	0.3458	同步指标	0 期
	上证指数	0.5425	先行指标	1 期

（2）石家庄房价影响因素备选指标的先行、同步及滞后性质判断。

采用时差相关性分析方法对石家庄房价及其影响因素之间的时差相关系数进行判断。从表 6－11 可以看出：石家庄房价影响因素的先行指标有施工面积、房地产开发企业预期、销售面积、购房意愿、房价预期、房地产开发资金来源、物价指数和上证指数共 8 个指标；同步指标有房地产开发投资、竣工面积、新开工面积、GDP 和财政支出，共计 5 个指标；滞后指标有土地需求面积、土地价格、房贷利率、货币供给、人均可支配收入、宏观经济景气指数、就业率和一般贷款利率，共计 8 个指标。

根据各指标的有效时差相关系数一般应大于 0.5 的原则，最后判断得出有效先行指标为施工面积、房地产开发企业预期、销售面积、购房意愿、房价预期、房地产开发资金来源和上证指数，共计 7 个；有效同步指标为房地产开发投资、竣工面积、新开工面积、GDP 和财政支出，共计 5 个；有效滞后指标有土地需求面积、土地价格、货币供给、人均可支配收入、宏观经济景气指数和一般贷款利率，共计6个指标。

表6-11　石家庄房价影响因素备选指标的先行、同步及滞后性质判断

一级指标	二级指标	相关系数最大值	先行/滞后指标	先行/滞后期
供给	房地产开发投资	0.8207	同步指标	0期
	施工面积	0.8511	先行指标	8期
	竣工面积	0.5070	同步指标	0期
	新开工面积	0.6235	同步指标	0期
	房地产开发企业预期	0.7107	先行指标	4期
需求	销售面积	0.6599	先行指标	8期
	购房意愿	0.7887	先行指标	7期
	房价预期	0.5195	先行指标	5期
土地市场	土地需求面积	0.6176	滞后指标	3期
	土地价格	0.9414	滞后指标	8期
房地产金融	房地产开发资金来源	0.8471	先行指标	8期
	房贷利率	0.4111	滞后指标	7期
宏观环境	GDP	0.7664	同步指标	0期
	财政支出	0.7688	同步指标	0期
	货币供给	0.9800	滞后指标	4期
	人均可支配收入	0.6846	滞后指标	1期
	宏观经济景气指数	0.7125	滞后指标	8期
	物价指数	0.4532	先行指标	6期
	就业率	0.3316	滞后指标	8期
	一般贷款利率	0.5864	滞后指标	7期
	上证指数	0.5696	先行指标	2期

（3）南京房价影响因素备选指标的先行、同步及滞后性质判断。

采用时差相关性分析方法对南京房价及其影响因素之间的时差相关系数进行判断。从表6-12可以看出：南京房价影响因素的先行指标有施工面积、竣工面积、房地产开发企业预期、购房意愿、房价预期、房贷利率、物价指数和就业率共 8 个指标；同步指标有一般贷款利率和上证指数，共计 2 个指标；滞后指标有房地产开发投资、新开工面积、销售面积、土地需求面积、土地价格、房地产开发资金来源、GDP、财政支出、货币供给、人均可支配收入和宏观经济景气指数，共计 11 个指标。

根据各指标的有效时差相关系数一般应大于 0.5 的原则，最后判断得出有效先行指标为施工面积、房地产开发企业预期、购房意愿、房价预期和物价指数，共计 5 个；有效同步指标为一般贷款利率，共计 1 个；有效滞后指标有房地产开发投资、新开工面积、销售面积、土地需求面积、土地价格、房地产开发资金来源、GDP、财政支出、货币供给、人均可支配收入和宏观经济景气指数，共计 11 个。

表 6－12　南京房价影响因素备选指标的先行、同步及滞后性质判断

一级指标	二级指标	相关系数最大值	先行/滞后指标	先行/滞后期
供给	房地产开发投资	0. 8466	滞后指标	5 期
	施工面积	0. 9288	先行指标	7 期
	竣工面积	0. 4043	先行指标	4 期
	新开工面积	0. 5414	滞后指标	1 期
	房地产开发企业预期	0. 7415	先行指标	6 期
需求	销售面积	0. 5446	滞后指标	1 期
	购房意愿	0. 8173	先行指标	7 期
	房价预期	0. 6279	先行指标	7 期
土地市场	土地需求面积	0. 6176	滞后指标	3 期
	土地价格	0. 9414	滞后指标	8 期
房地产金融	房地产开发资金来源	0. 8403	滞后指标	5 期
	房贷利率	0. 4359	先行指标	8 期

（续表）

一级指标	二级指标	相关系数最大值	先行/滞后指标	先行/滞后期
宏观环境	GDP	0.7967	滞后指标	5期
	财政支出	0.7913	滞后指标	5期
	货币供给	0.9874	滞后指标	8期
	人均可支配收入	0.7975	滞后指标	5期
	宏观经济景气指数	0.7466	滞后指标	8期
	物价指数	0.5766	先行指标	4期
	就业率	0.3540	先行指标	8期
	一般贷款利率	0.6174	同步指标	0期
	上证指数	0.4864	同步指标	0期

（4）杭州房价影响因素备选指标的先行、同步及滞后性质判断。

采用时差相关性分析方法对杭州房价及其影响因素之间的时差相关系数进行判断。从表6-13可以看出：杭州房价影响因素的先行指标有房地产开发企业预期、销售面积、购房意愿、房价预期、物价指数、就业率和上证指数共7个指标；同步指标为0个；滞后指标有房地产开发投资、施工面积、竣工面积、新开工面积、土地需求面积、土地价格、房地产开发资金来源、房贷利率、GDP、财政支出、货币供给、人均可支配收入、宏观经济景气指数和一般贷款利率，共计14个指标。

根据各指标的有效时差相关系数一般应大于0.5的原则，最后判断得出有效先行指标为房地产开发企业预期、销售面积、购房意愿、房价预期、物价指数和上证指数，共计6个；有效同步指标为0个；有效滞后指标有房地产开发投资、施工面积、竣工面积、土地需求面积、土地价格、房地产开发资金来源、GDP、财政支出、货币供给、人均可支配收入和宏观经济景气指数，共计11个。

表6-13　杭州房价影响因素备选指标的先行、同步及滞后性质判断

一级指标	二级指标	相关系数最大值	先行/滞后指标	先行/滞后期
供给	房地产开发投资	0.7397	滞后指标	1期
	施工面积	0.9393	滞后指标	5期
	竣工面积	0.5262	滞后指标	4期
	新开工面积	0.4056	滞后指标	1期
	房地产开发企业预期	0.7514	先行指标	7期
需求	销售面积	0.5738	先行指标	4期
	购房意愿	0.7882	先行指标	7期
	房价预期	0.5905	先行指标	8期
土地市场	土地需求面积	0.5069	滞后指标	6期
	土地价格	0.5143	滞后指标	7期
房地产金融	房地产开发资金来源	0.7439	滞后指标	1期
	房贷利率	0.3704	滞后指标	4期
宏观环境	GDP	0.7352	滞后指标	1期
	财政支出	0.7521	滞后指标	1期
	货币供给	0.9573	滞后指标	8期
	人均可支配收入	0.7803	滞后指标	1期
	宏观经济景气指数	0.6597	滞后指标	8期
	物价指数	0.5270	先行指标	4期
	就业率	0.4625	先行指标	8期
	一般贷款利率	0.4796	滞后指标	8期
	上证指数	0.5252	先行指标	8期

（5）宁波房价影响因素备选指标的先行、同步及滞后性质判断。

采用时差相关性分析方法对宁波房价及其影响因素之间的时差相关系数进行判断。从表6-14可以看出：宁波房价影响因素的先行指标有房地产开发企业预期、购房意愿、房价预期、土地需求面积、土地价格、物价指数、就业率和上证指数共8个指标；同步指标有一般贷款利率，共计1个；滞后指标有房地产开发投资、施工面积、竣工面积、新开工面积、销售面积、房地产开发资金来源、房贷利率、GDP、财政支出、货币供给、人均可支配收入和宏观经济景气指数，共计12个指标。

根据各指标的有效时差相关系数一般应大于0.5的原则，最后判断得出有效先行指标为房地产开发企业预期、购房意愿、土地需求面积、土地价格、就业率和上证指数，共计6个；有效同步指标为0个；有效滞后指标有房地产开发投资、施工面积、房地产开发资金来源、房贷利率、GDP、财政支出、货币供给、人均可支配收入和宏观经济景气指数，共计9个。

表6－14　宁波房价影响因素备选指标的先行、同步及滞后性质判断

一级指标	二级指标	相关系数最大值	先行/滞后指标	先行/滞后期
供给	房地产开发投资	0.7190	滞后指标	1期
	施工面积	0.9192	滞后指标	8期
	竣工面积	0.3436	滞后指标	5期
	新开工面积	0.4356	滞后指标	1期
	房地产开发企业预期	0.6673	先行指标	5期
需求	销售面积	0.4238	滞后指标	1期
	购房意愿	0.7248	先行指标	8期
	房价预期	0.4298	先行指标	8期
土地市场	土地需求面积	0.7934	先行指标	4期
	土地价格	0.8551	先行指标	8期
房地产金融	房地产开发资金来源	0.7179	滞后指标	8期
	房贷利率	0.5692	滞后指标	4期

（续表）

一级指标	二级指标	相关系数最大值	先行/滞后指标	先行/滞后期
宏观环境	GDP	0.7055	滞后指标	1期
	财政支出	0.7135	滞后指标	1期
	货币供给	0.9211	滞后指标	8期
	人均可支配收入	0.7350	滞后指标	1期
	宏观经济景气指数	0.5816	滞后指标	8期
	物价指数	0.3419	先行指标	4期
	就业率	0.5246	先行指标	8期
	一般贷款利率	0.3389	同步指标	0期
	上证指数	0.5613	先行指标	8期

（6）福州房价影响因素备选指标的先行、同步及滞后性质判断。

采用时差相关性分析方法对福州房价及其影响因素之间的时差相关系数进行判断。从表6-15可以看出：福州房价影响因素的先行指标有新开工面积、购房意愿、房价预期、土地需求面积、房贷利率、物价指数、就业率和上证指数，共8个指标；同步指标为0个；滞后指标有房地产开发投资、施工面积、竣工面积、房地产开发企业预期、销售面积、土地价格、房地产开发资金来源、GDP、财政支出、货币供给、人均可支配收入、宏观经济景气指数和一般贷款利率，共计13个指标。

根据各指标的有效时差相关系数一般应大于0.5的原则，最后判断得出有效先行指标为新开工面积、购房意愿、土地需求面积和上证指数，共计4个；有效同步指标为0个；有效滞后指标有房地产开发投资、施工面积、房地产开发企业预期、销售面积、土地价格、房地产开发资金来源、GDP、财政支出、货币供给、人均可支配收入和宏观经济景气指数，共计11个。

表 6-15　福州房价影响因素备选指标的先行、同步及滞后性质判断

一级指标	二级指标	相关系数最大值	先行/滞后指标	先行/滞后期
供给	房地产开发投资	0.7926	滞后指标	5 期
	施工面积	0.9595	滞后指标	6 期
	竣工面积	0.3098	滞后指标	1 期
	新开工面积	0.5529	先行指标	3 期
	房地产开发企业预期	0.7714	滞后指标	2 期
需求	销售面积	0.5321	滞后指标	5 期
	购房意愿	0.7371	先行指标	8 期
	房价预期	0.1615	先行指标	8 期
土地市场	土地需求面积	0.6727	先行指标	4 期
	土地价格	0.9586	滞后指标	3 期
房地产金融	房地产开发资金来源	0.7999	滞后指标	5 期
	房贷利率	0.1385	先行指标	8 期
宏观环境	GDP	0.6767	滞后指标	5 期
	财政支出	0.8000	滞后指标	5 期
	货币供给	0.9591	滞后指标	8 期
	人均可支配收入	0.7329	滞后指标	5 期
	宏观经济景气指数	0.6679	滞后指标	8 期
	物价指数	0.4016	先行指标	6 期
	就业率	0.4909	先行指标	8 期
	一般贷款利率	0.4544	滞后指标	8 期
	上证指数	0.5316	先行指标	1 期

（7）厦门房价影响因素备选指标的先行、同步及滞后性质判断。

采用时差相关性分析方法对厦门房价及其影响因素之间的时差相关系数进行判断。从表 6-16 可以看出：厦门房价影响因素的先行指标有房地产开发投资、施工面积、竣工面积、房地产开发企业预期、销售面

积、购房意愿、房价预期、物价指数、就业率和上证指数，共10个指标；同步指标有土地价格，共1个指标；滞后指标有新开工面积、土地需求面积、房地产开发资金来源、房贷利率、GDP、财政支出、货币供给、人均可支配收入、宏观经济景气指数和一般贷款利率，共计10个指标。

根据各指标的有效时差相关系数一般应大于0.5的原则，最后判断得出有效先行指标为房地产开发投资、施工面积、房地产开发企业预期、购房意愿、房价预期、物价指数和上证指数，共计7个；有效同步指标为1个；有效滞后指标有房地产开发资金来源、GDP、财政支出、货币供给、人均可支配收入、宏观经济景气指数和一般贷款利率，共计7个。

表6-16　厦门房价影响因素备选指标的先行、同步及滞后性质判断

一级指标	二级指标	相关系数最大值	先行/滞后指标	先行/滞后期
供给	房地产开发投资	0.7859	先行指标	5期
	施工面积	0.8100	先行指标	8期
	竣工面积	0.4325	先行指标	3期
	新开工面积	0.3938	滞后指标	8期
	房地产开发企业预期	0.6811	先行指标	6期
需求	销售面积	0.4387	先行指标	8期
	购房意愿	0.7461	先行指标	7期
	房价预期	0.6209	先行指标	8期
土地市场	土地需求面积	0.3431	滞后指标	4期
	土地价格	0.9614	同步指标	0期
房地产金融	房地产开发资金来源	0.5624	滞后指标	2期
	房贷利率	0.3131	滞后指标	8期

（续表）

一级指标	二级指标	相关系数最大值	先行/滞后指标	先行/滞后期
宏观环境	GDP	0.7376	滞后指标	3 期
	财政支出	0.7932	滞后指标	3 期
	货币供给	0.9775	滞后指标	8 期
	人均可支配收入	0.7444	滞后指标	2 期
	宏观经济景气指数	0.6915	滞后指标	8 期
	物价指数	0.6018	先行指标	5 期
	就业率	0.3855	先行指标	8 期
	一般贷款利率	0.6335	滞后指标	8 期
	上证指数	0.5638	先行指标	1 期

（8）济南房价影响因素备选指标的先行、同步及滞后性质判断。

采用时差相关性分析方法对济南房价及其影响因素之间的时差相关系数进行判断。从表 6－17 可以看出：济南房价影响因素的先行指标有房地产开发企业预期、购房意愿、房价预期、土地价格、房地产开发资金来源、物价指数、就业率和上证指数共 8 个指标；同步指标有 0 个；滞后指标有房地产开发投资、施工面积、竣工面积、新开工面积、销售面积、土地需求面积、房贷利率、GDP、财政支出、货币供给、人均可支配收入、宏观经济景气指数和一般贷款利率，共计 13 个指标。

根据各指标的有效时差相关系数一般应大于 0.5 的原则，最后判断得出有效先行指标为房地产开发企业预期、购房意愿、房价预期、土地价格、房地产开发资金来源和上证指数，共计 6 个；有效同步指标为 0 个；有效滞后指标有房地产开发投资、施工面积、新开工面积、销售面积、GDP、财政支出、货币供给、人均可支配收入和宏观经济景气指数，共计 9 个。

表 6－17　济南房价影响因素备选指标的先行、同步及滞后性质判断

一级指标	二级指标	相关系数最大值	先行/滞后指标	先行/滞后期
供给	房地产开发投资	0.8215	滞后指标	2 期
	施工面积	0.9525	滞后指标	7 期
	竣工面积	0.4881	滞后指标	2 期
	新开工面积	0.7538	滞后指标	2 期
	房地产开发企业预期	0.7617	先行指标	6 期
需求	销售面积	0.6997	滞后指标	2 期
	购房意愿	0.8035	先行指标	7 期
	房价预期	0.5897	先行指标	5 期
土地市场	土地需求面积	0.4645	滞后指标	8 期
	土地价格	0.9768	先行指标	4 期
房地产金融	房地产开发资金来源	0.8193	先行指标	2 期
	房贷利率	0.2958	滞后指标	7 期
宏观环境	GDP	0.7500	滞后指标	2 期
	财政支出	0.7660	滞后指标	2 期
	货币供给	0.9821	滞后指标	8 期
	人均可支配收入	0.7657	滞后指标	2 期
	宏观经济景气指数	0.6855	滞后指标	8 期
	物价指数	0.4587	先行指标	4 期
	就业率	0.4431	先行指标	8 期
	一般贷款利率	0.4557	滞后指标	7 期
	上证指数	0.5688	先行指标	3 期

（9）青岛房价影响因素备选指标的先行、同步及滞后性质判断。

采用时差相关性分析方法对青岛房价及其影响因素之间的时差相关系数进行判断。从表 6－18 可以看出：青岛房价影响因素的先行指标有竣工面积、新开工面积、房地产开发企业预期、购房意愿、房价预期、土地价格、房贷利率、物价指数和就业率，共9个指标；同步指标有房地产开发投资、销售面积、房地产开发资金来源、GDP、财政支出、人均可支配收入和上证指数，共7个指标；滞后指标有施工面积、土地需求面积、货币供给、宏观经济景气指数和一般贷款利率，共计5个指标。

根据各指标的有效时差相关系数一般应大于0.5的原则，最后判断得出：有效先行指标为新开工面积、房地产开发企业预期、购房意愿、房价预期、土地价格和就业率，共计6个；有效同步指标为房地产开发投资、销售面积、房地产开发资金来源、GDP、财政支出、人均可支配收入和上证指数，共计7个；有效滞后指标有施工面积、土地需求面积、货币供给和宏观经济景气指数，共计4个。

表6-18　青岛房价影响因素备选指标的先行、同步及滞后性质判断

一级指标	二级指标	相关系数最大值	先行/滞后指标	先行/滞后期
供给	房地产开发投资	0.7617	同步指标	0期
	施工面积	0.9707	滞后指标	8期
	竣工面积	0.4605	先行指标	8期
	新开工面积	0.5972	先行指标	4期
	房地产开发企业预期	0.6746	先行指标	7期
需求	销售面积	0.5594	同步指标	0期
	购房意愿	0.7675	先行指标	7期
	房价预期	0.5392	先行指标	7期
土地市场	土地需求面积	0.6650	滞后指标	8期
	土地价格	0.9721	先行指标	8期
房地产金融	房地产开发资金来源	0.8213	同步指标	0期
	房贷利率	0.3075	先行指标	8期

（续表）

一级指标	二级指标	相关系数最大值	先行/滞后指标	先行/滞后期
宏观环境	GDP	0.7508	同步指标	0期
	财政支出	0.7676	同步指标	0期
	货币供给	0.9773	滞后指标	8期
	人均可支配收入	0.7679	同步指标	0期
	宏观经济景气指数	0.6713	滞后指标	8期
	物价指数	0.3983	先行指标	8期
	就业率	0.5194	先行指标	8期
	一般贷款利率	0.4352	滞后指标	8期
	上证指数	0.5359	同步指标	0期

（10）海口房价影响因素备选指标的先行、同步及滞后性质判断。

采用时差相关性分析方法对海口房价及其影响因素之间的时差相关系数进行判断。从表6-19可以看出：海口房价影响因素的先行指标有房地产开发企业预期、购房意愿、房价预期、房地产开发资金来源、房贷利率、物价指数、就业率、一般贷款利率和上证指数，共9个指标；同步指标有货币供给，共1个指标；滞后指标有房地产开发投资、施工面积、竣工面积、新开工面积、销售面积、土地需求面积、土地价格、GDP、财政支出、人均可支配收入和宏观经济景气指数，共计11个指标。

根据各指标的有效时差相关系数一般应大于0.5的原则，最后判断得出有效先行指标为房地产开发企业预期、购房意愿、房价预期、房地产开发资金来源、房贷利率、物价指数和上证指数，共计7个；有效同步指标为货币供给，共计1个；有效滞后指标有房地产开发投资、施工面积、竣工面积、新开工面积、销售面积、土地需求面积、土地价格、

GDP、财政支出、人均可支配收入和宏观经济景气指数，共计 11 个。

表 6－19　海口房价影响因素备选指标的先行、同步及滞后性质判断

一级指标	二级指标	相关系数最大值	先行/滞后指标	先行/滞后期
供给	房地产开发投资	0.7229	滞后指标	2 期
	施工面积	0.8928	滞后指标	7 期
	竣工面积	0.5938	滞后指标	2 期
	新开工面积	0.5949	滞后指标	2 期
	房地产开发企业预期	0.7958	先行指标	6 期
需求	销售面积	0.6717	滞后指标	2 期
	购房意愿	0.7903	先行指标	8 期
	房价预期	0.7080	先行指标	8 期
土地市场	土地需求面积	0.5599	滞后指标	8 期
	土地价格	0.9477	滞后指标	6 期
房地产金融	房地产开发资金来源	0.7671	先行指标	2 期
	房贷利率	0.5177	先行指标	4 期
宏观环境	GDP	0.7687	滞后指标	2 期
	财政支出	0.7730	滞后指标	2 期
	货币供给	0.9266	同步指标	0 期
	人均可支配收入	0.7356	滞后指标	2 期
	宏观经济景气指数	0.6622	滞后指标	8 期
	物价指数	0.5493	先行指标	4 期
	就业率	0.3852	先行指标	5 期
	一般贷款利率	0.4443	先行指标	4 期
	上证指数	0.5649	先行指标	3 期

2. 东部其他 10 个城市房价与影响因素之间的相关性分析

从以上数据和分析可知：天津有 4 个有效先行指标，分别是销售面积、购房意愿、房价预期和上证指数；石家庄有 7 个有效先行指标，分

别是施工面积、房地产开发企业预期、销售面积、购房意愿、房价预期、房地产开发资金来源和上证指数；南京有5个有效先行指标，分别是施工面积、房地产开发企业预期、购房意愿、房价预期和物价指数；杭州有6个有效先行指标，分别是房地产开发企业预期、销售面积、购房意愿、房价预期、物价指数和上证指数；宁波有6个有效先行指标，分别是房地产开发企业预期、购房意愿、土地需求面积、土地价格、就业率和上证指数；福州有4个有效先行指标，分别是新开工面积、购房意愿、土地需求面积和上证指数；厦门有7个有效先行指标，分别是房地产开发投资、施工面积、房地产开发企业预期、购房意愿、房价预期、物价指数和上证指数；济南有6个有效先行指标，分别是房地产开发企业预期、购房意愿、房价预期、土地价格、房地产开发资金来源和上证指数；青岛有6个有效先行指标，分别是新开工面积、房地产开发企业预期、购房意愿、房价预期、土地价格和就业率；海口有7个有效先行指标，分别是房地产开发企业预期、购房意愿、房价预期、房地产开发资金来源、房贷利率、物价指数和上证指数。

从以上各城市的有效先行指标可以看出，房价的21个影响因素中有14个指标均不同频次地出现在城市房价先行指标中，按照频次出现的高低顺序排列分别是：购房意愿是10个城市房价的有效先行指标；上证指数是9个城市（天津、石家庄、杭州、宁波、福州、厦门、济南、青岛、海口）房价的有效先行指标；房地产开发企业预期是8个城市（石家庄、南京、杭州、宁波、厦门、济南、青岛、海口）房价的有效先行指标；房价预期与房地产开发企业预期一样，也是8个城市（天津、石家庄、南京、杭州、厦门、济南、青岛、海口）房价的有效先行指标；接着是物价指数，该指标是南京、杭州、厦门和海口共4个城市房价的有效先行指标；3个城市房价的有效先行指标分别是施工面积（石家庄、南京、厦门）、销售面积（天津、石家庄、杭州）、土地价格（宁波、济南、青岛）、房地产开发资金来源（石家庄、济南、海口）；再就是2个城市房价的有效先行指标分别为新开工面积（福州、青岛）、土地需求面积（宁波、福州）；最后只有1个城市房价的有效先行指标分别是房地产开发投资（厦门）、房贷利率（海口）和就业率（宁波）。

表6-20　东部其他10个城市房价有效先行指标

有效先行指标	城市
购房意愿	天津 石家庄 南京 杭州 宁波 福州 厦门 济南 青岛 海口
上证指数	天津 石家庄 杭州 宁波 福州 厦门 济南 青岛 海口
企业预期	石家庄 南京 杭州 宁波 厦门 济南 青岛 海口
房价预期	天津 石家庄 南京 杭州 厦门 济南 青岛 海口
物价指数	南京 杭州 厦门 海口
施工面积	石家庄 南京 厦门
销售面积	天津 石家庄 杭州
土地价格	宁波 济南 青岛
房地产开发资金来源	石家庄 济南 海口
新开工面积	福州 青岛
土地需求面积	宁波 福州
房地产开发投资	厦门
房贷利率	海口
就业率	宁波

从东部其他10个城市房价有效先行指标可以看出，购房意愿、上证指数、企业预期和房价预期是在城市中出现频次最高的4个指标，与一线城市出现频次最高的先行指标相同。东部其他10个城市虽然住房市场与住房价格紧追一线城市也在快速发展，但是从其房价收入比可以看出，这些城市房价收入比整体低于一线城市。虽然厦门、杭州和天津

这几个热点二线城市房价收入比趋高，但是其他二线城市整体上房价收入比较为合理。在一线城市房价收入比高于全国平均水平且逐年攀升，逐渐高于合理房价收入比的背景下，东部其他 10 个城市整体上并未出现一线城市过高的房价收入比。这主要是因东部其他城市有较高的经济发展水平作为支撑，住房市场没有严重脱离居民收入发展水平，住房市场发展水平目前仍然在居民收入可支撑的范围之内。但是也要警惕其他二线城市像厦门和杭州这样的热点二线城市一样，住房市场像一线城市那样过快发展，从而在房价收入比不断企高的背景下脱离城镇居民收入的有效支撑。未来东部其他城市住房市场发展要避免过热状况，热点二线城市要促进房价收入比的合理回归，其他二线城市要维持现有的房价收入比合理性发展。

经济快速发展、优越的城市地理位置及城市综合地位是这些城市仅次于一线城市深受购房者青睐的主要原因，刚性需求及投资投机性需求叠加量仅次于一线城市。另外，在一线城市受到严厉而不松动的限购影响下，大量高收入阶层人群转向这些较为优越的二线城市购房也成为一种趋势，这进一步加大了这些城市住房的市场需求。宏观经济的快速发展、土地价格的上涨及建安成本的上升等影响了这些城市的住房价格，住房销售价格的上涨很大程度上是需求拉动基础上的成本推动，住房市场并未大幅度偏离宏观经济支撑范围。此外，这些城市住房市场起步较早，发展较为成熟，房地产开发企业和从业人员数量较多，从业人员素质较高促进住房产品多元化及品质逐渐提高，带动住房销售价格的上涨。1998 年住房全面市场化以来就伴随着从未间断过的住房市场宏观调控，成熟及较大型的房地产开发企业拥有较强的市场判断力，住房市场发展从而能与宏观经济及居民收入保持较为协调的发展状态。

二、基于时差相关的中部城市房价影响因素分析

1. 中部城市房价影响因素备选指标的先行、同步及滞后性质判断

（1）太原房价影响因素备选指标的先行、同步及滞后性质判断。

采用时差相关性分析方法对太原房价及其影响因素之间的时差相关系数进行判断。从表6－21可以看出：太原房价影响因素的先行指标有新开工面积、销售面积、购房意愿、房地产开发资金来源、物价指数、就业率和上证指数，共7个指标；同步指标有房价预期、GDP和人均可支配收入，共计3个指标；滞后指标有房地产开发投资、施工面积、竣工面积、房地产开发企业预期、土地需求面积、土地价格、房贷利率、财政支出、货币供给、宏观经济景气指数和一般贷款利率，共计11个指标。

根据各指标的有效时差相关系数一般应大于0.5的原则，最后判断得出有效先行指标为新开工面积、销售面积、购房意愿、房地产开发资金来源和上证指数，共计5个；有效同步指标为GDP和人均可支配收入，共计2个；有效滞后指标有房地产开发投资、施工面积、房地产开发企业预期、土地价格、财政支出、货币供给和宏观经济景气指数，共计7个指标。

表 6 - 21　太原房价影响因素备选指标的先行、同步及滞后性质判断

一级指标	二级指标	相关系数最大值	先行/滞后指标	先行/滞后期
供给	房地产开发投资	0.6976	滞后指标	4 期
	施工面积	0.9675	滞后指标	8 期
	竣工面积	0.3005	滞后指标	5 期
	新开工面积	0.6712	先行指标	4 期
	房地产开发企业预期	0.7695	滞后指标	4 期
需求	销售面积	0.6559	先行指标	1 期
	购房意愿	0.7677	先行指标	8 期
	房价预期	0.4878	同步指标	0 期
土地市场	土地需求面积	0.3931	滞后指标	8 期
	土地价格	0.9563	滞后指标	8 期
房地产金融	房地产开发资金来源	0.7231	先行指标	1 期
	房贷利率	0.3248	滞后指标	3 期
宏观环境	GDP	0.7253	同步指标	0 期
	财政支出	0.7173	滞后指标	3 期
	货币供给	0.9638	滞后指标	8 期
	人均可支配收入	0.7225	同步指标	0 期
	宏观经济景气指数	0.7348	滞后指标	8 期
	物价指数	0.4443	先行指标	6 期
	就业率	0.4965	先行指标	8 期
	一般贷款利率	0.3983	滞后指标	8 期
	上证指数	0.5322	先行指标	3 期

（2）合肥房价影响因素备选指标的先行、同步及滞后性质判断。

采用时差相关性分析方法对合肥房价及其影响因素之间的时差相关系数进行判断。从表 6 - 22 可以看出：合肥房价影响因素的先行指标有新开工面积、房地产开发企业预期、销售面积、购房意愿、房价预期、房地产开发资金来源、房贷利率、物价指数和就业率，共计 9 个指标；同步指标有土地价格和上证指数，共计 2 个指标；滞后指标有房地产开发投资、施工面积、竣工面积、土地需求面积、GDP、财政支出、货币供给、人均可支配收入、宏观经济景气指数和一般贷款利率，共计 10 个指标。

根据各指标的有效时差相关系数一般应大于 0.5 的原则，最后判断得出有效先行指标为新开工面积、房地产开发企业预期、销售面积、购房意愿、房价预期、房地产开发资金来源和物价指数，共计 7 个；有效同步指标为土地价格，共计 1 个；有效滞后指标有房地产开发投资、施工面积、竣工面积、GDP、财政支出、货币供给、人均可支配收入、宏观经济景气指数和一般贷款利率，共计 9 个指标。

表 6－22　合肥房价影响因素备选指标的先行、同步及滞后性质判断

一级指标	二级指标	相关系数最大值	先行/滞后指标	先行/滞后期
供给	房地产开发投资	0.8106	滞后指标	1 期
	施工面积	0.8939	滞后指标	4 期
	竣工面积	0.6174	滞后指标	1 期
	新开工面积	0.6426	先行指标	4 期
	房地产开发企业预期	0.7023	先行指标	6 期
需求	销售面积	0.7338	先行指标	4 期
	购房意愿	0.7700	先行指标	7 期
	房价预期	0.5971	先行指标	8 期
土地市场	土地需求面积	0.4300	滞后指标	4 期
	土地价格	0.9563	同步指标	0 期
房地产金融	房地产开发资金来源	0.7437	先行指标	1 期
	房贷利率	0.2914	先行指标	3 期

（续表）

一级指标	二级指标	相关系数最大值	先行/滞后指标	先行/滞后期
宏观环境	GDP	0.8004	滞后指标	1 期
	财政支出	0.8464	滞后指标	1 期
	货币供给	0.9772	滞后指标	4 期
	人均可支配收入	0.7695	滞后指标	4 期
	宏观经济景气指数	0.6910	滞后指标	8 期
	物价指数	0.5917	先行指标	5 期
	就业率	0.3579	先行指标	8 期
	一般贷款利率	0.5712	滞后指标	8 期
	上证指数	0.4958	同步指标	0 期

（3）南昌房价影响因素备选指标的先行、同步及滞后性质判断。

采用时差相关性分析方法对南昌房价及其影响因素之间的时差相关系数进行判断。从表 6－23 可以看出：南昌房价影响因素的先行指标有竣工面积、新开工面积、房地产开发企业预期、购房意愿、房价预期、房贷利率、物价指数和就业率，共计 8 个指标；同步指标为上证指数，共计 1 个指标；滞后指标有房地产开发投资、施工面积、销售面积、土地需求面积、土地价格、房地产开发资金来源、GDP、财政支出、货币供给、人均可支配收入、宏观经济景气指数和一般贷款利率，共计 12 个指标。

根据各指标的有效时差相关系数一般应大于 0.5 的原则，最后判断得出有效先行指标为竣工面积、新开工面积、房地产开发企业预期、购房意愿和房价预期，共计 5 个；有效同步指标为上证指数，共计 1 个；有效滞后指标有房地产开发投资、施工面积、销售面积、土地价格、房地产开发资金来源、GDP、财政支出、货币供给、人均可支配收入、宏观经济景气指数和一般贷款利率，共计 11 个指标。

表 6－23　南昌房价影响因素备选指标的先行、同步及滞后性质判断

一级指标	二级指标	相关系数最大值	先行/滞后指标	先行/滞后期
供给	房地产开发投资	0.7715	滞后指标	1 期
	施工面积	0.9748	滞后指标	1 期
	竣工面积	0.5699	先行指标	8 期
	新开工面积	0.6934	先行指标	1 期
	房地产开发企业预期	0.7328	先行指标	6 期
需求	销售面积	0.7178	滞后指标	1 期
	购房意愿	0.7920	先行指标	7 期
	房价预期	0.6055	先行指标	5 期
土地市场	土地需求面积	0.4994	滞后指标	8 期
	土地价格	0.9564	滞后指标	6 期
房地产金融	房地产开发资金来源	0.8201	滞后指标	1 期
	房贷利率	0.4582	先行指标	8 期
宏观环境	GDP	0.7608	滞后指标	1 期
	财政支出	0.8142	滞后指标	6 期
	货币供给	0.9831	滞后指标	4 期
	人均可支配收入	0.7510	滞后指标	1 期
	宏观经济景气指数	0.7061	滞后指标	8 期
	物价指数	0.4616	先行指标	4 期
	就业率	0.4454	先行指标	8 期
	一般贷款利率	0.5650	滞后指标	8 期
	上证指数	0.5083	同步指标	0 期

（4）郑州房价影响因素备选指标的先行、同步及滞后性质判断。

采用时差相关性分析方法对郑州房价及其影响因素之间的时差相关系数进行判断。从表 6－24 可以看出：郑州房价影响因素的先行指标有施工面积、竣工面积、房地产开发企业预期、销售面积、购房意愿、房价预期、土地需求面积、土地价格、房贷利率、物价指数和就业率，共计 11 个指标；同步指标为上证指数 1 个；滞后指标有房地产开发投资、新开工面积、房地产开发资金来源、GDP、财政支出、货币供给、人均可支配收入、宏观经济景气指数和一般贷款利率，共计 9 个指标。

根据各指标的有效时差相关系数一般应大于 0.5 的原则，最后判断得出有效先行指标为施工面积、竣工面积、房地产开发企业预期、销售面积、购房意愿、房价预期和土地价格，共计 7 个；有效同步指标为上证指数，共计 1 个；有效滞后指标有房地产开发投资、新开工面积、房地产开发资金来源、GDP、财政支出、货币供给、人均可支配收入和宏观经济景气指数，共计 8 个指标。

表 6－24　郑州房价影响因素备选指标的先行、同步及滞后性质判断

一级指标	二级指标	相关系数最大值	先行/滞后指标	先行/滞后期
供给	房地产开发投资	0.7192	滞后指标	3 期
	施工面积	0.9778	先行指标	6 期
	竣工面积	0.5060	先行指标	5 期
	新开工面积	0.7363	滞后指标	1 期
	房地产开发企业预期	0.7598	先行指标	5 期
需求	销售面积	0.6827	先行指标	1 期
	购房意愿	0.8164	先行指标	7 期
	房价预期	0.6055	先行指标	8 期
土地市场	土地需求面积	0.2823	先行指标	6 期
	土地价格	0.9921	先行指标	8 期
房地产金融	房地产开发资金来源	0.8239	滞后指标	2 期
	房贷利率	0.4792	先行指标	8 期

（续表）

一级指标	二级指标	相关系数最大值	先行/滞后指标	先行/滞后期
宏观环境	GDP	0.7881	滞后指标	1期
	财政支出	0.7871	滞后指标	3期
	货币供给	0.9903	滞后指标	8期
	人均可支配收入	0.7482	滞后指标	2期
	宏观经济景气指数	0.7484	滞后指标	8期
	物价指数	0.4183	先行指标	4期
	就业率	0.3816	先行指标	8期
	一般贷款利率	0.4521	滞后指标	8期
	上证指数	0.5055	同步指标	0期

（5）武汉房价影响因素备选指标的先行、同步及滞后性质判断。

采用时差相关性分析方法对武汉房价及其影响因素之间的时差相关系数进行判断。从表6－25可以看出：武汉房价影响因素的先行指标有施工面积、房地产开发企业预期、购房意愿、房价预期、房贷利率、财政支出、物价指数和上证指数，共8个指标；同步指标为销售面积、土地需求面积和就业率共3个指标；滞后指标有房地产开发投资、竣工面积、新开工面积、土地价格、房地产开发资金来源、GDP、货币供给、人均可支配收入、宏观经济景气指数和一般贷款利率，共计10个指标。

根据各指标的有效时差相关系数一般应大于0.5的原则，最后判断得出武汉房价影响因素的有效先行指标有施工面积、房地产开发企业预期、购房意愿、房价预期、财政支出和上证指数，共计6个；有效同步指标为销售面积、土地需求面积和就业率，共计3个；有效滞后指标有房地产开发投资、新开工面积、土地价格、房地产开发资金来源、GDP、货币供给、人均可支配收入、宏观经济景气指数和一般贷款利率，共计9个指标。

表6－25　武汉房价影响因素备选指标的先行、同步及滞后性质判断

一级指标	二级指标	相关系数最大值	先行/滞后指标	先行/滞后期
供给	房地产开发投资	0.7941	滞后指标	1期
	施工面积	0.9595	先行指标	7期
	竣工面积	0.1879	滞后指标	3期
	新开工面积	0.6011	滞后指标	1期
	房地产开发企业预期	0.7166	先行指标	8期
需求	销售面积	0.7195	同步指标	0期
	购房意愿	0.7888	先行指标	7期
	房价预期	0.5439	先行指标	7期
土地市场	土地需求面积	0.5271	同步指标	0期
	土地价格	0.9423	滞后指标	8期
房地产金融	房地产开发资金来源	0.8265	滞后指标	1期
	房贷利率	0.1976	先行指标	8期
宏观环境	GDP	0.78271	滞后指标	1期
	财政支出	0.8023	先行指标	1期
	货币供给	0.9858	滞后指标	8期
	人均可支配收入	0.7504	滞后指标	1期
	宏观经济景气指数	0.6572	滞后指标	8期
	物价指数	0.4382	先行指标	4期
	就业率	0.6454	同步指标	0期
	一般贷款利率	0.5257	滞后指标	8期
	上证指数	0.5474	先行指标	1期

（6）长沙房价影响因素备选指标的先行、同步及滞后性质判断。

采用时差相关性分析方法对长沙房价及其影响因素之间的时差相关系数进行判断。从表6－26可以看出：长沙房价影响因素的先行指标有施工面积、竣工面积、新开工面积、房地产开发企业预期、购房意愿、房价预期和上证指数，共7个指标；同步指标为销售面积，共1个指标；滞后指标有房地产开发投资、土地需求面积、土地价格、房地产开发资金来源、房贷利率、GDP、财政支出、货币供给、人均可支配收入、宏观经济景气指数、物价指数、就业率和一般贷款利率，共计13个指标。

根据各指标的有效时差相关系数一般应大于0.5的原则，最后判断得出长沙房价影响因素的有效先行指标有施工面积、竣工面积、新开工面积、房地产开发企业预期、购房意愿、房价预期和上证指数，共计7个；有效同步指标为销售面积，共计1个；有效滞后指标有房地产开发投资、土地价格、房地产开发资金来源、GDP、财政支出、货币供给、人均可支配收入、宏观经济景气指数和就业率，共计9个指标。

表6－26　长沙房价影响因素备选指标的先行、同步及滞后性质判断

一级指标	二级指标	相关系数最大值	先行/滞后指标	先行/滞后期
供给	房地产开发投资	0.7706	滞后指标	1期
	施工面积	0.9735	先行指标	7期
	竣工面积	0.6750	先行指标	4期
	新开工面积	0.6142	先行指标	8期
	房地产开发企业预期	0.7557	先行指标	4期
需求	销售面积	0.7150	同步指标	0期
	购房意愿	0.7528	先行指标	7期
	房价预期	0.5047	先行指标	8期
土地市场	土地需求面积	0.4847	滞后指标	8期
	土地价格	0.8922	滞后指标	8期
房地产金融	房地产开发资金来源	0.8310	滞后指标	2期
	房贷利率	0.3017	滞后指标	8期

（续表）

一级指标	二级指标	相关系数最大值	先行/滞后指标	先行/滞后期
宏观环境	GDP	0. 7863	滞后指标	2 期
	财政支出	0. 7912	滞后指标	2 期
	货币供给	0. 9662	滞后指标	8 期
	人均可支配收入	0. 7576	滞后指标	2 期
	宏观经济景气指数	0. 7140	滞后指标	8 期
	物价指数	0. 4111	滞后指标	8 期
	就业率	0. 5672	滞后指标	8 期
	一般贷款利率	0. 3665	滞后指标	8 期
	上证指数	0. 5064	先行指标	1 期

2. 中部城市房价与影响因素之间的相关性分析

从以上数据和分析可知：太原有 5 个有效先行指标，分别是新开工面积、销售面积、购房意愿、房地产开发资金来源和上证指数；合肥有 7 个有效先行指标，分别是新开工面积、房地产开发企业预期、销售面积、购房意愿、房价预期、房地产开发资金来源和物价指数；南昌有 5 个有效先行指标，分别是竣工面积、新开工面积、房地产开发企业预期、购房意愿和房价预期；郑州有 7 个有效先行指标，分别是施工面积、竣工面积、房地产开发企业预期、销售面积、购房意愿、房价预期和土地价格；武汉有 6 个有效先行指标，分别是施工面积、房地产开发企业预期、购房意愿、房价预期、财政支出和上证指数；长沙有 7 个有效先行指标，分别是施工面积、竣工面积、新开工面积、房地产开发企业预期、购房意愿、房价预期和上证指数。

从以上各城市的有效先行指标可以看出，房价的 21 个影响因素中有 12 个有效指标均不同频次地出现在城市房价先行指标中，按照频次出现的高低顺序排列分别是：首先购房意愿是6个城市房价的有效先行指标；房地产开发企业预期和房价预期是5个城市房价的有效先行指标，这5个城市是合肥、南昌、郑州、武汉和长沙；新开工面积是4个城市房价的有效先行指标，这4个城市是太原、合肥、南昌和长沙。其次是施工面积、竣工面积、销售面积和上证指数，这几个指标是3个城市房价的有效先行指标。其中施工面积是郑州、武汉和长沙的有效先行指标，竣工面积是南昌、郑州和长沙的有效先行指标，销售面积是太原、合肥和郑州的有效先行指标，上证指数是太原、武汉和长沙的有效先行指标。再次是2个城市房价的有效先行指标是房地产开发资金来源（太原、合肥）。最后，1个城市房价的有效先行指标是土地价格（郑州）、财政支出（武汉）和物价指数（合肥）。

表6－27　中部6城市房价有效先行指标

有效先行指标	城市
购房意愿	太原 合肥 南昌 郑州 武汉 长沙
房地产开发企业预期	合肥 南昌 郑州 武汉 长沙
房价预期	合肥 南昌 郑州 武汉 长沙
新开工面积	太原 合肥 南昌 长沙
施工面积	郑州 武汉 长沙
竣工面积	南昌 郑州 长沙
销售面积	太原 合肥 郑州
上证指数	太原 武汉 长沙
房地产开发资金来源	太原 合肥
土地价格	郑州
财政支出	武汉
物价指数	合肥

从以上中部6个城市房价有效先行指标可以看出，购房意愿、房地

产开发企业预期、房价预期、新开工面积、施工面积、竣工面积、销售面积和上证指数是先行决定房价变动的重要影响因素。和东部城市主要的先行影响因素购房意愿、企业预期、房价预期和上证指数一样，中部城市同样也受到这几个指标的重要影响。这几个指标都较强地体现出住房的投资品属性，预期和投资因素较重，可见中部城市住房市场同样受到预期和投资因素的影响。同时也要看到，除了影响东部城市的预期和投资因素，新开工面积、施工面积、竣工面积和销售面积这些体现住房市场供给和需求因素的指标起到的影响作用逐步增强。这很大程度上说明中部城市较东部城市，房价更多地受供求因素的影响，而东部城市更多地受预期和投资因素的影响。

但是近年来中部地区房价收入比有不断上升的趋势，太原、武汉和合肥房价收入比逐渐超出了合理区间，居民购房支付能力有所下降。这一方面是因为居民收入发展速度有限，居民收入发展水平相对于住房市场发展水平滞后。中部区域 2008 年以来住房市场发展速度基本处于全国领先水平，得益于“中部崛起”战略实施提高了中部城市的城市综合地位和影响力，一些房地产开发商逐步从竞争激烈的一线城市等东部城市转移到中部城市，从而大大推动了中部城市住房市场的发展。另外，从现有存量房来看，中部地区现有城镇居民人均住宅建筑面积低于东部和西部地区，改善性住房需求拉动了这些城市 2008 年以来的快速发展。先前发展滞后的住房市场在众多因素的综合影响下开始快速发展，超过了稳步增长的居民收入发展水平，从而导致该时期房价收入比的不断攀升。但是要看到，该区域城市房价收入比低于东部城市，太原、武汉和合肥房价收入比虽然略高于全国平均水平，但是整体上低于东部城市；郑州、南昌和长沙房价收入比总体都在合理范围内，特别是南昌和长沙，房价收入比低于全国平均水平，居民购房支付能力较强。

三、基于时差相关的西部城市房价影响因素分析

1. 西部城市房价影响因素备选指标的先行、同步及滞后性质判断

（1）呼和浩特房价影响因素备选指标的先行、同步及滞后性质判断。

采用时差相关性分析方法对呼和浩特房价及其影响因素之间的时差相关系数进行判断。从表6－28可以看出：呼和浩特房价影响因素的先行指标有竣工面积、新开工面积、房地产开发企业预期、销售面积、购房意愿、房贷利率和就业率，共7个指标；同步指标有0个；滞后指标有房地产开发投资、施工面积、房价预期、土地需求面积、土地价格、房地产开发资金来源、GDP、财政支出、货币供给、人均可支配收入、宏观经济景气指数、物价指数、一般贷款利率和上证指数，共计14个指标。

根据各指标的有效时差相关系数一般应大于0.5的原则，最后判断得出有效先行指标为新开工面积、房地产开发企业预期和购房意愿，共计3个；有效同步指标为0个；有效滞后指标为房地产开发投资、施工面积、房价预期、土地需求面积、土地价格、房地产开发资金来源、GDP、财政支出、货币供给、人均可支配收入、宏观经济景气指数和上证指数，共计12个指标。

表 6－28　呼和浩特房价影响因素备选指标的先行、同步及滞后性质判断

一级指标	二级指标	相关系数最大值	先行/滞后指标	先行/滞后期
供给	房地产开发投资	0.6854	滞后指标	2 期
	施工面积	0.9463	滞后指标	5 期
	竣工面积	0.4125	先行指标	7 期
	新开工面积	0.5757	先行指标	7 期
	房地产开发企业预期	0.7849	先行指标	4 期
需求	销售面积	0.4908	先行指标	7 期
	购房意愿	0.8032	先行指标	6 期
	房价预期	0.6196	滞后指标	3 期
土地市场	土地需求面积	0.7386	滞后指标	8 期
	土地价格	0.9283	滞后指标	8 期
房地产金融	房地产开发资金来源	0.7455	滞后指标	6 期
	房贷利率	0.4359	先行指标	6 期
宏观环境	GDP	0.7436	滞后指标	1 期
	财政支出	0.7588	滞后指标	6 期
	货币供给	0.9777	滞后指标	8 期
	人均可支配收入	0.7509	滞后指标	1 期
	宏观经济景气指数	0.7120	滞后指标	8 期
	物价指数	0.3631	滞后指标	5 期
	就业率	0.4485	先行指标	8 期
	一般贷款利率	0.4936	滞后指标	8 期
	上证指数	0.5212	滞后指标	1 期

（2）南宁房价影响因素备选指标的先行、同步及滞后性质判断。

采用时差相关性分析方法对南宁房价及其影响因素之间的时差相关系数进行判断。从表 6－29 可以看出：南宁房价影响因素的先行指标有施工面积、竣工面积、房地产开发企业预期、购房意愿、房价预期、土

地需求面积、土地价格、房贷利率、物价指数和上证指数，共 10 个指标；同步指标为就业率，共 1 个指标；滞后指标有房地产开发投资、新开工面积、销售面积、房地产开发资金来源、GDP、财政支出、货币供给、人均可支配收入、宏观经济景气指数和一般贷款利率，共计 10 个指标。

根据各指标的有效时差相关系数一般应大于 0.5 的原则，最后判断得出有效先行指标为施工面积、房地产开发企业预期、购房意愿、房价预期、土地价格和上证指数，共计 6 个；有效同步指标为就业率，共计 1 个；有效滞后指标为房地产开发投资、新开工面积、销售面积、房地产开发资金来源、GDP、财政支出、货币供给、人均可支配收入和宏观经济景气指数，共计 9 个指标。

表 6－29　南宁房价影响因素备选指标的先行、同步及滞后性质判断

一级指标	二级指标	相关系数最大值	先行/滞后指标	先行/滞后期
供给	房地产开发投资	0.7717	滞后指标	2 期
	施工面积	0.9783	先行指标	7 期
	竣工面积	0.4332	先行指标	8 期
	新开工面积	0.6214	滞后指标	1 期
	房地产开发企业预期	0.7847	先行指标	6 期
需求	销售面积	0.6507	滞后指标	1 期
	购房意愿	0.8158	先行指标	7 期
	房价预期	0.6312	先行指标	5 期
土地市场	土地需求面积	0.2034	先行指标	8 期
	土地价格	0.9706	先行指标	8 期
房地产金融	房地产开发资金来源	0.8294	滞后指标	2 期
	房贷利率	0.2883	先行指标	8 期

（续表）

一级指标	二级指标	相关系数最大值	先行/滞后指标	先行/滞后期
宏观环境	GDP	0.7701	滞后指标	2 期
	财政支出	0.7926	滞后指标	2 期
	货币供给	0.9788	滞后指标	8 期
	人均可支配收入	0.7477	滞后指标	1 期
	宏观经济景气指数	0.6937	滞后指标	8 期
	物价指数	0.4593	先行指标	4 期
	就业率	0.6263	同步指标	0 期
	一般贷款利率	0.4643	滞后指标	8 期
	上证指数	0.5387	先行指标	2 期

（3）重庆房价影响因素备选指标的先行、同步及滞后性质判断。

采用时差相关性分析方法对重庆房价及其影响因素之间的时差相关系数进行判断。从表 6－30 可以看出：重庆房价影响因素的先行指标有新开工面积、房地产开发企业预期、购房意愿、房价预期、土地需求面积、就业率和上证指数，共 7 个指标；同步指标为 0 个；滞后指标有房地产开发投资、施工面积、竣工面积、销售面积、土地价格、房地产开发资金来源、房贷利率、GDP、财政支出、货币供给、人均可支配收入、宏观经济景气指数、物价指数和一般贷款利率，共计 14 个指标。

根据各指标的有效时差相关系数一般应大于 0.5 的原则，最后判断得出有效先行指标为新开工面积、房地产开发企业预期、购房意愿和房价预期，共计 4 个；有效同步指标有 0 个；有效滞后指标为房地产开发投资、施工面积、竣工面积、销售面积、土地价格、房地产开发资金来源、GDP、财政支出、货币供给、人均可支配收入和宏观经济景气指数，共计 11 个指标。

表 6-30　重庆房价影响因素备选指标的先行、同步及滞后性质判断

一级指标	二级指标	相关系数最大值	先行/滞后指标	先行/滞后期
供给	房地产开发投资	0.7989	滞后指标	2 期
	施工面积	0.9768	滞后指标	2 期
	竣工面积	0.6412	滞后指标	1 期
	新开工面积	0.6369	先行指标	8 期
	房地产开发企业预期	0.7613	先行指标	4 期
需求	销售面积	0.7237	滞后指标	1 期
	购房意愿	0.7666	先行指标	7 期
	房价预期	0.5831	先行指标	8 期
土地市场	土地需求面积	0.4151	先行指标	8 期
	土地价格	0.9784	滞后指标	2 期
房地产金融	房地产开发资金来源	0.8296	滞后指标	2 期
	房贷利率	0.3612	滞后指标	2 期
宏观环境	GDP	0.7786	滞后指标	1 期
	财政支出	0.8037	滞后指标	1 期
	货币供给	0.9763	滞后指标	8 期
	人均可支配收入	0.7653	滞后指标	1 期
	宏观经济景气指数	0.7047	滞后指标	8 期
	物价指数	0.4054	滞后指标	8 期
	就业率	0.4645	先行指标	8 期
	一般贷款利率	0.3408	滞后指标	8 期
	上证指数	0.4978	先行指标	8 期

（4）成都房价影响因素备选指标的先行、同步及滞后性质判断。

采用时差相关性分析方法对成都房价及其影响因素之间的时差相关系数进行判断。从表 6-31 可以看出：成都房价影响因素的先行指标有竣工面积、销售面积、购房意愿、房价预期、土地价格、房地产开发资

金来源、就业率和上证指数，共8个指标；同步指标为0个指标；滞后指标有房地产开发投资、施工面积、新开工面积、房地产开发企业预期、土地需求面积、房贷利率、GDP、财政支出、货币供给、人均可支配收入、宏观经济景气指数、物价指数和一般贷款利率，共计13个指标。

根据各指标的有效时差相关系数一般应大于0.5的原则，最后判断得出有效先行指标为竣工面积、销售面积、购房意愿、房价预期、土地价格、房地产开发资金来源、就业率和上证指数，共计8个；有效同步指标为0个；有效滞后指标为房地产开发投资、施工面积、新开工面积、房地产开发企业预期、土地需求面积、GDP、财政支出、货币供给、人均可支配收入和宏观经济景气指数，共计10个指标。

表6-31　成都房价影响因素备选指标的先行、同步及滞后性质判断

一级指标	二级指标	相关系数最大值	先行/滞后指标	先行/滞后期
供给	房地产开发投资	0.7595	滞后指标	2期
	施工面积	0.9762	滞后指标	6期
	竣工面积	0.5476	先行指标	4期
	新开工面积	0.6312	滞后指标	1期
	房地产开发企业预期	0.7915	滞后指标	3期
需求	销售面积	0.6639	先行指标	4期
	购房意愿	0.7327	先行指标	7期
	房价预期	0.5930	先行指标	8期
土地市场	土地需求面积	0.6459	滞后指标	4期
	土地价格	0.9341	先行指标	8期
房地产金融	房地产开发资金来源	0.8037	先行指标	1期
	房贷利率	0.2837	滞后指标	3期

（续表）

一级指标	二级指标	相关系数最大值	先行/滞后指标	先行/滞后期
宏观环境	GDP	0.7470	滞后指标	1期
	财政支出	0.7478	滞后指标	2期
	货币供给	0.9483	滞后指标	8期
	人均可支配收入	0.7111	滞后指标	1期
	宏观经济景气指数	0.6083	滞后指标	8期
	物价指数	0.4150	滞后指标	6期
	就业率	0.5444	先行指标	8期
	一般贷款利率	0.4396	滞后指标	8期
	上证指数	0.5713	先行指标	2期

（5）贵阳房价影响因素备选指标的先行、同步及滞后性质判断。

采用时差相关性分析方法对贵阳房价及其影响因素之间的时差相关系数进行判断。从表6－32可以看出：贵阳房价影响因素的先行指标有竣工面积、新开工面积、购房意愿、房价预期、土地价格、房贷利率、物价指数、就业率和上证指数，共9个指标；同步指标为0个指标；滞后指标有房地产开发投资、施工面积、房地产开发企业预期、销售面积、土地需求面积、房地产开发资金来源、GDP、财政支出、货币供给、人均可支配收入、宏观经济景气指数和一般贷款利率，共计12个指标。

根据各指标的有效时差相关系数一般应大于0.5的原则，最后判断得出有效先行指标为新开工面积、购房意愿、房价预期、土地价格和上证指数，共计5个；有效同步指标为0个；有效滞后指标为房地产开发投资、施工面积、房地产开发企业预期、销售面积、房地产开发资金来源、GDP、财政支出、货币供给、人均可支配收入和宏观经济景气指数，共计10个指标。

表 6-32　贵阳房价影响因素备选指标的先行、同步及滞后性质判断

一级指标	二级指标	相关系数最大值	先行/滞后指标	先行/滞后期
供给	房地产开发投资	0.8083	滞后指标	6 期
	施工面积	0.9545	滞后指标	6 期
	竣工面积	0.4639	先行指标	8 期
	新开工面积	0.5886	先行指标	8 期
	房地产开发企业预期	0.7535	滞后指标	3 期
需求	销售面积	0.6845	滞后指标	2 期
	购房意愿	0.7666	先行指标	7 期
	房价预期	0.6123	先行指标	8 期
土地市场	土地需求面积	0.4761	滞后指标	8 期
	土地价格	0.8835	先行指标	8 期
房地产金融	房地产开发资金来源	0.8231	滞后指标	2 期
	房贷利率	0.1976	先行指标	5 期
宏观环境	GDP	0.7445	滞后指标	2 期
	财政支出	0.7910	滞后指标	2 期
	货币供给	0.9738	滞后指标	8 期
	人均可支配收入	0.7169	滞后指标	2 期
	宏观经济景气指数	0.6716	滞后指标	8 期
	物价指数	0.3657	先行指标	5 期
	就业率	0.4347	先行指标	8 期
	一般贷款利率	0.3237	滞后指标	8 期
	上证指数	0.5272	先行指标	7 期

（6）昆明房价影响因素备选指标的先行、同步及滞后性质判断。

采用时差相关性分析方法对昆明房价及其影响因素之间的时差相关系数进行判断。从表 6-33 可以看出：昆明房价影响因素的先行指标有竣工面积、新开工面积、房地产开发企业预期、购房意愿、房价预期、

土地价格、房地产开发资金来源、财政支出、货币供给和物价指数，共10个指标；同步指标有0个；滞后指标有房地产开发投资、施工面积、销售面积、土地需求面积、房贷利率、GDP、人均可支配收入、宏观经济景气指数、就业率、一般贷款利率和上证指数，共计11个指标。

根据各指标的有效时差相关系数一般应大于0.5的原则，最后判断得出有效先行指标为新开工面积、房地产开发企业预期、购房意愿、房价预期、土地价格、房地产开发资金来源、财政支出和货币供给，共计8个；有效同步指标为0个；有效滞后指标为房地产开发投资、施工面积、销售面积、房贷利率、GDP、人均可支配收入、宏观经济景气指数、就业率、一般贷款利率和上证指数，共计10个指标。

表6-33　昆明房价影响因素备选指标的先行、同步及滞后性质判断

一级指标	二级指标	相关系数最大值	先行/滞后指标	先行/滞后期
供给	房地产开发投资	0.8158	滞后指标	3期
	施工面积	0.9707	滞后指标	3期
	竣工面积	0.3634	先行指标	8期
	新开工面积	0.6333	先行指标	8期
	房地产开发企业预期	0.7273	先行指标	3期
需求	销售面积	0.5908	滞后指标	3期
	购房意愿	0.8129	先行指标	6期
	房价预期	0.5157	先行指标	3期
土地市场	土地需求面积	0.3134	滞后指标	8期
	土地价格	0.9532	先行指标	5期
房地产金融	房地产开发资金来源	0.8417	先行指标	7期
	房贷利率	0.5552	滞后指标	5期

（续表）

一级指标	二级指标	相关系数最大值	先行/滞后指标	先行/滞后期
宏观环境	GDP	0.7519	滞后指标	3 期
	财政支出	0.7693	先行指标	5 期
	货币供给	0.9831	先行指标	4 期
	人均可支配收入	0.7827	滞后指标	3 期
	宏观经济景气指数	0.7155	滞后指标	8 期
	物价指数	0.4780	先行指标	8 期
	就业率	0.7047	滞后指标	8 期
	一般贷款利率	0.6651	滞后指标	8 期
	上证指数	0.5713	滞后指标	6 期

（7）西安房价影响因素备选指标的先行、同步及滞后性质判断。

采用时差相关性分析方法对西安房价及其影响因素之间的时差相关系数进行判断。从表 6－34 可以看出：西安房价影响因素的先行指标有新开工面积、房地产开发企业预期、销售面积、购房意愿和就业率，共 5 个指标；同步指标有房地产开发投资和房地产开发资金来源，共 2 个指标；滞后指标有施工面积、竣工面积、房价预期、土地需求面积、土地价格、房贷利率、GDP、财政支出、货币供给、人均可支配收入、宏观经济景气指数、物价指数、一般贷款利率和上证指数，共计 14 个指标。

根据各指标的有效时差相关系数一般应大于 0.5 的原则，最后判断得出有效先行指标为新开工面积、房地产开发企业预期、销售面积和购房意愿，共计 4 个；有效同步指标为房地产开发投资和房地产开发资金来源，共计 2 个；有效滞后指标为施工面积、竣工面积、房价预期、土地价格、GDP、财政支出、货币供给、人均可支配收入、宏观经济景气指数和上证指数，共计 10 个指标。

表 6－34　西安房价影响因素备选指标的先行、同步及滞后性质判断

一级指标	二级指标	相关系数最大值	先行/滞后指标	先行/滞后期
供给	房地产开发投资	0.6437	同步指标	0 期
	施工面积	0.9701	滞后指标	7 期
	竣工面积	0.6290	滞后指标	1 期
	新开工面积	0.5174	先行指标	4 期
	房地产开发企业预期	0.7132	先行指标	4 期
需求	销售面积	0.5108	先行指标	4 期
	购房意愿	0.7589	先行指标	7 期
	房价预期	0.5069	滞后指标	8 期
土地市场	土地需求面积	0.4383	滞后指标	4 期
	土地价格	0.9432	滞后指标	8 期
房地产金融	房地产开发资金来源	0.8417	同步指标	0 期
	房贷利率	0.2571	滞后指标	2 期
宏观环境	GDP	0.7437	滞后指标	1 期
	财政支出	0.7887	滞后指标	1 期
	货币供给	0.9683	滞后指标	8 期
	人均可支配收入	0.7516	滞后指标	1 期
	宏观经济景气指数	0.6478	滞后指标	8 期
	物价指数	0.3665	滞后指标	8 期
	就业率	0.4838	先行指标	8 期
	一般贷款利率	0.3439	滞后指标	8 期
	上证指数	0.5732	滞后指标	6 期

（8）兰州房价影响因素备选指标的先行、同步及滞后性质判断。

采用时差相关性分析方法对兰州房价及其影响因素之间的时差相关系数进行判断。从表 6－35 可以看出：兰州房价影响因素的先行指标有

房地产开发投资、新开工面积、房地产开发企业预期、购房意愿、土地需求面积、土地价格、物价指数和就业率，共 8 个指标；同步指标有 0 个；滞后指标有施工面积、竣工面积、销售面积、房价预期、房地产开发资金来源、房贷利率、GDP、财政支出、货币供给、人均可支配收入、宏观经济景气指数、一般贷款利率和上证指数，共计 13 个指标。

根据各指标的有效时差相关系数一般应大于 0.5 的原则，最后判断得出有效先行指标为房地产开发投资、新开工面积、房地产开发企业预期、购房意愿和土地价格，共计 5 个；有效同步指标为 0 个；有效滞后指标有施工面积、销售面积、房价预期、GDP、财政支出、货币供给、人均可支配收入、宏观经济景气指数、一般贷款利率和上证指数，共计 10 个指标。

表 6－35　兰州房价影响因素备选指标的先行、同步及滞后性质判断

一级指标	二级指标	相关系数最大值	先行/滞后指标	先行/滞后期
供给	房地产开发投资	0.6740	先行指标	2 期
	施工面积	0.9706	滞后指标	6 期
	竣工面积	0.4220	滞后指标	8 期
	新开工面积	0.6816	先行指标	2 期
	房地产开发企业预期	0.7710	先行指标	6 期
需求	销售面积	0.6818	滞后指标	6 期
	购房意愿	0.8159	先行指标	7 期
	房价预期	0.5390	滞后指标	7 期
土地市场	土地需求面积	0.2680	先行指标	6 期
	土地价格	0.9667	先行指标	6 期
房地产金融	房地产开发资金来源	0.4981	滞后指标	8 期
	房贷利率	0.2571	滞后指标	2 期

（续表）

一级指标	二级指标	相关系数最大值	先行/滞后指标	先行/滞后期
宏观环境	GDP	0.7707	滞后指标	2期
	财政支出	0.9870	滞后指标	8期
	货币供给	0.9683	滞后指标	8期
	人均可支配收入	0.7804	滞后指标	2期
	宏观经济景气指数	0.7414	滞后指标	8期
	物价指数	0.4756	先行指标	4期
	就业率	0.4130	先行指标	8期
	一般贷款利率	0.6210	滞后指标	8期
	上证指数	0.5934	滞后指标	6期

（9）西宁房价影响因素备选指标的先行、同步及滞后性质判断。

采用时差相关性分析方法对西宁房价及其影响因素之间的时差相关系数进行判断。从表6-36可以看出：西宁房价影响因素的先行指标有房地产开发投资、施工面积、新开工面积、房地产开发企业预期、购房意愿、房价预期、物价指数和就业率，共8个指标；同步指标为土地价格共1个指标；滞后指标有竣工面积、销售面积、土地需求面积、房地产开发资金来源、房贷利率、GDP、财政支出、货币供给、人均可支配收入、宏观经济景气指数、一般贷款利率和上证指数，共计12个指标。

根据各指标的有效时差相关系数一般应大于0.5的原则，最后判断得出有效先行指标为房地产开发投资、施工面积、新开工面积、房地产开发企业预期、购房意愿和房价预期，共计6个；有效同步指标为土地价格，共计1个；有效滞后指标有销售面积、土地需求面积、房地产开发资金来源、GDP、财政支出、货币供给、人均可支配收入、宏观经济景气指数、一般贷款利率和上证指数，共计10个指标。

表 6－36　西宁房价影响因素备选指标的先行、同步及滞后性质判断

一级指标	二级指标	相关系数最大值	先行/滞后指标	先行/滞后期
供给	房地产开发投资	0. 5530	先行指标	8 期
	施工面积	0. 9475	先行指标	2 期
	竣工面积	0. 4319	滞后指标	3 期
	新开工面积	0. 5810	先行指标	6 期
	房地产开发企业预期	0. 7404	先行指标	4 期
需求	销售面积	0. 6553	滞后指标	3 期
	购房意愿	0. 7772	先行指标	6 期
	房价预期	0. 5968	先行指标	8 期
土地市场	土地需求面积	0. 7543	滞后指标	8 期
	土地价格	0. 9548	同步指标	0 期
房地产金融	房地产开发资金来源	0. 8047	滞后指标	2 期
	房贷利率	0. 3630	滞后指标	7 期
宏观环境	GDP	0. 7978	滞后指标	2 期
	财政支出	0. 7392	滞后指标	3 期
	货币供给	0. 9638	滞后指标	8 期
	人均可支配收入	0. 7595	滞后指标	3 期
	宏观经济景气指数	0. 7080	滞后指标	8 期
	物价指数	0. 3879	先行指标	4 期
	就业率	0. 4140	先行指标	8 期
	一般贷款利率	0. 5055	滞后指标	7 期
	上证指数	0. 5311	滞后指标	5 期

（10）银川房价影响因素备选指标的先行、同步及滞后性质判断。

采用时差相关性分析方法对银川房价及其影响因素之间的时差相关系数进行判断。从表 6－37 可以看出：银川房价影响因素的先行指标有新开工面积、房地产开发企业预期、购房意愿、房价预期、物价指数、就业率和上证指数，共7个指标；同步指标为土地价格共1个指标；滞后指标有房地产开发投资、施工面积、竣工面积、销售面积、土地需求面积、房地产开发资金来源、房贷利率、GDP、财政支出、货币供给、人均可支配收入、宏观经济景气指数和一般贷款利率，共计13个指标。

根据各指标的有效时差相关系数一般应大于0.5的原则，最后判断得出有效先行指标为新开工面积、房地产开发企业预期、购房意愿、房价预期和上证指数，共计5个；有效同步指标为土地价格，共计1个；有效滞后指标为房地产开发投资、施工面积、销售面积、房地产开发资金来源、GDP、财政支出、货币供给、人均可支配收入和宏观经济景气指数，共计9个指标。

表6-37　银川房价影响因素备选指标先行、同步及滞后性质判断

一级指标	二级指标	相关系数最大值	先行/滞后指标	先行/滞后期
供给	房地产开发投资	0.6808	滞后指标	5期
	施工面积	0.9506	滞后指标	7期
	竣工面积	0.4373	滞后指标	1期
	新开工面积	0.5706	先行指标	7期
	房地产开发企业预期	0.7890	先行指标	5期
需求	销售面积	0.5960	滞后指标	1期
	购房意愿	0.7821	先行指标	7期
	房价预期	0.5020	先行指标	8期
土地市场	土地需求面积	0.3979	滞后指标	4期
	土地价格	0.9735	同步指标	0期
房地产金融	房地产开发资金来源	0.7337	滞后指标	5期
	房贷利率	0.3613	滞后指标	2期

（续表）

一级指标	二级指标	相关系数最大值	先行/滞后指标	先行/滞后期
宏观环境	GDP	0.7405	滞后指标	1期
	财政支出	0.7325	滞后指标	5期
	货币供给	0.9500	滞后指标	8期
	人均可支配收入	0.7072	滞后指标	8期
	宏观经济景气指数	0.6656	滞后指标	8期
	物价指数	0.3287	先行指标	4期
	就业率	0.4230	先行指标	8期
	一般贷款利率	0.3338	滞后指标	8期
	上证指数	0.5311	先行指标	8期

（11）乌鲁木齐房价影响因素备选指标的先行、同步及滞后性质判断。

采用时差相关性分析方法对乌鲁木齐房价及其影响因素之间的时差相关系数进行判断。从表6－38可以看出：乌鲁木齐房价影响因素的先行指标有新开工面积、房地产开发企业预期、购房意愿、土地需求面积、房贷利率、物价指数和就业率，共7个指标；同步指标为土地价格，共1个指标；滞后指标有房地产开发投资、施工面积、竣工面积、销售面积、房价预期、房地产开发资金来源、GDP、财政支出、货币供给、人均可支配收入、宏观经济景气指数、一般贷款利率和上证指数，共计13个指标。

根据各指标的有效时差相关系数一般应大于0.5的原则，最后判断得出有效先行指标为房地产开发企业预期、购房意愿和房贷利率，共计3个；有效同步指标为土地价格，共计1个；有效滞后指标有房地产开发投资、施工面积、房价预期、房地产开发资金来源、GDP、财政支出、货币供给、人均可支配收入、宏观经济景气指数和上证指数，共计10个指标。

表6－38　乌鲁木齐房价影响因素备选指标的先行、同步及滞后性质判断

一级指标	二级指标	相关系数最大值	先行/滞后指标	先行/滞后期
供给	房地产开发投资	0.6431	滞后指标	1期
	施工面积	0.9487	滞后指标	5期
	竣工面积	0.2879	滞后指标	5期
	新开工面积	0.4195	先行指标	8期
	房地产开发企业预期	0.7853	先行指标	8期
需求	销售面积	0.3267	滞后指标	1期
	购房意愿	0.7874	先行指标	8期
	房价预期	0.6917	滞后指标	3期
土地市场	土地需求面积	0.4024	先行指标	8期
	土地价格	0.9604	同步指标	0期
房地产金融	房地产开发资金来源	0.7062	滞后指标	1期
	房贷利率	0.7104	先行指标	8期
宏观环境	GDP	0.7313	滞后指标	1期
	财政支出	0.8098	滞后指标	5期
	货币供给	0.9812	滞后指标	8期
	人均可支配收入	0.7049	滞后指标	5期
	宏观经济景气指数	0.7498	滞后指标	8期
	物价指数	0.3872	先行指标	4期
	就业率	0.3732	先行指标	8期
	一般贷款利率	0.4468	滞后指标	8期
	上证指数	0.5222	滞后指标	5期

2. 西部城市房价与影响因素之间的相关性分析

从以上数据和分析可知：呼和浩特有3个有效先行指标，分别是新开工面积、房地产开发企业预期和购房意愿；南宁有 6 个有效先行指标，分别是施工面积、房地产开发企业预期、购房意愿、房价预期、土地价格和上证指数；重庆有 4 个有效先行指标，分别是新开工面积、房地产开发企业预期、购房意愿和房价预期；成都有 8 个有效先行指标，分别是竣工面积、销售面积、购房意愿、房价预期、土地价格、房地产开发资金来源、就业率和上证指数；贵阳有 5 个有效先行指标，分别是新开工面积、购房意愿、房价预期、土地价格和上证指数；昆明有 8 个有效先行指标，分别是新开工面积、房地产开发企业预期、购房意愿、房价预期、土地价格、房地产开发资金来源、财政支出和货币供给；西安有 4 个有效先行指标，分别是新开工面积、房地产开发企业预期、销售面积和购房意愿；兰州有 5 个先行指标，分别是房地产开发投资、新开工面积、房地产开发企业预期、购房意愿和土地价格；西宁有 6 个有效先行指标，分别是房地产开发投资、施工面积、新开工面积、房地产开发企业预期、购房意愿和房价预期；银川有 5 个有效先行指标，分别是新开工面积、房地产开发企业预期、购房意愿、房价预期和上证指数；乌鲁木齐有 3 个有效先行指标，分别是房地产开发企业预期、购房意愿和房贷利率。

从以上各城市的先行指标可以看出，房价的 21 个影响因素中有 15 个有效指标均不同频次地出现在城市房价先行指标中，按照频次出现的高低顺序排列首先是购房意愿、房地产开发企业预期、新开工面积和房价预期，它们是出现频次最高的 4 个指标。购房意愿是 11 个城市房价的有效先行指标，房地产开发企业预期是 9 个城市房价的有效先行指标（呼和浩特、南宁、重庆、昆明、西安、兰州、西宁、银川、乌鲁木齐），新开工面积是 8 个城市房价的有效先行指标（呼和浩特、重庆、贵阳、昆明、西安、兰州、西宁、银川），房价预期是 7 个城市房价的有效先行指标（南宁、重庆、成都、贵阳、昆明、西宁、银川）。其次是土地价格和上证指数。土地价格是5个城市房价的有效先行指标（南宁、成都、贵阳、昆明、兰州），上证指数是4个城市房价的有效先行指标（南宁、成都、贵阳、银川）。再次是2个城市房价的有效先行指标是房地产开发投资（兰州、西宁）、施工面积（南宁、西宁）、销售面积（成都、西安）和房地产开发资金来源（成都、昆明）。最后，仅为1个城市房价的有效先行指标是竣工面积（成都）、房贷利率（乌鲁木齐）、财政支出（昆明）、货币供给（昆明）和就业率（成都）。

表6-39　西部11个城市房价有效先行指标

先行指标	城市
购房意愿	呼和浩特 南宁 重庆 成都 贵阳 昆明 西安 兰州 西宁 银川 乌鲁木齐
房地产开发企业预期	呼和浩特 南宁 重庆 昆明 西安 兰州 西宁 银川 乌鲁木齐
新开工面积	呼和浩特 重庆 贵阳 昆明 西安 兰州 西宁 银川
房价预期	南宁 重庆 成都 贵阳 昆明 西宁 银川
土地价格	南宁 成都 贵阳 昆明 兰州
上证指数	南宁 成都 贵阳 银川
房地产开发投资	兰州 西宁
施工面积	南宁 西宁
销售面积	成都 西安
房地产开发资金来源	成都 昆明
竣工面积	成都
房贷利率	乌鲁木齐
财政支出	昆明
货币供给	昆明
就业率	成都

从西部城市房价先行指标在 11 个城市中出现的频次可知，购房意愿、房地产开发企业预期和房价预期仍然是影响西部城市房价最为重要的几个指标，但是代表供给水平的新开工面积和代表土地市场的土地价格成为西部城市房价的重要影响因素。由此可知，西部城市房价在东部城市特别是一线城市这样的全国房价风向标的影响下，住房价格同样受到预期因素的影响，但是同时供给和土地对西部城市房价的影响作用增强。由于地理位置及历史发展基础问题，西部城市国民经济发展水平整体上落后于东中部城市，因而与国民经济发展水平息息相关的住房市场发展水平较中东部城市滞后。

2000—2003 年西部城市住房市场发展水平远远落后于中东部城市除了主要与国民经济发展水平滞后密切相关外，还与当地的城镇化水平整体落后于中东部地区，住房市场需求小于住房市场供给，住房市场发展没有足够的有效需求带动有关。2004 年以来是住房全面市场化的需求集中释放阶段，西部地区住房市场需求在国民经济发展和城镇化水平的快速提升下得以有效带动，以住房新开工面积为代表的住房市场供给开始与以销售面积为代表的住房市场需求相平衡，住房市场发展水平得以稳步提高。2008 年以来住房市场进入市场自主调整和政府宏观调控阶段，西部地区住房市场继续保持较快发展势头。以自住性需求和改善性需求带动起来的西部城市住房市场，其住房市场投资投机性成分少。2008 年的经济危机及国家宏观调控影响到东部城市大量的投资投机性需求，而对西部城市住房市场发展则影响不大。在东部城市房地产开发商竞争日益激烈及调控稳定性长期性预期加强的背景下，西部城市较低的土地成本及建安成本、逐渐聚集的市场需求及较大的市场发展空间促进了当地住房市场健康、稳定和快速地发展。西部城市住房市场发展水平的提高是当地国民经济和社会发展的必然性趋势，其房价收入比基本在合理区间内。结合西部城市房价收入比的合理性及房价由供求和预期共同决定，可以看出西部城市住房市场发展健康状况整体好于东部城市。

四、基于时差相关的东北部城市房价影响因素分析

1. 东北部城市房价影响因素备选指标的先行、同步及滞后性质判断

（1）沈阳房价影响因素备选指标的先行、同步及滞后性质判断。

采用时差相关性分析方法对沈阳房价及其影响因素之间的时差相关系数进行判断。从表6－40可以看出：沈阳房价影响因素的先行指标有房地产开发投资、施工面积、竣工面积、新开工面积、房地产开发企业预期、销售面积、购房意愿、房价预期、土地价格、房地产开发资金来源、GDP、物价指数、就业率和上证指数，共14个指标；同步指标为货币供给，共1个指标；滞后指标有土地需求面积、房贷利率、财政支出、人均可支配收入、宏观经济景气指数和一般贷款利率，共计6个指标。

根据各指标的有效时差相关系数一般应大于0.5的原则，最后判断得出有效先行指标为房地产开发投资、施工面积、房地产开发企业预期、销售面积、购房意愿、房价预期、土地价格、房地产开发资金来源、GDP和上证指数，共计10个；有效同步指标为货币供给，共计1个；有效滞后指标为土地需求面积、财政支出、人均可支配收入和宏观经济景气指数，共计4个指标。

表 6－40　沈阳房价影响因素备选指标的先行、同步及滞后性质判断

一级指标	二级指标	相关系数最大值	先行/滞后指标	先行/滞后期
供给	房地产开发投资	0.6725	先行指标	8 期
	施工面积	0.8922	先行指标	7 期
	竣工面积	0.3958	先行指标	8 期
	新开工面积	0.4729	先行指标	8 期
	房地产开发企业预期	0.7571	先行指标	6 期
需求	销售面积	0.5070	先行指标	7 期
	购房意愿	0.7963	先行指标	6 期
	房价预期	0.5308	先行指标	5 期
土地市场	土地需求面积	0.6579	滞后指标	8 期
	土地价格	0.9739	先行指标	8 期
房地产金融	房地产开发资金来源	0.7040	先行指标	8 期
	房贷利率	0.2558	滞后指标	8 期
宏观环境	GDP	0.7240	先行指标	8 期
	财政支出	0.7643	滞后指标	2 期
	货币供给	0.9798	同步指标	0 期
	人均可支配收入	0.7723	滞后指标	2 期
	宏观经济景气指数	0.7951	滞后指标	8 期
	物价指数	0.4264	先行指标	5 期
	就业率	0.4006	先行指标	8 期
	一般贷款利率	0.4708	滞后指标	8 期
	上证指数	0.5376	先行指标	3 期

（2）大连房价影响因素备选指标的先行、同步及滞后性质判断。

采用时差相关性分析方法对大连房价及其影响因素之间的时差相关系数进行判断。从表 6－41 可以看出：大连房价影响因素的先行指标有房地产开发投资、施工面积、竣工面积、新开工面积、房地产开发企业预期、销售面积、购房意愿、房价预期、土地需求面积、土地价格、房地产开发资金来源、房贷利率、GDP、物价指数和就业率，共 15 个指标；同步指标有 0 个；滞后指标有财政支出、货币供给、人均可支配收入、宏观经济景气指数、一般贷款利率和上证指数，共计 6 个指标。

根据各指标的有效时差相关系数一般应大于 0.5 的原则，最后判断得出有效先行指标为房地产开发投资、施工面积、房地产开发企业预期、购房意愿、房价预期、土地价格、房地产开发资金来源和 GDP，共计 8 个；有效同步指标为 0 个；有效滞后指标有财政支出、货币供给、人均可支配收入、宏观经济景气指和上证指数，共计 5 个指标。

表 6－41　大连房价影响因素备选指标的先行、同步及滞后性质判断

一级指标	二级指标	相关系数最大值	先行/滞后指标	先行/滞后期
供给	房地产开发投资	0.6789	先行指标	6 期
	施工面积	0.9080	先行指标	2 期
	竣工面积	0.3130	先行指标	6 期
	新开工面积	0.4408	先行指标	6 期
	房地产开发企业预期	0.6784	先行指标	7 期
需求	销售面积	0.4650	先行指标	5 期
	购房意愿	0.7749	先行指标	6 期
	房价预期	0.5784	先行指标	8 期
土地市场	土地需求面积	0.2231	先行指标	6 期
	土地价格	0.9801	先行指标	1 期
房地产金融	房地产开发资金来源	0.7182	先行指标	5 期
	房贷利率	0.3105	先行指标	8 期

（续表）

一级指标	二级指标	相关系数最大值	先行/滞后指标	先行/滞后期
宏观环境	GDP	0.6277	先行指标	6 期
	财政支出	0.7488	滞后指标	3 期
	货币供给	0.9743	滞后指标	8 期
	人均可支配收入	0.7568	滞后指标	2 期
	宏观经济景气指数	0.6800	滞后指标	8 期
	物价指数	0.4103	先行指标	4 期
	就业率	0.4871	先行指标	8 期
	一般贷款利率	0.4301	滞后指标	8 期
	上证指数	0.5102	滞后指标	5 期

（3）长春房价影响因素备选指标的先行、同步及滞后性质判断。

采用时差相关性分析方法对长春房价及其影响因素之间的时差相关系数进行判断。从表 6－42 可以看出：长春房价影响因素的先行指标有房地产开发投资、竣工面积、新开工面积、销售面积、购房意愿、土地需求面积、房地产开发资金来源、就业率和上证指数，共 9 个指标；同步指标为土地价格，共 1 个指标；滞后指标有施工面积、房地产开发企业预期、房价预期、房贷利率、GDP、财政支出、货币供给、人均可支配收入、宏观经济景气指数、物价指数和一般贷款利率，共计 11 个指标。

根据各指标的有效时差相关系数一般应大于 0.5 的原则，最后判断得出有效先行指标为房地产开发投资、销售面积、购房意愿、房地产开发资金来源和上证指数，共计 5 个；有效同步指标为土地价格，共计 1 个；有效滞后指标为施工面积、房地产开发企业预期、房价预期、GDP、财政支出、货币供给、人均可支配收入和宏观经济景气指数，共计 8 个。

表 6－42　长春房价影响因素备选指标的先行、同步及滞后性质判断

一级指标	二级指标	相关系数最大值	先行/滞后指标	先行/滞后期
供给	房地产开发投资	0.6229	先行指标	6 期
	施工面积	0.9496	滞后指标	6 期
	竣工面积	0.4323	先行指标	1 期
	新开工面积	0.4429	先行指标	6 期
	房地产开发企业预期	0.7896	滞后指标	3 期
需求	销售面积	0.6239	先行指标	1 期
	购房意愿	0.7245	先行指标	6 期
	房价预期	0.6412	滞后指标	3 期
土地市场	土地需求面积	0.4639	先行指标	6 期
	土地价格	0.9554	同步指标	0 期
房地产金融	房地产开发资金来源	0.6861	先行指标	2 期
	房贷利率	0.4796	滞后指标	1 期
宏观环境	GDP	0.6957	滞后指标	2 期
	财政支出	0.7837	滞后指标	7 期
	货币供给	0.9360	滞后指标	8 期
	人均可支配收入	0.7156	滞后指标	7 期
	宏观经济景气指数	0.6469	滞后指标	8 期
	物价指数	0.3903	滞后指标	8 期
	就业率	0.4407	先行指标	8 期
	一般贷款利率	0.3576	滞后指标	7 期
	上证指数	0.5056	先行指标	8 期

（4）哈尔滨房价影响因素备选指标的先行、同步及滞后性质判断。

采用时差相关性分析方法对哈尔滨房价及其影响因素之间的时差相关系数进行判断。从表 6－43 可以看出：哈尔滨房价影响因素的先行指标有新开工面积、房地产开发企业预期、购房意愿、房价预期、土地价

格、物价指数、就业率和上证指数，共 8 个指标；同步指标有 0 个；滞后指标有房地产开发投资、施工面积、竣工面积、销售面积、土地需求面积、房地产开发资金来源、房贷利率、GDP、财政支出、货币供给、人均可支配收入、宏观经济景气指数和一般贷款利率，共计 13 个指标。

根据各指标的有效时差相关系数一般应大于 0.5 的原则，最后判断得出有效先行指标为房地产开发企业预期、购房意愿、房价预期、土地价格和上证指数，共计 5 个；有效同步指标为 0 个；有效滞后指标有房地产开发投资、施工面积、销售面积、土地需求面积、房地产开发资金来源、GDP、财政支出、货币供给、人均可支配收入和宏观经济景气指数，共计 10 个指标。

表 6 -43　哈尔滨房价影响因素备选指标的先行、同步及滞后性质判断

一级指标	二级指标	相关系数最大值	先行/滞后指标	先行/滞后期
供给	房地产开发投资	0.6117	滞后指标	2 期
	施工面积	0.9159	滞后指标	5 期
	竣工面积	0.4202	滞后指标	5 期
	新开工面积	0.4607	先行指标	7 期
	房地产开发企业预期	0.7816	先行指标	6 期
需求	销售面积	0.5215	滞后指标	1 期
	购房意愿	0.8107	先行指标	8 期
	房价预期	0.5642	先行指标	8 期
土地市场	土地需求面积	0.6347	滞后指标	4 期
	土地价格	0.9688	先行指标	8 期
房地产金融	房地产开发资金来源	0.7142	滞后指标	1 期
	房贷利率	0.2743	滞后指标	7 期

（续表）

一级指标	二级指标	相关系数最大值	先行/滞后指标	先行/滞后期
宏观环境	GDP	0.6778	滞后指标	1 期
	财政支出	0.7567	滞后指标	1 期
	货币供给	0.9733	滞后指标	8 期
	人均可支配收入	0.7417	滞后指标	1 期
	宏观经济景气指数	0.7017	滞后指标	8 期
	物价指数	0.4702	先行指标	4 期
	就业率	0.3853	先行指标	8 期
	一般贷款利率	0.4827	滞后指标	7 期
	上证指数	0.5431	先行指标	2 期

2. 东北城市房价与影响因素之间的相关性分析

从以上数据和分析可知：沈阳有 10 个有效先行指标，分别是房地产开发投资、施工面积、房地产开发企业预期、销售面积、购房意愿、房价预期、土地价格、房地产开发资金来源、GDP 和上证指数；大连有 8 个有效先行指标，分别是房地产开发投资、施工面积、房地产开发企业预期、购房意愿、房价预期、土地价格、房地产开发资金来源和GDP；长春有 5 个有效先行指标，分别是房地产开发投资、销售面积、购房意愿、房地产开发资金来源和上证指数；哈尔滨有 5 个有效先行指标，分别是房地产开发企业预期、购房意愿、房价预期、土地价格和上证指数。

从以上各城市的先行指标可以看出，房价的 21 个备选影响因素中有 10 个指标均不同频次地出现在城市房价先行指标中，按照频次出现的高低顺序排列分别是：首先，购房意愿是 4 个城市房价的有效先行指标，作为有效先行指标出现频次最高；其次，作为 3 个城市房价的有效先行指标有房地产开发投资（沈阳、大连、长春），房地产开发企业预期（沈阳、大连、哈尔滨），房价预期（沈阳、大连、哈尔滨），土地价格（沈阳、大连、哈尔滨），房地产开发资金来源（沈阳、大连、长春），上证指数（沈阳、长春、哈尔滨）；再次是作为2个城市房价的有效先行指标有施工面积（沈阳、大连），销售面积（沈阳、长春），GDP（沈阳、大连）。

表6－44　东北部4个城市房价有效先行指标

先行指标	城市
购房意愿	沈阳 大连 长春 哈尔滨
房地产开发投资	沈阳 大连 长春
房地产开发企业预期	沈阳 大连 哈尔滨
房价预期	沈阳 大连 哈尔滨
土地价格	沈阳 大连 哈尔滨
房地产开发资金来源	沈阳 大连 长春
上证指数	沈阳 长春 哈尔滨
施工面积	沈阳 大连
销售面积	沈阳 长春
GDP	沈阳 大连

从东北部城市房价有效先行指标可以看出，东北部城市房价先行影响因素除了预期因素外，与中西部城市一样，代表供给的房地产开发投资和施工面积及竣工面积影响作用加大，代表土地市场的土地价格和代表金融支持的房地产开发资金来源影响作用得到充分的体现。

2000—2003年住房全面市场化初期阶段，东北部城市住房市场发展水平较低。该时期东北部地区国民经济相对于经济快速发展地区而言发展滞后，住房市场发展没有被有效带动起来。城镇人均住宅建筑面积居于全国倒数水平，住房市场发展滞后。2004—2007年住房全面市场化的需求集中释放阶段，正是东北部城市在“振兴东北老工业基地”战略的提出及实施阶段，东北部城市的经济地位及社会地位得以提高，住房市场预期看好。在良好的产业基础、国家政策的倾斜及丰富的物质资源的带动下，其经济发展水平得以提升，从而有效带动了住房市场发展。2008—2011 年住房全面市场化的经济危机及严厉宏观调控阶段，因东北部地区住房市场同样是以自住型及改善型需求拉动起来的，因此东北部住房市场受经济危机及严厉宏观调控影响不大，住房市场保持持续快速发展之势，而居民收入发展水平相对于继续快速发展的住房市场而言其发展水平滞后，房价收入比呈现上升趋势。自 2012 年以来，东北部房价收入比整体上为下降趋势，房价收入比基本在合理区间之内，住房市场健康发展状况得以提升。

第七章 国际经验及启示

通过对各类城市房地产市场现状、房价合理性评价及影响因素分析之后，我们发现，我国一线城市、二线城市和三线城市 2000 年以来房地产市场均取得了较大的发展。城市房地产市场发展的同时也有许多问题陆续出现。如一线城市房价收入比过高，城镇居民购房支付能力低，房价受预期和投资因素影响过重；二线城市房价收入比在与一线城市相比较低的情况下，其房价收入比超出合理区间，而且有上升趋势，其影响因素和一线城市相同，也是受预期和投资因素影响大，说明住房作为投资商品的属性偏重；三线城市房价收入比在合理区间内，居民购房支付能力较强，房价除了受预期因素影响外，还受到需求、供给、土地市场和金融环境的综合影响，房地产市场健康程度整体上好于一、二线城市。但是也要注意到三线城市库存过剩，居民需求不足等诸多问题。从以上一、二、三线城市之间的不同问题，我们知道我国各类城市之间，以及同一类城市之间房地产市场发展的不同特征和问题。那么如何解决这些问题？我们要借鉴国外房地产市场发展的经验促进我国房地产市场的平稳发展，对城市实行不同的调控措施。

第一节　主要国家促进房地产市场健康发展的经验总结

一、欧美国家经验总结

（一）美国经验总结

1. 多管齐下的立法保障

严密而多层次的住房立法保障是美国促进房地产市场健康发展得以有效实现与贯彻的根本保障和重要举措。美国《住房法》《住房和社区发展法》《优质住房与工程责任法》《国民可承担住宅法案》和《公房管理改革法》等多部法律相继规定其住房保障的主体是政府，而立法的宗旨就在于“居者有其屋”，从而有序地推动了解决低收入居民住房问题的进程（张富强，2014）。为了有效保障不同收入阶层的住房问题，美国先后颁布了《合众国住房法》《城市重建法》《国民住宅法》和《综合住宅法案》等，立法的范围从建造者和住房者两方面入手，在保障性住房建造者方面，主要是提供较低的贷款利息率，扩大廉租房的建造规模。在住房者方面，主要是收取较低的租金，低收入者住房租金虽然便宜但是数量有限，需要严格地筛选入住人员以及及时更新低收入者的收入数额，以便管理低收入者的入住（赵越，2017）。通过在居民自住性住房和租用性住房两方面的立法规定和保障，美国政府促进了中低收入阶层特别是低收入阶层的住房能力和水平。由此可见，多管齐下的立法保障是促进住房市场与居民收入协调发展的根本保障与重要举措。目前我国在保障居民基本住房权及促进中低收入阶层住房方面缺乏有效及多层次的住房立法保障，美国多管齐下的立法保障对我国具有重要借鉴作用。

2. 多层次的住房供给

住房是生活的必需品，但是鉴于不同收入等级人群的住房负担能力及政府可保障的能力及水平的不同，针对不同收入人群采取不同的住房供给方式是发达国家保障住房市场与居民收入协调发展的重要经验，美国在这一方面做得较为出色，值得我国借鉴。美国政府在对不同城市不同居民收入线进行每年划分的前提下，按照不同收入等级对不同等级居民提供多层次的住房供给。其一，高收入者住房供给主要通过商品房市场由市场交易提供，通过商品房销售价格及政府税收等宏观政策对高收入者的住房供给进行自动调节。其二，中等收入阶层住房供给主要是保障性住房的提供。一方面，政府通过控制住房供给户型、销售价格和供给对象，对房地产开发商住房供给户型及价位进行一定的控制。另一方面，政府给予中等收入阶层一定的购房贷款利息优惠，通过房贷利息冲抵个人收入所得税的方式提高中等收入阶层的购房支付能力。中等收入阶层住房供给问题往往是处于高收入阶层市场供给和低收入阶层保障性住房供给中间的被忽视的问题，目前我国中等收入阶层的住房供给问题正面临这一问题的考验，严厉的财税及住房信贷政策对住房投资投机性需求进行打压的同时，对中等收入阶层的刚性需求也产生了打压，如何有效区分中等收入阶层的刚性需求及加强对其住房供给的支持是中国房地产市场宏观调控亟须解决的问题。

美国政府在廉租房方面和住房租金补贴方面的经验值得我们学习。一方面，通过房地产管理部门——住房和城市发展部，向未达到所在城市居民家庭平均收入80%的低收入居民家庭直接提供低租金的廉租房。另一方面，在住房租金补贴方面，美国政府目前采用的最主要的补贴方式是用房租代金券直接补贴租户（刘彤、刘亚臣等，2016）。美国政府在保障低收入者的住房问题方面，主要是提供廉租房的同时提供租金补贴，补贴方式是利用住房券。住房券补贴方式是从住房供给的“砖头补贴”模式向住房需求的“人头补贴”模式转变的有效方式。我国目前保障低收入者住房问题的方式是政府直接建造房子供低收入人群居住，相较于我国的保障住房方式而言，这种对低收入阶层住房供给方式的优点主要体现在：其一，节省了政府的行政成本。在政府直接参与建设及实物配租的住房供给方式情形下，政府不仅要投资建设保障性住房还要参与保障性住房的运营过程。而在实施住房补贴的背景下，政府只需要在具备完善的进入退出机制的前提下对低收入家庭住房申请进行资格审核后发放住房补贴，政府成本降低的同时效率也提升了。其二，住房补贴方式在促进住房市场与居民收入协调发展的前提下最大化地保证了住房的市场化特征。住房补贴方式最大限度地避免了政府直接参与保障性住房投资建设及运营对住房市场正常竞争的影响，且也能最大化满足各家庭根据自身住房消费倾向对住房地理位置等的需求，并避免由同一供给住房造成特定收入居民家庭居住集中导致的社会矛盾问题。虽然美国的“人头补贴”具有以上诸多优点，但是各种补贴方式有自身适应的住房市场特征及经济社会发展阶段特征，我国目前保障性住房供给的“砖头补贴”方式与我国经济社会及住房市场发展特征是相适应的，未来保障性住房供给方式要结合自身实际情况参照美国等发达国家经验进行循序渐进的改变。

3. **发达的房地产金融**

美国政府充分利用金融手段满足中低收入阶层的住房需求，促进住房市场与居民收入协调发展的内容总结起来主要是：通过为低收入家庭提供住房贷款保险，提高其购房支付能力以此降低家庭购房首付款；通过住房抵押贷款证券化加快商业银行回笼资金，提高资金周转率；通过住房抵押贷款给低收入者提供了信用（任鹏充、任芃兴，2010）。2003年美国政府开始实施“首付款资助计划”，每年的资助基金为2万美元，主要资助款为中低收入购房资金，其数额为1万美元或者是房价首付款的6%，有力地促进了多渠道住房供给保障体系的发展（张富强，2014）。发达的房地产金融是美国促进住房与居民收入协调发展的重要保障，美国的金融机构包括私人机构和政府机构，它们都提供住房贷款，其中个人住房抵押贷款业务占美国商业银行业务的1/4，还包含各种优惠政策和还款方式。

4. 发达的住房租赁市场

发达的住房租赁市场是美国保障中低收入居民家庭住房和促进住房与居民收入协调发展的另一种重要方式。美国政府主要是通过经济手段促进住房租赁市场发展，而较少采用通过建设住房直接介入房地产市场发展。美国住房税收减免占住房政策费用总额比重达到78%，美国的联邦住房项目并没有最大化地资助低收入者住房，而对其资助最大的是出租房税收补贴项目，其来源于1986年的《税制改革法》（叶建华，2017）。美国对于租赁市场的发展主要是有比较健全的法律法规和特定的金融安排。美国通过《租金管制法》《公寓法》以及《住房法》等对房屋出租以及租金的收取进行了严格的规定。在金融支持方面，美国有联邦住房管理署通过对银行等金融机构提供保险，保证了公共租赁住房融资的平稳发展。美国政府通过为开发商降低开发成本，让房屋所有人对于房租的要求有所降低，以满足特殊人群的住房需求。

（二）英国、法国经验总结

1. 英国经验总结

（1）房屋协会作用大。

房屋协会在英国住房市场和居民收入之间的协调发展方面发挥了较大作用。英国的房屋协会是非营利机构，主要作用是吸收资金和安排低收入者的住房问题。政府对房屋协会的支持体现在将部分住房转移给房屋协会的同时给予补贴，以解决更多低收入者的住房需求（赵越，2017）。1844 年房屋协会成立，给英国大部分的无房者提供了住房机会，这些组织的出现降低了政府保障制度运行的成本。经过一段时间的发展，政府开始参与资助房屋协会，让房屋协会参与住房的建管，并设立了专项财政基金为房屋协会提供低廉租金的住房提供了资金支持。到住房私有化时期，政府对房屋协会的发展提供了更多的支持，政府不仅将房屋管理机构改造为房屋协会，还将公共住房整体有偿转让给房屋协会经营管理，在金融和财政方面也对其提供有力的支持，促进房屋协会的发展。

（2）房地产金融发达。

鼓励居民住房自有化是英国的重要特点，仅仅依靠公共财政保障住房已经不能满足资金的需要，对此，英国政府开始引导市场资金进入政府保障领域，私人资本可通过多种方式参与社会住房开发。同时，政府支持房屋协会发放债券或者申请贷款，减少其资金限制（吕洪业、沈桂花，2017）。

（3）住房保障多元化。

英国的住房保障制度经过长时间的变革形成了现在多元化的住房保障制度。多元化主要体现在保障主体和保障途径以及保障目标上。英国保障住房的多元化主要包括以下内容：第一，英国政府通过多种途径增加可负担住房的供给量；第二，英国政府以保障性住房的形式帮助首次购房者购房；第三，为私人资本参与住房建设和管理而成立住房金融公司；第四，对不同收入阶层的家庭有区分性的补贴制度，提高补贴资金利用效率；第五，推进混合社区建设，解决高收入和低收入人群独自形成富人区和贫民区的问题。

2. **法国经验总结**

（1）多管齐下促进不同收入阶层的住房与居民收入协调发展问题。

通过财政补贴、税收、金融、担保及保险等综合性政策解决各收入等级居民家庭的住房问题是法国政府协调住房市场与居民收入发展的重要措施。法国对不同收入的住房者提供不同的住房供给以保障法国公民不同层次的需求（赵越，2017）。在补贴和税收方面，政府对中低收入阶层给予住房需求方住房补贴，政府通过面授住房储蓄存款利息所得税等方式对购房者实施税收优惠，提高居民购房支付能力。另外，法国政府对住房贷款表现出了大力的支持，这些贷款主要来自商业银行和保险公司。通过将住房信贷与人寿保险充分结合来创立住房担保基金以此提高居民购房支付能力，促进住房市场与各收入阶层居民收入的协调发展。

（2）廉租房制度保障低收入阶层住房与收入的协调发展问题。

法国廉租房发展比较完善，目前已经成为法国福利制度的组成部分之一。法国现有约450万套廉租房，其占法国出租房的一半左右，占法国主要住房的17%。这些廉租房不仅有专门的机构进行管理而且其租金也比市场价格低，大概只有市场价格的1/6～1/3，其供应对象主要为中低收入阶层。在廉租房租金低的同时，政府还会提供一部分补贴，花很少的钱住到最好的房子成为法国居民的常态。对于居民来说，他们更愿意去租房，因而相应减少了购房的市场需求。为了促进廉租房市场的发展，法国还通过法律法规促进保障性住房制度的顺利实施。法国法律规定城镇人口超过5万的同时廉租房的占比不得低于1/4。之后相应颁布《城市规划和住房法》《国家住房承诺法》《可抗辩居住权法》等法案保障廉租房的发展。在法律的保障下，居民可以用法律捍卫自己作为法国公民的住房权力。（黄克，2015）法国在1956年建立“低租金住房制度”，内容是凡新开工的住宅项目必须有20%用以社会租房，以低租金出租给低收入的群体，自此廉租房成为法国租房的趋势。对于廉租房占比和廉租房租金都有相应的限制，而且对于想要租廉租房或低租房的家庭，要看家庭收入是否在国家规定的收入范围内，不同的家庭收入对于廉租房的租金的收取也是不同的。

（3）严控投机性需求。

对投机性需求的严厉控制是法国政府保障住房市场与居民收入协调发展的重要措施。法国政府为了严控投机性购房需求，对购房者征收高额地皮税、房产税及房屋空置税。在高昂的税收调节下，住房市场长期以来并没有像其他诸多国家与地区一样成为财产保值增值及投资投机的重要领域。

（三）德国经验总结

德国和新加坡在促进房地产市场平稳发展的进程中做得比较出色，本书将对德国的经验进行较为全面的总结，并在后续的章节中对新加坡经验进行重点总结。

1. 控制住房价格的经验总结

其一，货币政策。德国政府对稳定物价方面进行了严控的措施，近50年来，德国的通胀率不到3%，以较低的通胀预期降低了住房等资产价格的波动。

其二，税收制度。德国房地产税主要包括地产税、地产购置税、不动产税、二套房税和遗产与赠予税等。其中德国对首套自主性住房和二手房产转让交易的税收进行了严格区分。不动产税是按照房屋预估价值在房屋买卖时对卖方征收的税，其税率为1%～1.5%。二套房税是为了控制房地产投机而设立的最为重要的房地产税，当地政府可以对第二套或者以上住房的人进行征收，对空置房可以相应提高税率（席江浩，2017）。由此可见，德国首套自住性住房的税收基本没有，而对二手房交易转让则征收包括不动产税、交易税及增值税等的多种税收。

其三，指导价制度。德国成立控制住房价格的专门机构“房地产公共评估委员会”，其作用是负责制定当地的指导价，这类指导价具有法律效力，德国所有的房地产交易都需要在指导价格及其浮动范围内执行，使其在道德和法律范围内都受到制约。

其四，法律制度。德国对房东收取的房租也在法律方面进行了严格规定，房东的房租超过合理价格的20%就构成违法行为，超过价格的50%就构成犯罪行为，如果对于过高的房租不进行及时的更正可能会有处罚金的惩治和法律的制裁。在合理纳税范围内，租房者和购房者所被保护的权益是相同的。

2. **保障中低收入家庭住房需求的经验总结**

其一，保障性住房的供给。德国合作社共同建房占比为每年新建住房的30%以上，政府还对合作社建房给予包括税收和低利息率的贷款的政策支持。德国政府对不同收入的房屋规划有不同的占比，以此保障低收入人群的住房问题（欧阳辉、刘一楠，2016）。德国政府促进住房市场与居民收入协调发展的一项重要举措是为中低收入居民家庭提供公共福利性质的保障性住房。公共福利住房按建设供给主体分为两大类：

一类是政府，各级政府通过住房建设基金建设供给公共福利住房。另一类是房地产开发商或私人，这类供给主体的资金包括两方面，一方面是自有资金，其占全部资金的一半及以上，另一方面是政府的贷款，其在自有资金达到一定数额时可以申请低息或者无息贷款，利用这两方面资金去建设公共福利住房。两类供给主体提供的保障性住房租金一般为市场租金的 50%～60%，这在一定收入范围内保障了住房。

其二，对住房需求居民家庭的补贴。补贴制度包括对租房房租的补贴制度以及对建房购房的补贴制度。在租房方面，政府利用法律实行房租补贴，规定了享受房租补贴的人群。房租补贴的数额根据各方面因素综合确定。德国联邦政府和地方政府分别负担住房租金超过家庭收入 1/4 的一半。另外，德国专门成立了“租房者协会”“社会福利协会”“土地和房屋拥有人协会”为低收入家庭提供全面的住房保障。在建房购房方面，德国制定了一系列补贴制度，首先是政府提供给企业贴息贷款，鼓励市场资金支持保障性住房；其次是向私人建设住宅提供各种优惠政策鼓励私人建设住宅；最后是对于购买私人住宅的家庭提供补贴和购房贷款。

其三，合理的住房供给结构。德国政府在满足居民租房需求的基础上，对居民购房需求也积极予以保障，主要是通过对住房供给户型和面积的控制。德国对于户均居住面积的控制是西方发达国家中最好的，其面积最小，以 2000 年为例，德国户均住房面积少于 100 平方米（胡娟、林建永等，2010）。合理的住房供给面积大大提高了居民购房支付能力，这对于德国平稳房地产市场发展具有重要意义。对户型面积通过有效的法律手段和经济手段的联合控制保障了住房有效供给，同时也有效遏制了住房投资投机性需求。

其四，提供多元化的购房贷款渠道。德国的住房金融体系由多种金融机构参与以此形成多方相互影响的融资体系。德国最有特色的是由住房储蓄银行专业办理的住房储蓄业务。更多的储蓄者的参与使其形成一个团体，这个团体为存款人服务使其在购房时获得贷款（黄克，2015）。德国复兴信贷银行为居民家庭购房或建房提供多达30%房屋总值的低息贷款，成为德国居民家庭购房建房的重要融资渠道；另外，德国居民家庭也采用普通商业银行的住房抵押贷款方式进行购房建房，满足其住房自有需求。面对多种形式的购房贷款渠道德国居民家庭往往采用组合式的贷款形式，购房资金需求得到了充分保障。

二、亚洲国家经验总结

（一）日本经验总结

日本是典型的市场经济国家，其住房市场化发展水平较高。因日本城市化水平高与国土面积狭小的矛盾较为突出，从而导致房地产市场问题较为严重。因此日本政府促进房地产市场健康发展的经验值得总结与借鉴。

1. 住房法律制度体系的完善

与西方发达国家一样，日本住房法律制度较为完善。为了解决中低收入人群的住房问题，日本政府先后制定了《公营住宅法》《住宅金融公库法》《住宅公团法》《产业劳动者住宅资金融通法》和《住生活基本法》等40多部与住房保障密切相关的法律法规，以此保障不同收入人群的住房需求（张运书，2011）。日本在利用立法保障居民住房问题方面出台了不少政策。其中，住房金融公库作为政府机构，主要向个人建房和购买自有住房提供长期低利率贷款；公共住房由中央政府补贴，地方政府建造、拥有和管理；公团住房作为政府机构，为大都市的中等收入者建造租赁住房。日本保障性住房供应体系主要有三大主体，分别是住房都市整备公团、住房金融公库和地方住房供给公社。政府想通过建立完善的法律法规使日本的住房政策可以有一个比较好的发展趋势，政府也通过给企业低息贷款去促进民间住宅的建设（周亚楠，2018）。另外，日本政府在金融及税收方面也有积极的举措以促进中低收入居民家庭的住房需求，如通过财产登记税、不动产税和城市建设税等多种税种的减免及优惠的住房消费信贷政策来提高中低收入居民家庭的住房支付能力。对中低收入居民家庭的租金补贴及购房补贴也是日本政府惯用的方式，这样可以满足中低收入家庭的住房需求从而促进房地产市场的平稳发展。

2. 住房供给主体的多元化

在供应主体上，强调国家、市场和社会之间有计划的协作。日本住房社会政策采用自上而下的有计划的实施方式。国家和地方住房供应公社等向中低收入群体提供保障性住房抵押贷款、住房建设、出售和出租住房；私人部门主要面向于中产阶级提供商业性住房抵押贷款、进行住房建设，以及出售和出租住房。并且，任何提供保障性出租房的私人或合作社亦可获得国家的住房贷款资助或税收优惠（邓宁华，2013）。日本政府也通过信贷及税收等多种优惠措施鼓励住房供给主体的多元化。主要体现在刺激以下几大主体的积极性：其一，通过低利率贷款方式鼓励企业开发建设住房；其二，通过低税甚至是免税措施鼓励私人建设住房；其三，通过吸纳社会闲置资金发挥地方群众团体的作用促进住房建设供给；其四，日本政府组织公团采取间接开发建设而非直接建设的方式加大住房开发建设力度，提高住房供给水平。

3. 建立多层次的住房供应体系

日本政府的多层次保障住房供给体系表现为供给主体、供给对象和供给方式的多层次。供给主体既包括具有政府背景的地方公共团体、住宅公团和住宅金融公库，也包括民间非营利组织住宅供给公社和商业营利组织建设公司。供给对象主要包括公营住宅、公团住宅、公库住宅、公社住宅等。公营住宅一般由地方公共团体通过自主建房、收购和租赁民间住宅等形式形成并租赁给低收入人群。公团住宅主要面向的是中等收入群体的住房，对其进行出售和租赁，其建设主要是民间融资，并不影响政府财政。公库住宅是针对中上等收入的福利。供给方式有出租、出售、自建等。

4. 大力建设保障性住房

日本住房保障的形式包括公营住房、住宅公团、住房补贴和金融公库。在住房保障资金方面，日本住房保障的资金来源主要是财政拨款、政策性贷款和政府担保债券等。其中，政府的政策性贷款是公团、金融公库等运作资金的主要来源。日本政府对于住宅的发展和保障有相对全面的体系：一是在住房管理、住房制度、住房金融等方面形成了比较全面的住房法律体系；二是住房发展机构的设立。

在明显的“解决中低收入居民住房困难问题”住房制度目标的指导下，日本政府机构建立了集住房开发、建设和分配为一体的住房保障体系，由日本政府支持提供保障性住房的非营利机构主要有三家。住宅都市整备公团（在各地设有支社）由国家出资，面向中等收入家庭出售和租赁住房；地方政府住宅局提供的是固定价格的租赁型住房，固定价格是由政府制定的，主要是为低收入者服务；日本住宅合作社作为市场与政府之外的第三方资源配置手段，通过互助合作的形式解决城市化进程中大批工薪者的住房问题。日本政府在土地、税收等方面也给予保障性住房一定的优惠政策，这能够有效降低住房的成本，使中低收入居民有足够的购房支付能力。

日本保障性住房管理有几个方面尤其值得中国借鉴。其一，保障性住房只租不卖，有效防止了非低收入居民家庭倒买倒卖。其二，保障性住房的发放和回收机制。申请入住的居民家庭通过抽签进入申请人范围，之后接受政府收入及家庭人口数量等一系列综合条件的严格审查才能入住。并对入住者进行财产收入的动态考核，对收入提高而不再符合条件的居民家庭予以清退。

（二）韩国经验总结

与日本情况相似，韩国国土面积小和高度的城市化同样导致住房拥挤状况较为突出，从而导致住房市场与居民收入协调问题较为严重，充分借鉴韩国促进住房市场与居民收入协调发展的经验对中国具有积极意义。

1. 对投资投机性需求的严厉控制

在住房销售价格不断高企的趋势下，韩国投资投机性购房需求旺盛。韩国政府为此成立了国有公共土地公社专门对住房交易进行严格控制。从 20 世纪 70 年代开始，韩国政府对拥有两套及两套以上住房的居民家庭征收高达 35% 左右（达到普通居民家庭的 4 倍）的增值税；在首尔等全国主要投资投机地区从 2005 年开始对拥有三套及以上住房的居民家庭征收高达 60% 的增值税，再加上较高的居民税使得税率高达 75%，从而导致投资投机性居民家庭无利可图。

2. 保障性住房的建设

为了满足中低收入家庭的住房需求，韩国政府同样也采取了大力建设保障性住房的方式。韩国的住房政策主要是公共保障住房，而公共保障住房有两种：小型商品住房和公共租赁住房。小型商品住房是针对中低收入居民而建设的小型公共住房，其中中低收入者有相应的购房能力；公共租赁住房是由中央政府或地方政府建设的租赁住房。公共租赁住房包括三种类型：永久租赁房、公共租赁房和国民租赁房。政策措施的多样化保障了低收入人群的住房。

3. 对自住性购房需求的保护

韩国政府对自住性购房需求居民家庭的保护支持政策主要体现在以下几个方面：第一，推行“一户一宅”制度。购房居民家庭在购房前连续三年存入政府指定银行每年约 20 万韩元的存款，就可以在首次购买自住性住房的时候获得购房贷款。第二，对住房销售价格的控制。韩国政府 1989 年制定的《地价公示制度》对住房销售价格的“成本联动机制”（地价 + 成本指导价格）进行了规定，有效遏制了住房销售价格的过快上扬。第三，对住房供给结构的调节。韩国政府 1984 年通过的《租住房建设促进法》对商品房供给结构进行了有效规定，限定 60 平方米以下的中小户型住房要占住房供给总量的 50% 以上。

（三）新加坡经验总结

新加坡与日本和韩国类似，国土面积较小同时城市化率高。同时随着人口数量的不断增多及经济社会的持续发展，居民家庭对自住性和改善性住房需求不断增长，而新加坡政府通过多年的制度规划建设及积极实施执行有效解决了住房市场与居民收入发展中存在的诸多矛盾，在该国经济高速发展的同时，住房市场得以和居民收入实现了较为协调的发展。

1. 组屋的积极作用

建屋发展局不仅负责保障房的建设和管理，同时负责对购买公租屋的人群发放贷款，其承担了除筹集保障建设资金以外的大部分工作。建屋发展局的主要责任是负责住房抵押贷款，到目前为止保障的公租屋已经解决了80%以上新加坡人的居住问题。新加坡的组屋政策在历史的演变中主要经历了五个阶段：第一阶段是建设低成本住房和出租房用以快速解决住房危机；第二阶段是在中央公积金的支持下建设现代化公寓，并在发展公共住房的情况下实现人人有房可住；第三阶段是建屋发展局将公共住房商品化，以此延伸到中等收入家庭中去；第四阶段公共住房成为政策的工具；第五阶段公共住房开始政治化，新加坡人民对福利住房的形式印象深刻。

2. 完善的公积金制度

新加坡的公积金制度是新加坡房地产市场平稳发展的重要举措。新加坡公积金局为了让所汇集的公积金进行保值和增值，特地成立了国有投资公司，把大部分的资金交给国有投资公司管理。国有投资公司每年上缴公积金存款利率的一部分给公积金局，其余的收益完全归国有投资公司所有，亏损的部分由政府进行补贴（谢义维、江峰，2014）。新加坡中央公积金制度本来只是一个简单的养老储蓄制度。在后期的发展中加入了住房、教育和医疗制度。使用中央公积金进行购房有一定的限制，一是贷款优惠利率仅仅适用于政府组屋一级市场，二是对于支取公积金购房有一定的额度限制。公积金管理机制是统一透明的，这有利于社会各界进行监督。

3. 建立多层次的住房供应体系

新加坡采取了政府和市场相结合的形式，即中低收入阶层的住房由政府提供，高收入阶层的住房由市场供给，其中由政府提供的廉租房和廉价房即保障性住房，也称为“组屋”（黄程栋、朱丽等，2017）。高收入者的住房供给完全通过市场进行调节，虽然新加坡住房价格较高但是居民收入也相对较高，因此高收入居民家庭住房供给在完全市场化的条件下也能得以有序保障；中等收入居民家庭的住房供给以高层住宅的经济适用房为主，居民家庭通过住房公积金保障资金来源；低收入居民家庭住房需求能享受到更多的购房补贴。政府将低于市场平均价格的住房出售给低收入居民家庭，但是严格规定一定年限内不得出售转让。

4. **建设人性化的社区**

各收入等级人群住房的集中分片情况导致的一系列社会矛盾是诸多国家住房市场与居民收入协调发展普遍遇到的问题，但是新加坡在这方面则通过建设人性化的社区较好地解决了这一问题。新加坡住房发展局很重视各收入等级居民家庭居住的融合，要求社区内要有不同户型，既要有出租性的住房又要有出售性的住房，通过混合型的住房供给有效使得不同收入等级人群均聚集于社区内。同时，新加坡政府还通过一些激励政策鼓励年轻居民家庭与父母临近居住，充分体现了人性化特色。

第二节　主要城市促进房地产市场健康发展的经验总结

一、欧美城市经验总结

（一）组约经验总结

相关数据显示，美国全国房价收入比为 3 ～ 6，而纽约市房价收入比在 10 以上，高出全国 3 倍左右，纽约曼哈顿区的房价收入比达 25。

美国全国住房自有率近70%，而纽约市仅30%左右，成为美国大都市中住房自有率最低的城市之一。纽约市将近1/3的居民家庭房租支出占总收入比重达一半以上（赵恩博，2009）。在房地产市场健康问题如此突出的地区，纽约市政府的一系列促进住房市场与居民收入协调发展的举措值得我国特别是一线城市借鉴。

1. 推行“新屋市场计划”

“新屋市场计划”从两个方面加强对中低收入居民家庭的住房供应问题。其一是新建中低价位住房，以增加住房有效供给提高中等收入居民家庭购房支付能力。其二是翻修政府补贴即将到期的住房，增加住房市场供给和住房质量。纽约市重视及严格执行“新屋市场计划”主要归结于政府对保障性住房的重视。纽约市作为国际性大都市，住房市场与居民收入协调发展矛盾突出。政府对中低收入阶层住房问题的举措充分显示了政府对住房市场与居民收入协调发展的重视。为了缓和社会矛盾及促进纽约市长期稳定可持续发展，政府必须重视解决中低收入居民家庭住房问题。

2. 加大中低收入居民家庭的住房供给

政府为了保障中低收入居民的住房需求，通过一系列的优惠及鼓励政策促进房地产开发商对中等收入居民家庭住房的有效供给。低收入住房项目的开发主体为政府和私人，其模式是政府开发、私人投资开发和两者相结合的开发。政府合作的资金来自税收、财政拨款和发行债券等。直接开发的私营企业因为多种因素所形成的经验可以在资本市场上筹集到建房资金。政府和私人的合作主要通过政府进行拨款、私营企业发行债券和政府对企业进行税收减免等建设房屋。

3. 多元化方式确保保障性住房土地供应

保障性住房的土地供应是确保保障性住房充分供给的关键，纽约市政府为了确保该类住房土地供应的充足，多管齐下提高土地供应。第一，征用公有地产。政府征用价格优惠的其他政府部门闲置的土地，以开发中低价位的保障性住房。第二，提高土地利用率。纽约市政府通过在土地资源利用率较低的工业区或在交通枢纽周边建筑密度较小区域建设保障性住房，提高土地利用率。第三，组建土地银行。政府通过组建土地银行专门从事土地交易，购买私有市场土地以用于开发建设保障性住房。

（二）伦敦经验总结

随着伦敦的经济发展，伦敦的房价也在迅速升高中，低收入家庭甚至中收入家庭都无法保障住房。在这样的情况下，伦敦采取了一系列的措施控制房价上涨和保障中低收入人群的住房需求。

1. 住房和财税政策的支持

在住房政策方面，一是在租金方面对低收入家庭进行保障，为其提供政府公房；二是提供住房津贴，这个主要是针对租用私人住房的低收入者；三是抵押贷款政策的支持，这个主要针对自有住房的居民；四是鼓励居民分步购房，主要方式是产权共享。在财税政策方面，通过对不同阶层的收入人群进行住房阶层的划分，然后针对不同的住房采取不同的税率。一方面对房子的购买者采取不同的印花税，价值 25 万～50 万英镑的住房要按房价 3%～4% 缴税，而房价不足 17.5 万英镑的住房无须缴税；另一方面对转卖第 2 套及以上住房的销售者征收相当于收益部分 10%～40% 不等的增值税。

2. 增加住房用地供给

伦敦对于增加住房用地供给方面有不同的时期特性。在早期，重点放在已开发地区住房上面，注重存量房土地规划；在中期则通过改变用地的功能促进土地的混合利用，主要体现在工业和商业用地方面；在后期通过生态化改造优先在棕地上开发住房。

3. 保障性住房建设

伦敦对于保障性住房的建设的力度是巨大的。为了增加保障房的住房供给，政府同意对现有住宅区域附近的非住宅区进行开发户型较小和成本较低的住房。此外，政府通过协议要求房地产开发商在进行房地产开发时要有一定比例的可支付性住房。政府也通过对私人机构开发住宅的规定，要求其提供相应的保障性住房。

（三）巴黎经验总结

在中国房价高速上涨的过程中，我们可以看到巴黎的房价保持平稳并没有太大的变化，法国政府通过相应的政策和措施来保持房价平稳和房地产市场的健康发展。

1. 法律法规政策抑制房价上涨

法国政府对土地交易的价格有严格的控制，凡是国有、公有土地一定要按照国家规定的价格进行交易，所以这类土地的买方一般是租赁住房机构，他们用这个土地建设福利房。另外，凡是法国批准的建房项目一定包含30%的低租金住房。出租的房屋的租金被限制在一定租金范围内，而且租金不得随意上涨，以此保障租房者的权益。

2. 税收方面的措施比较全面

法国对于外来机构对房产的投资，要在出租期间每年缴纳房产价值比例的增值税和出售后增值部分的升值税。对于非自己居住的房产需要缴纳房产税和拥有期限不超过30年的第二、三套房产升值后的升值税，这些税费是统计在个人收入中的，此后还要交收入所得税，也就是双重交税。对于没有人居住的房屋要缴纳房屋空置税。

二、亚洲城市经验总结

（一）香港地区经验总结

香港地区的特点是地少人多，但是香港也是房价地价同时高企和住房高福利同时并存的地区。香港特区政府通过多年的努力，使一半以上的中低收入居民家庭通过保障性住房来满足住房需求。总体来看，香港地区住房市场与居民收入协调发展的经验主要有：

1. **保障性住房的建管较为到位**

保障性住房在建设上和管理上都非常严格。为确保建房质量，中国香港特区政府对承办商的考察十分严格，不仅对初期房屋建设高要求，对后期配套基础设施建设更是高要求。中国香港住房的管理机构是由香港特区政府和私人机构共同支持的，香港特区政府制定长期计划并负责房屋的建造和发售，香港特区政府委托私人机构承担部分项目（代懋、李若冲，2016）。在高位运行的住房价格下中低收入居民家庭无法完全通过市场满足住房需求，为此香港特区政府致力于保障性住房的建设以增加住房有效供给。香港特区政府在保障房的建设、组织和管理方面都是主导地位，通过对资源的调动解决大多数公民的住房问题。1987—2001 年，香港特区政府先后推出“居者有其屋”计划、“租者置其屋”计划、“夹心阶层住屋”计划和“长者安居乐”计划，对公共房屋的规模进行了进一步的扩大以此让所有家庭拥有合适的房屋。除了香港特区政府作为保障性住房建设主体之外，香港特区政府还积极鼓励房地产开发商进入保障性住房建设领域以扩大保障性住房供给。房地产开发商可以以低于市场价格的土地价格从香港特区政府手里获取土地建设保障性住房，房地产开发商合理利润得以保障的同时也为社会提供了更多的保障性住房。在通过香港特区政府和房地产开发商大力开发建设保障性住房的同时，香港特区政府通过较为科学合理的分配制度及进入退出机制保证保障性住房的有效管理，保障了公平合理，真正体现了保障性住房的社会功用。

2. 关注中等收入夹心阶层的住房问题

中等收入居民家庭的住房问题往往处于市场与保障性住房供给的中间阶段，一直是住房问题较为突出但同时也为香港特区政府管理所忽视的问题。1993 年的“夹心阶层住屋”计划是面向中等收入夹心阶层，香港特区政府与房屋协会合作维持房价在相对可承受范围内（代懋、李若冲，2016）。香港特区政府委托非营利性组织进行中等收入阶层的房屋供应建设管理，房屋协会享受到无偿获取土地及低息贷款等优惠政策进行住房开发，从而保障房屋协会提供住房价格低于市场价格，以满足特殊家庭的住房需求。

3. 保障性住房建设的人性化设计

与新加坡一样，香港地区保障性住房建设也同样很注重人性化设计以避免社会矛盾的产生。在保障性住房选址和规划上注重交通的便利及公共设施的完善，从而有效避免“城市贫民区”和“城市孤岛”的出现；在保障性住房建设上注重建设配套公共设施，为居民家庭日常生活及就学就医提供便利；在保障性住房分配上注重公平合理，针对不同居民家庭收入及人口等综合性因素配以不同户型不同面积的住房。为了对社区进行严格管理，香港房屋署在公屋社区建立了租户和业主的互助委员会，以及成立了部分自治团体和爱心团体，去帮助就业和做爱心义工等行动，这些非政府团体补足了香港特区政府的缺陷，对低收入居民的住房问题进行了相应的帮助。

（二）东京经验总结

东京住房市场及住房价格波动起伏较大。1987 年东京住房市场开始快速发展，至 1990 年左右达到高峰值。房价的上涨跟土地价格的上涨有很大关系。2005 年东京住房价格实现了 1990 年以来的首次上涨，随后住房市场及住房价格进入了稳定发展阶段。在这一阶段里房价的波动并没有影响到房价收入比，房价收入比保持稳定维持在 7 ～ 8（赵恩博，2009）。住房市场波动起伏大，而房价收入比却较为稳定。东京住房市场与居民收入较为协调发展的经验值得中国借鉴。

1. 供求较为平衡

保持住房市场供需的基本平衡及供给稍微超过需求的状态是保障房价收入比较为稳定的重要方面，只有供求基本平衡才能有效抑制住房价格的过高且过快上涨。从 20 世纪 70 年代开始，东京住房存量就呈现出超过居民家庭户数的态势，之后甚至出现过度超量的现象。以 1993 年为例，东京住房存量达到 530 万套，超过居民家庭户数比重 12% 左右（夏沁芳、仲长远等，2011）。住房市场供给大于需求的状态是保障住房价格稳定的根本所在，确保住房供给与居民家庭总户数相差无几或者是供给稍微超过需求才能促进住房市场的平稳发展以及和收入相协调的发展。

2. 户型面积偏小

严格控制户型面积是日本及东京房价收入比保持稳定的重要方面。从日本全国来看，1991 年住房价格达到最高值 6700 美元/米^2，但是房价收入比却低于 8，主要原因在于当时单套住宅平均面积仅 65 平方米左右，有效拉低了房价收入比。从东京来看，除了 1990 年左右房价收入比达到最高值 22，其他年份维持在 7 ～ 8（赵恩博，2009）。可见，日本较为稳定的房价收入比的重要原因在于户型面积较小。

3. 现有存量房的翻新

东京非常注重存量房的翻新，二手房交易为住房交易的主要部分。现有存量房的翻新及维修能有效避免大建大拆，有利于促进资源的可持续发展和体现城市特征。“二战”后虽然东京经历了较大规模的建设，但是在合理城市规划的引导下，城市建设同样避免了大规模重新建设。对现有存量房翻新及维修保护的重视使得东京新建住房比例一直较低，二手房交易比例较高。这有效降低了住房成本，促进了房地产市场健康发展。

4. 自有住房与租赁住房并重

东京因为住房价格较高及人口数量众多的因素，所以住房租赁市场发展较快。日本全国居民家庭租房比例占 40% 左右，而东京则达到 55% 左右，东京的住房自有率远低于日本全国的水平（刘鸿程，2007）。租赁住房市场较为发达及成熟为解决中低收入居民家庭住房问题提供了较好的客观条件，成为协调住房市场与居民收入均衡发展的重要途径。

（三）首尔经验总结

1. 对投机性购房的打击

投机性购房一直是各个国家和城市要严格治理的行为，首尔采取了严格的税收政策去抑制这种行为的发生。如首尔对拥有 3 套以上住宅的居民户转让房地产时要收取比较高的转让税。

2. 保障性住房的建设

首尔对于住房有专门的建设机构，分别是韩国土地住宅公社和首尔市住宅公司，它们对应不同阶层的收入进行住房供给，现阶段的供给类型分为公共出售房、公共租赁住房（永久租赁住宅、国民租赁房和公租房）。韩国政府在 1988 年颁布的《两百万建屋计划》中划分了等级，并对划分的等级采取不同的公共住房政策。每年 2 月针对统计部门公布的家庭月收入定位其等级，根据等级确定住房，这种根据收入确定住房的方法有效保障了不同收入人群的住房需求。

第三节　启　示

一、政府需要加强对房地产市场健康发展的重视

以上国家和地区在促进房地产市场健康发展的一大共同经验及对中国的启示就是政府要对此问题充分重视。资本主义国家在 19 世纪进入了快速发展时期，该时期同样也是住房问题受到各界质疑的时期。经历了 19 世纪长达一个世纪的激烈探讨和争论，进入 20 世纪，西方发达国家逐步确立起了住房开发供应理论。在对原来的观点进行否定的基础上提出了单靠市场调节不能很好地解决居民的住房问题，需要政府介入进行住房供应。自此注重保障性住房建设及保障中低收入居民家庭的住房需求成为西方国家政府的共同选择。

中国住房全面市场化时间较短，1998 年以来至今短短二十几年中国住房市场经历着快速发展与繁荣发展的过程，但是在发展中诸多矛盾和问题逐渐显现出来，特别是住房市场与居民收入发展的协调问题值得政府高度重视。据实证数据显示，因中国贫富差距较大导致中国 60% 居民家庭购房支付能力不足，完全靠市场无力解决该部分居民家庭的住房

问题。1998年以来住房全面市场化大大促进中国住房市场发展与满足居民因收入提高而上升的住房需求的同时，存在着住房过度市场化问题，房地产市场健康程度不足。在未来中国房地产市场发展方面，要更多地强调政府对低收入、中低收入及中等收入居民家庭住房问题的重视与责任，促进住房市场由过度市场化向适度市场化、强化政府有所作为的市场化转型。

二、建立与居民收入相匹配的多层次住房供应体系

西方国家注重建立与居民收入相匹配的多层次住房供应体系：市场解决高收入居民的住房需求；而处于中间的“夹心层”中等收入居民家庭在西方国家也没有被忽视，部分国家还成立了机构或社会团体获得政府各方面优惠政策从而向中等收入居民家庭提供处于市场价格和保障性住房价格之间的房屋，满足中等收入居民家庭的住房需求；低收入居民家庭主要通过保障性住房来解决住房问题，不仅包括保障性住房供给方的“砖头补贴”，还包括保障性住房需求方的“人头补贴”。并且对低收入家庭进行等价区分，进行严格的监督，让保障可以更加有效。中国住房保障也要注重与不同收入居民家庭收入相适应：高收入及中高收入居民家庭通过市场获得住房；低收入及中低收入居民家庭通过扩大保障性住房建设供给保障其住房需求。这是中国住房保障制度正在努力的目标且正在践行，但是也要注意到目前的住房保障忽视了一个重要的社会阶层，就是中等收入阶层。鉴于中国的现实情况，中国居民收入分配差距大及部分城市房价过高过快上涨的现实，以一线城市为代表的房价过高且过快上涨城市的中等收入阶层与低收入及中低收入居民家庭一样面临着购房支付能力不足的问题，对这部分收入居民家庭的住房保障问

题需要结合国情借鉴经验进行解决。

三、建立健全住房法律制度体系

政府对住房市场与居民收入协调发展重视的根本体现在于法律制度体系的建立与完善。法律法规的规范会更加有效地促进房地产市场平稳发展。从以上国家和地区住房市场与居民收入协调发展的经验可知，发达国家基本都有适合各国特点的住宅法，如日本制定了《公营住宅法》《地方住宅供给公社法》及《住宅地区改善法》等相互配套互为补充较为完善成体系的住房法律制度。从法律制度的内容来看，各国（地区）法律政策制度一般包括住房政策制度目标、住房用地供应保障及规划、住房产权、中低收入居民家庭住房保障及住房金融等内容。其中住房政策制度目标是基础，只有较为科学合理的住房政策制度目标才能为住房政策制度体系构筑稳固基础。从以上国家和地区住房政策制度内容也可以看出，发达国家基本都有较为明确的住房政策制度目标。如新加坡“居者有其屋”的计划目标；美国住宅法明确规定“尽可能通过私人企业和政府的支持，使每个美国家庭有舒适的住房和适宜的居住环境”。由此可以看出，住房政策制度目标立足于大众，满足所有居民家庭的住房需求是政府解决住房问题的终极目标，体现了住房问题的基础性和重要性。

实现“居者有其屋”的住房政策制度目标的重中之重是解决中低收入居民家庭的住房问题，而政府作为国家经济社会的调控者与管理者，自然而然地承担着保障中低收入居民家庭住房基本需求的责任和义务，从而使住房保障制度往往成为住房政策制度的重要内容。西方国家住房保障制度主要通过两方面来得以完善：其一是依照法律成立专门的住房保障部门实施法律法规保障政策制度的有效执行；其二是通过法律政策制度规范和引导市场经济主体行为，促进及鼓励市场主体对保障性住房供给需求及管理的支持，以实现住房保障制度落到实处。

四、加强保障性住房的供应

住房权利是居民家庭基本权利，而这种权利对于中低收入家庭来说没有相应的能力去捍卫。发达国家促进住房市场与居民收入协调发展的重要经验就是在住房政策制度目标的指引下和在住房保障制度的规范下重视政府在保障性住房供应及管理中的主体地位，通过政府对保障性住房的大力支持满足中低收入家庭的住房需求。发达国家加强保障性住房供应的措施主要体现在两个方面。一方面是政府作为供给主体要尽量发挥其作用。从规划、开发建设到管理政府一直处于主体地位，作为保障性住房供给主体向社会提供低于市场价格出售的住房或是只租不售的住房。同时对保障性住房的各方面进行严格管理确保保障性住房的公开公平公正。另一方面，政府作为宏观调控者鼓励房地产开发商及私人部门从事保障性住房的开发建设。政府往往通过土地价格优惠政策、财政税收及金融信贷等优惠政策刺激房地产开发商及私人部门开发建设保障性住房的积极性，确保保障性住房供应的质和量。

五、租售并举

从以上国家和地区住房市场与居民收入协调发展经验总结可以看出，发达国家特别是国际化大都市住房租赁市场都比较发达，租赁市场和销售市场的双重发展是促进房地产市场平稳发展的重要举措。虽然发达国家一般都提倡住房私有化，但是大多数国家住房自有率仅为 60%～70%，欧盟国家甚至低于 60%，相当部分居民家庭通过租赁市场来满足自身住房需求。租赁住房对于房地产市场的发展有重要意义，并非只有购买住房才是安家立业的根本，不同收入居民家庭应根据家庭自身情况综合选择购房或租房的方式。政府作为国家经济社会的宏观调控者，应保持销售市场和租赁市场的协同发展以满足不同需求。

据数据显示，中国城镇住房自有率达到 90%，并且有继续升高的态势，这同当前中国经济发展阶段及居民收入水平不协调。这一方面是因为中国居民家庭结婚安家购房观念较强，购房的重要性在短时期之内没有改变，另一方面是因为中国住房价格 1998 年特别是 2004 年以来的快速上涨加剧了居民家庭购房的恐慌心理，预期价格上涨的心理特征导致购房需求上升。发达国家经验充分表明租赁住房应是其解决住房问题的主要渠道。但是中低收入居民家庭中相当部分居民家庭对购房的刚性需求构成了住房市场与居民收入非协调发展的一大重要组成部分。另一方面也反映出中国住房销售市场与租赁市场发展的不协调，销售市场过于火爆而租赁市场发展滞后。在未来中国住房市场发展中，要注重两个市场并行的协同发展，为居民特别是中低收入居民家庭提供良好的租赁市场环境。

第八章　结论、展望及建议

本章将对城市房地产市场发展现状、城市房价合理性及各类城市房价影响因素进行总结，并结合城市房地产市场发展历史现状对未来做出趋势展望，最后结合国外房地产市场健康发展的经验启示和国内各类城市房地产现状，提出针对不同城市房地产市场健康发展的对策建议。

第一节　结　论

一、城市房地产市场发展历史和现状总结

随着各城市房地产发展中存在的问题日益突出，各城市也充分认识到了房地产市场健康发展及可持续发展的重要性，国家层面及各城市政府层面纷纷出台一系列调控政策，以促进房地产市场稳定发展。经过2016年全国及各城市住房市场主要指标高涨之后，2017年全国及各城市主要指标进入了调整期。35个大中城市涵盖了我国主要的一线、二线和三线城市，对35个大中城市房地产市场发展历史现状、房价合理状况及房价影响因素进行分析非常重要。国内外学者在房地产市场领域

的研究文献及房价影响因素的理论基础，为本书搭建了完整的理论框架。

在理论框架构建起来后，本书第四章对各类城市房地产市场发展历史和现状进行了分析。通过对全国和35个大中城市房地产开发投资、新开工面积、施工面积、竣工面积、销售面积和销售价格6个指标的分析，可以看出：住房投资温和上涨，一线城市和东北部城市增速回落；新开工面积大幅下降，降幅同比扩大；施工面积温和上升，一线城市和东部城市增速有所回升；竣工面积大幅下降，各类城市增速均大幅下降；东中部城市销售面积急速下降，多数城市增速大幅下降；各类城市房价增速均大幅下降，一线城市增速回落幅度最大。从以上指标变动趋势可以看出，2017年我国主要城市住房市场与全国基本趋势一致，各类城市住房市场均进入深化调整期。随着主要城市及全国住房市场进入深入调整期，大多数城市进入了住房市场主要指标的下行通道，大多数城市住房市场主要指标均表现为绝对量或增速的同比下降。有的城市量价齐跌，有的城市通过以价换量房价下降而销售量上升，有的城市则通过价格维稳措施维持了价格的上涨但是销售量大幅下滑。

二、城市房价合理性总结

从一线城市房价和全国房价的比较可知，一线城市房价远远高于全国平均水平，高房价必然决定高房价收入比。与高房价对应，4个一线城市房价收入比远远高于全国平均水平。一线城市房价收入比趋势与全国房价收入比整体呈现下降趋势相异，四大城市房价收入比2000—2017年整体上呈现出上升态势，特别是2005—2017年一线城市房价收入比维持在高位。

二线城市中除济南外的 9 个城市因住房价格整体上高于全国住房价格，房价收入比整体上高于全国平均水平。其中，厦门、杭州、海口和福州房价收入比整体趋势与全国相反，整体呈现上升趋势；南京、天津、宁波、青岛和石家庄呈现出较为明显的两阶段特征：2000—2009 年房价收入比整体上呈现出下降趋势，但是从 2010 年开始房价收入比反弹，整体呈现出上升趋势。东部城市虽然经济发展水平和居民可支配收入显著高于除了一线城市之外的其他区域，但是近年来住房销售价格增幅整体上高于居民收入增幅，加之住房销售价格基数本来就较高，导致这些城市居民购房支付能力不足，成为仅次于一线城市的购房艰难区域。

三线城市中的中部 6 城市中的合肥和武汉房价收入比变动趋势与全国趋势相反，房价收入比整体上呈现出不断上升趋势，2006 年及之后阶段房价收入比整体上高于全国平均水平，之前阶段房价收入比低于全国平均水平；太原、郑州和长沙房价收入比变动趋势与全国一致，都呈现出不断下降的趋势。特别是长沙房价收入比整体上低于全国平均水平，且稳定性较强。西部城市房价收入比整体上低于东中部城市，房价收入比较低，城镇居民购房支付能力较强，且住房价格和可支配收入上涨空间都较大，为未来房地产市场的继续发展提供了较为广阔的空间。东北部城市在住房全面市场化初始阶段房价收入比较高，超出了居民的购房支付能力；之后随着居民收入增速高于住房销售价格增速，房价收入比出现下行趋势。

一线城市房价收入比在所有城市中最高，居民购房支付能力最弱。二线城市房价收入比仅次于一线城市，成为仅次于一线城市的购房艰难区域。三线城市中的中部城市总体上房价收入比处于合理区间内，居民购房支付能力较强；西部城市房价收入比整体上低于东中部城市，房价收入比较低，城镇居民购房支付能力较强；东北部城市近年来房价收入比处于下行趋势，居民购房支付能力较强。由此可见，一、二线城市居民购房支付能力总体不足，三线城市居民购房支付能力较强。

三、城市房价影响因素总结

从 4 个一线城市先行指标可以看出，每个城市都有 4 个相同的先行指标：房地产开发企业预期，购房意愿，房价预期和上证指数。住房价值及其作为投资品的升值特性导致全国各地具有投资能力的高收入阶层人群大量进入北上广深购房，住房真正成为一种投资品而非居住的必需品，真正需要购房的广大普通民众却被排斥在住房市场之外；2010 年之前对一线城市购房的无门槛政策客观推动了一线城市住房市场成为全国投资投机性需求的最为重要的地域城市，导致这些城市住房销售价格脱离了当地居民收入支撑，住房市场与居民收入发展水平严重脱节。

从东部其他 10 个城市先行指标可以看出，购房意愿、上证指数、房地产开发企业预期和房价预期是在城市中出现频次最多的 4 个指标，与一线城市出现频次最多的先行指标相同。东部其他 10 个城市虽然住房市场与住房价格紧追一线城市也在快速发展，但是这些城市房价收入比整体低于一线城市。经济快速发展及优越的城市地理位置与城市综合地位是这些城市仅次于一线城市深受购房者青睐的主要原因，刚性需求及投资投机性需求叠加量仅次于一线城市；另外，在一线城市受到严厉而不松动的限购影响下，大量高收入阶层人群转向这些较为优越的二线城市购房也成为一种趋势。二线城市房价影响因素也主要是预期和投资因素，说明二线城市投资投机性较为严重，特别是热点二线城市房价及房价收入比有赶超一线城市之势。未来要防止二线城市房价过快上涨，促进房价收入比向合理区间回归，提高居民购房支付能力，保障住房市场的刚性需求，抑制投资投机性需求。

中部6个城市房价先行指标有购房意愿、房地产开发企业预期、房价预期、新开工面积、施工面积、竣工面积、销售面积和上证指数，这是先行决定房价变动的重要影响因素。和东部城市主要的先行影响因素购房意愿、房地产开发企业预期、房价预期和上证指数一样，中部城市同样也受到这几个指标的重要影响。这几个指标都较强地体现出住房的投资品属性，预期和投资因素较重，可见中部城市住房市场同样受到预期和投资因素的影响。同时也要看到，除了影响东部城市的预期和投资因素，新开工面积、施工面积、竣工面积和销售面积这些体现住房市场供给和需求因素的指标起到的影响作用也在逐步增强。这很大程度上说明中部城市较东部城市，房价更多地受供求因素的影响，而东部城市更多地受预期和投资因素的影响。中部城市除了一、二线城市预期和投资性影响因素，同时还有供给和需求因素，这很大程度上说明中部城市较一、二线城市房价合理性要强，房价背后有更多供求因素的作用。

由西部城市房价先行指标在11个城市中出现的频次可知，购房意愿、房地产开发企业预期和房价预期仍然是影响西部城市房价最为重要的几个指标，但是代表供给水平的新开工面积和代表土地市场的土地价格成为西部城市房价的重要影响因素。由此可知，西部城市房价在东部城市特别是一线城市这样的全国房价风向标的影响下，住房价格同样受到预期因素的影响，但是同时供给和土地成本对西部城市房价的影响作用增强。由此可见，预期、供给和土地成本是影响房价的主要因素，土地价格这一先行指标一定程度上反映了西部城市地方政府对土地财政的依赖性较强。

从东北部城市房价先行指标可以看出，东北部城市房价先行影响因素除了预期因素外，与中西部城市一样，代表供给的房地产开发投资和施工面积及竣工面积影响作用加大，代表土地市场的土地价格和代表金融支持的房地产开发资金来源影响作用得到充分的体现。

从以上各区域城市房价影响因素可知：一、二线城市影响因素以预期为主，中部城市除了预期因素外，供给和需求也是重要的影响因素；西部城市房价影响因素有各类城市中共同的预期因素，还有供给和土地价格因素，一定程度上可以看出土地成本在西部城市房价中的重要影响；东北部城市房价影响因素有预期、供给、土地和金融。可以看出从一线城市、二线城市、中部城市、西部城市到东北部城市，房价影响因素逐步增多，说明支撑房价上涨的基础越来越强，房价合理性也就越强。

第二节　趋势展望

2017 年在中央“微刺激”保障宏观经济稳中趋稳的大背景下，住房市场调控将继续关注中长期制度建设，同时在“分类指导”和“双向调控”思想指导下，地方政府进行局部调控的自主空间扩大，调控政策也将更趋于灵活。

一、一线城市：松绑限购的可能性不大，保障房供给持续增加将分流刚性需求

一线城市松绑限购的可能性不大，信贷支持增加会促进主要指标回升但幅度不大。2018 年如果信贷宽松政策落实，一线城市购房者需求会有一定程度回升，但是自住房及保障性住房的持续稳定供给将对商品

住房市场产生较大冲击，购房者观望态度或将持续。加之受 2016 年的高基数（各指标增速有限，但是绝对量仍处于历史较高水平）影响，住房需求恐难大幅度增加；住房供给方面，开发商受前期销售低迷影响资金趋紧，2018 年推盘入市量会加大；住房调控政策方面，供给偏紧状况长期仍较为显著的基本特征决定四大城市松绑限购的可能性不大，信贷支持等市场调控政策或成为这些城市主要“微刺激”政策。需求、供给和调控政策三大因素共同决定了 2018 年这些城市住房市场调整将会持续，信贷支持如果加大，主要指标会有所回升。

二、二线城市：市场供求趋于均衡的客观背景导致主要指标回升幅度有限

住房市场调整趋势将延续至 2018 年。二线城市与一线城市一样，房地产市场回升取决于信贷政策是否能够宽松，作为区域中心市场的二线城市，住房市场在调控宽松的带动下会有所回升，但是多年来随着供给的不断增加，城镇居民基本住房需求不断得以满足，住房市场逐渐向供求均衡转变。2018 年调控政策如果放松，在信贷政策的作用下刚性需求和投资投机性需求会有所回升，但是在住房市场供求趋于均衡投资投机回报下行背景下住房需求增加也有限。因此 2018 年二线城市住房市场将继续调整趋势，但是主要指标绝对值或增速下行的幅度会有所收窄。

三、三线城市：需求支撑有限将使市场调整持续

大量三线城市住房市场继续发展的瓶颈为需求支撑有限，房价合理

回归带动的预期合理回归，将促进这些城市住房市场继续调整。2018年对土地财政过度依赖的三线城市地方政府，将通过更多形式加强对住房市场的刺激，但是需求有限供给相对偏多仍将是这些城市住房市场发展的主要问题，在供求机制作用影响下住房价格的逐步合理回归也将带动这些城市购房者预期的合理回归，而合理预期又会促进这些城市住房市场的继续调整。

2017年全国各类城市住房市场在严厉宏观调控政策进一步干预的背景下进入了自主调整阶段，住房投资、新开工面积、竣工面积、销售量及销售价格等主要指标或增速均出现了下跌或增速回落，调整趋势确立，并持续深化。导致2017年各类城市住房市场调整的主要原因是短期供求状况的转变，信贷收紧及2016年全年的高基数，直接导致2017年各指标或其增幅同比下降。根据市场状况及国家宏观调控政策，预计2018年调整趋势将继续，主要指标会有所回升但幅度有限。

第三节　建议：市场机制为主，严格执行“分类指导”和“双向调控”

城市住房市场调控要继续充分发挥市场机制的作用，通过市场机制促进住房市场深化调整，逐渐解决长期以来住房市场存在的供求量及供求结构的不合理问题，促进住房市场健康发展。但是也要尊重区域性特征，正确研判各类城市住房市场波动的根本原因，严格按照“分类指导”和“双向调控”要求确保住房市场稳定健康发展。

一、一线城市：促进市场长效机制建设，注重长期稳定发展

一线城市应通过长效机制建设正确引导市场预期，促进住房市场稳定健康发展。在正确研究保障房供给量及供给方式基础上通过保障房政策的逐步完善，促进保障房和商品房的互动协调发展，防止保障房供给对商品住房市场的误伤；正确引导购房者预期，充分保障刚性需求者住房需求，加强对刚性需求和改善性需求的信贷支持政策；制定住房市场健康稳定发展的综合性指标，防止以住房价格作为市场稳定的唯一指标，促进住房市场的长期稳定发展。

二、二线城市：市场机制为主促进市场深化调整，同时保障政策制度的长期性以稳定市场预期

二线城市应根据当地及区域住房市场发展特征，通过市场机制促进住房市场的深化调整。2010 年以来限购政策对抑制这些城市住房价格的过快上涨起到了重要作用，但是作为行政性调控手段的限购政策只是应时之需，随着市场形势的变化也已基本调整甚至取消。2017 年 3 月以来，又开始了新一轮史上最严厉调控。在限购政策的作用下，二线城市投资投机性需求基本被挤出住房市场，经过几年的调整，这些城市住房市场供求结构趋于平衡，购房者预期在市场趋于平稳的状态下也逐渐趋于合理，住房市场进入自我调整阶段。建议应主要通过市场机制的作用促进住房市场深化调整，同时保障调控政策制度的稳定性，稳定市场主体预期，保障刚性需求者的合理住房需求。

三、三线城市：通过市场作用消化现有库存，做好部分城市的风险预警及防范

大量三、四线城市在主要通过市场作用消化现有库存的同时，要做好部分城市的风险预警与防范措施。对住房需求严重不足而导致供给远远大于需求的大量三、四线城市，应主要通过市场作用消化现有库存从而促进住房供求的再平衡。同时地方政府也应通过控制土地供应及商品住房审批等众多合理调控手段促进市场消化现有库存，并根据部分城市市场发展特征及变化状况做好相应的风险预警与防范措施。建议在风险可控范围之内仍要以市场调控为主，促进住房市场自主调整；同时严格执行“分类指导”和“双向调控”，根据不同城市住房市场状况，采取有差别的调控政策。

参考文献

［1］包宗华. 房价收入比不是衡量泡沫的标准. 中国房地信息，2005（04）.

［2］包宗华. 房价收入比计算问题引出的问题. 城市开发，1999（11）.

［3］包宗华. 关于房价收入比的再研究. 城市开发，2003（01）.

［4］包宗华. 未来 10 年住房发展空间有多大. 城市开发，2001（10）.

［5］包宗华. 再论“房价收入比”. 城乡建设，2003（01）.

［6］鲍星华. 我国城镇住房保障制度研究. 福建师范大学，2008.

［7］北京市统计局，国家统计局北京调查总队. 国际大都市房地产发展规律及对北京的启示. 调研世界，2011（03）.

［8］蔡滢滢. 南京市土地利用与城市化水平的协调度研究. 山东农业大学学报（自然科学版），2011（01）.

［9］藏波，杨庆媛，周滔. 不同等级城市房价与地价关系的规律初探. 中国土地科学，2011（05）.

［10］曹鹏飞，曹婧. 新加坡中央公积金制度及其对完善我国住房公积金制度的启示. 金融纵横，2017（03）.

［11］曹振良. 泡沫理论分析框架与中国房地产相关实证. 贵州财经学院学报，2006（05）.

[12] 曾国安，张河水．中国城市住房供给与需求的初步测算．消费经济，2013（02）.

[13] 车士义．流动劳动力的住房供给与需求分析．城市发展研究，2009（11）.

[14] 车延杰．吉林省城镇居民住房购买能力实证研究．当代经济研究，2008（05）.

[15] 车延杰．我国住宅价格持续走高的原因分析．价格理论与实践，2001（08）.

[16] 陈基纯．房地产业与区域经济耦合协调发展实证研究．商业时代，2011（11）.

[17] 陈杰，郝前进，郑麓漪．动态房价收入比——判断中国居民住房可支付能力的新思路．中国房地产，2008（01）.

[18] 陈欣宏．我国房价收入比计算方法的缺陷及其改进研究．价格月刊，2006（10）.

[19] 陈玉光．借鉴国际经验有效抑制房价．城市，2011（05）.

[20] 陈泽奎，郭红兵．低收入者住房问题的国际比较及借鉴．贵州商业高等专科学校学报，2004（09）.

[21] 代懋，李若冲．中国香港住房保障体系的综述及评估．北京航空航天大学学报（社会科学版），2016（04）.

[22] 单克强．我国住房体制改革逻辑思路及政策建议．西南金融，2018（04）.

[23] 邓宁华．城市化背景下日本住房问题和政策干预．日本研究，2013（03）.

[24] 杜建华．基于VAR模型的房价与地价关系的实证研究．经济研究

导刊，2012（03）.
[25] 段忠东. 房地产价格与通货膨胀、产出的关系——理论分析与基于中国数据的实证检验. 数量经济技术研究，2007（12）.
[26] 范方志，李海海. 房地产价格波动、通货膨胀与收入分配差距. 青海社会科学，2010（05）.
[27] 冯广京，等. 新型城镇化建设需要进一步完善土地调控政策——“我国城镇化中土地宏观调控方向研讨会”综述. 中国土地科学，2013（07）.
[28] 谷彦伟. 德国房地产税制及启示. 中小企业管理与科技，2012（10）.
[29] 郭戬，方幼君，朱邦耀. 房价收入比指标因子的选择研究. 安徽农业科学，2007（07）.
[30] 郭杰. 修正的房价收入比：衡量我国城市房价泡沫水平的更优指标. 南方金融，2011（06）.
[31] 郭娜，梁琪. 我国房地产市场周期与金融稳定——基于随机游走滤波的分析. 南开经济研究，2011（08）.
[32] 郭玉坤. 中国城镇住房保障制度研究. 西南财经大学，2006.
[33] 郭战，方幼君. 房价收入比指标因子的选择研究. 安徽农业科学，2007（19）.
[34] 洪世勤. 房地产市场供需影响因素分析与预测. 特区经济，2007（05）.
[35] 胡娟，林建永，季学明. 借鉴国际经验，建设中国特色住房保障计划. 发展研究，2010（04）.
[36] 黄程栋，朱丽，刘端怡. 新加坡住房体系建设的经验. 上海房

地，2017（04）：46－51.
［37］黄克. 国外经验对我国解决低收入群体住房保障的启示. 广西城镇建设，2015（07）.
［38］惠博，张琦. 保障性住房研究——美国、新加坡的经验及其对中国的借鉴. 河北金融，2011（05）.
［39］季如进，陈玲玲. 关于家庭可承受的房价与收入之比. 中国房地产金融，1998（10）.
［40］季如进. 关于家庭可承受房价与收入之比. 中国房地产金融，1998（05）.
［41］简新华，黄锟. 中国城镇化水平和速度的实证分析与前景预测. 经济研究，2010（03）.
［42］姜建. 我国房地产市场调控政策研究. 华中科技大学，2012.
［43］金海燕，任宏. 1998～2009年我国房地产宏观调控政策效果综合评价. 建筑经济，2011（08）.
［44］靳娜. 德国房地产政策及其对中国的启示. 经营管理者，2011（10）.
［45］景娟，刘志林，满燕云. 低收入住房政策的国际经验借鉴：需求方补贴. 城市发展研究，2010.
［46］李春然. 河南省漯河市住房供给与需求分析. 电子科技大学，2008.
［47］李东卫. 防控投机性购房的国际经验及启示. 新会计，2010（07）.
［48］李景国. 影响我国房地产市场健康发展的主要制度问题分析. 甘肃社会科学，2011（05）.
［49］李景国. 中国房地产市场协调发展探析. 福建行政学院学报，

2005（05）.
[50] 李静，徐彬．中低收入阶层住房保障制度的国际经验及借鉴意义——兼议武汉市中低收入群体住房保障制度．城市，2012（04）.
[51] 李莉．房地产市场治理的国际比较．农村金融研究，2010（11）.
[52] 李农．借鉴国际经验，重构我国房地产税制．北方经济，2006（09）.
[53] 李强，陈宇琳，刘精明．中国城镇化“推进模式”研究．中国社会科学，2012（07）.
[54] 李强．资产价格与通货膨胀——基于中国特征事实的研究．中国社会科学院世界经济与政治研究所国际金融研究中心，2008.
[55] 李若丽．房地产与宏观经济调控．山东经济，2005（05）.
[56] 李伟．房价收入比计算方法之我见．浙江统计，2004（09）.
[57] 李小兰．论我国城镇住房保障制度建设——香港住房保障政策与模式的启示．武汉科技大学，2007.
[58] 李欣欣．建立和完善保障性住房进入与退出机制的国外经验借鉴及措施．经济研究参考，2009（12）.
[59] 李玉梅．我国房地产价格变动特征及其影响因素的实证研究．吉林大学，2012.
[60] 厉以宁．当前的住房市场．城市开发，1999（07）.
[61] 栗亮．货币供应量对房价影响的分析．价格月刊，2011（01）.
[62] 联合国人居中心．城市指标工具包指南．纽约：联合国，1996.
[63] 林增杰，等．房地产经济学．中国建筑工业出版社，2000.
[64] 刘芳．房地产与宏观经济关系的研究．南京理工大学，2009.
[65] 刘鸿程．发达国家住房保障制度及对我国的启示．正德学院学报，

2007（06）.

［66］刘健. 城市快速发展时期的社会住房建设：法国的教训与启发. 国际城市规划，2012（08）.

［67］刘琳. 澄清房价收入比概念. 中国投资，2005（01）.

［68］刘美霞. 自有和租赁住房消费结构研究. 城市开发，2004（03）.

［69］刘彤，刘亚臣，蔡君吉. 住房保障制度的国际经验分析与借鉴. 辽宁经济，2016（06）.

［70］刘耀彬. 城市化与生态环境耦合机制及调控研究. 北京：经济科学出版社，2007.

［71］刘耀彬. 中国区域城市化与生态环境耦合的关联分析. 地理学报，2005（02）.

［72］卢为民，廖志强，张琳薇，等. 国际大都市住房发展规划的经验和启示. 上海城市规划，2016（03）.

［73］罗鹏. 论我国城市住房制度的历史变迁（1978—2007 年）. 广西师范大学，2008.

［74］吕洪业，沈桂花. 英国住房保障政策的演变和启示. 比较与研究，2017（06）.

［75］吕江林. 我国城市住房市场泡沫水平的度量. 经济研究，2010（06）.

［76］马草原，李运达. 城镇居民收入差距变动轨迹的总体特征及分解分析（1988—2008）. 经济与管理研究，2010（09）.

［77］马庆斌. 以保障性住房建设引导城镇化健康发展. 宏观经济管理，2011（02）.

［78］闵晓鸣. 住房租赁市场发展的国际经验及启示. 金融纵横，2018

(04).
[79] 倪鹏飞. 新型城镇化的基本模式、具体路径与推进对策. 江海学刊，2013 (01).
[80] 牛文元. 中国新型城市化报告2010. 北京：科学出版社，2010.
[81] 欧阳辉，刘一楠. 德国如何遏制高房价. 小康，2016 (09).
[82] 彭建林. 基于房价收入比的房地产泡沫测度研究. 温州职业技术学院学报，2009 (03).
[83] 彭小京. 新加坡组屋制度对广州住房的启示. 建材与装饰，2018 (07).
[84] 齐开钦. 韩国的住房保障制度研究. 西部皮革，2018 (12).
[85] 秦爱华. 德国住房价格稳定的原因和启示. 当代世界，2016 (07).
[86] 曲波. 房地产经济波动理论与实证分析. 北京：中国大地出版社，2003.
[87] 桑秋，张平宇. 20 世纪 90 年代以来沈阳市人口、经济、空间与环境的协调度分析. 中国人口、资源与环境，2008 (02).
[88] 上海房地产波动规律研究课题组. 房地产波动规律的一般理论. 上海房地，2003 (06).
[89] 沈久. 对房价收入比科学涵义的再探讨. 中央财经大学学报，2006 (06).
[90] 世界银行亚洲区中国环境、人力资源和城市发展处. 中国：城镇住房改革的问题与方案. 北京：中国财政经济出版社，1992.
[91] 世界银行亚洲区中国局. 城镇住房改革的问题与方案. 北京：中国财政经济出版社，1992.

[92] 首都社会经济发展研究所课题组，王鸿春，张晓冰．借鉴国际经验有效解决中低收入家庭住房问题．前线，2007（05）．

[93] 苏多永，张祖国．房价收入比研究的发展改进．中国房地产，2009（04）．

[94] 孙鹏．中国房地产市场供给模型实证研究．内蒙古民族大学学报，2011（05）．

[95] 孙岩．论住房模式的国际经验．世纪桥，2011（10）．

[96] 覃豪．浅析房地产宏观调控政策两难困局及政策建议．中国城市经济，2011（10）．

[97] 谭刚．房地产周期冲击——传导模型及其主要因素分析．建筑经济，2002（07）．

[98] 谭刚．深圳房地产周期波动研究．建筑经济，2001（09）．

[99] 谭刚．关于房地产周期波动的比较研究—深圳——中国．中外房地产导报，2000（05）．

[100] 王彬．房地产价格影响因素分析．北京交通大学，2007．

[101] 王川．我国农业科技人才队伍建设的问题探讨．农业科技管理，2005（24）．

[102] 王发曾．中原经济区的新型城镇化之路．经济地理，2010，30（12）．

[103] 王辉，姜斌．沿海城市生态环境与旅游经济协调发展定量研究．干旱区资源与环境，2006（09）．

[104] 王杰．由房价收入比看合理房价的计算．价格理论与实践．2007（09）．

[105] 王静霞．解救当前房地产业中弱势房奴之路初探——国际经验理

论和中国实际. 中国外资，2012 (04).
[106] 王薇. 中国住房政策面临全新挑战. 中国发展观察，2008 (02).
[107] 王唯博，郭洁，郝学. 韩国保障住房政策首尔公共住宅案例浅析. 中国住宅设施，2015 (02).
[108] 王文斌. 我国房地产价格波动形成机制及影响因素研究. 南开大学，2010.
[109] 王小鲁. 我国国民收入分配现状、问题及对策. 国家行政学院学报，2010 (03).
[110] 王笑严，王彦明. 美日住房权保障经验及对我国的启示. 东北亚论坛，2012 (07).
[111] 王洋. 西安市房地产市场需求因素分析. 黑龙江对外经贸，2007 (12).
[112] 王筝. 香港、新加坡保障房管理经验及启示. 河南牧业经济学院学报，2016 (03)
[113] 王志成，阿南德·夏尔马，拉切尔·奥布里. 纽约保障性住房新发展. 科学发展，2018 (07)：105－112.
[114] 王志成，布朗. 英国住房保障制度介绍（一）——英国住房保障制度的系统发展. 城乡建设，2018 (09).
[115] 魏雅华. 过高的房价是城市的灾难. 中国房地产金融，2006 (11).
[116] 魏雅华. 中国住房痛苦指数. 经济导刊，2006 (03).
[117] 吴强. 借鉴国际经验理顺我国住房发展思路. 经济问题，2006 (02).

[118] 吴勇慧. 房地产市场购买能力指标体系研究. 经济论坛，2004 (06).

[119] 伍装. 国际房地产市场泡沫教训与启示. 银行家，2007 (12).

[120] 席江浩. 房地产市场可持续稳定发展的政策研究——基于国外房地产市场的政策经验. 当代经济，2017 (23).

[121] 夏沁芳，仲长远，申涛，等. 国际大都市房地产发展规律及对北京的启示. 科学发展：社会管理与社会和谐——2011 学术前沿论丛：下，2011 (12).

[122] 夏业良. 中国的财富集中度远远超过美国，两极分化严重. 财经国家周刊，2010 -06 -08.

[123] 肖明滋. 房地产泡沫测度研究：以北京市和上海市为例. 经济研究参考，2011 (06).

[124] 谢义维，江峰. 发达国家住房保障制度体系比较研究. 江西社会科学，2014 (09)

[125] 徐飞，张文开. 福州市土地利用协调度评价及其空间分析. 福建师范大学学报（自然科学版)，2010 (05).

[126] 徐国祥，王芳. 我国房地产市场周期波动谱分析及其实证研究. 统计研究，2010 (10).

[127] 徐俊菊，吕雪山. 我国房地产调控政策及其效应探讨. 价格理论与实践，2010 (07).

[128] 许兵，孟学礼，孔炜. 德国房地产市场保持平稳的经验. 中国货币市场，2011 (04).

[129] 晏国菀. 经济增长、房地产业发展及宏观调控. 重庆大学，2010.

[130] 杨波，杨亚西. 房地产业与区域发展的协调度评价. 华东经济管理，2011（10）.

[131] 杨朝军，廖士光，孙洁. 房地产业与国民经济协调发展的国际经验及启示. 统计研究，2006（09）.

[132] 杨帆，李宏谨，李勇. 泡沫经济理论与中国房地产市场. 管理世界，2005（06）.

[133] 杨帆. 中国房地产市场分析. 福建论坛（人文社会科学版），2005（11）.

[134] 杨丽. 我国城镇住房制度改革的实践及成效研究. 中南民族大学，2007.

[135] 杨石生. 论城市经济与环境协调发展. 现代商业，2008（01）.

[136] 杨士弘. 广州城市环境与经济协调发展预测及调控研究. 地理科学，1994（02）.

[137] 杨永华. 论房价和房价收入比. 经济学家，2006（03）.

[138] 姚蒙. 巴黎房价为何无法猛涨. 上海房地，2017（01）.

[139] 叶建华. 国外房屋租赁管理办法对我国的启示. 上海企业，2017（10）.

[140] 易宪容. 房地产市场几个重大问题的反思. 北方经济，2006（11）.

[141] 易宪容. 中国房地产市场泡沫存在与否之争. 河南金融管理干部学院学报，2005（02）.

[142] 游春，胡才龙. 房地产税收制度的国际经验及启示. 城市发展研究，2011（03）.

[143] 詹世鸿. 中国房地产市场与宏观经济运行的关联性研究. 吉林大

学，2012.

[144] 张富强．完善中国住房保障法律制度的几点思考——以美国经验为借鉴．华南师范大学学报，2014（06）

[145] 张高攀，单彦名．城市住房与土地管治策略研究．城市发展研究，2011（12）．

[146] 张敏．我国城镇低收入人群住房政策研究．苏州大学，2007.

[147] 张农科．中国房地产业安全问题研究．北京交通大学，2012.

[148] 张琦．保障性住房发展研究：瑞典、日本的经验及对我国的借鉴．南方金融，2011（12）．

[149] 张晓东，池天河．90年代中国省级区域经济与环境协调度分析．地理研究，2001（20）．

[150] 张晓东，池天河．90年代中国省级区域经济与环境协调度分析．地理研究，2001（04）．

[151] 张效莉．人口、经济发展与生态环境系统协调性测度及应用研究．西南交通大学，2007.

[152] 张雪涛．当前房地产市场的发展定位及调控对策．宏观经济研究，2010（06）．

[153] 张运书．日本住房保障制度的法理分析和借鉴．现代经济探讨，2011（06）．

[154] 赵恩博．上海房地产发展研究．复旦大学，2009.

[155] 赵越．低收入人群的住房保障制度国际比较．经贸实践，2017（19）．

[156] 郑慧娟．中国房地产价格周期波动与成因研究．暨南大学，2012.

[157] 郑云峰. 德国住房保障：制度构成、特征及启示. 北华大学学报，2016（02）.

[158] 周建军，许小苍，鞠方. 低收入者住房问题的国际比较及借鉴. 生产力研究，2005（07）.

[159] 周平. 我国金融资产结构调整与产业结构升级的协调性分析. 兰州商学院，2009.

[160] 周亚楠. 住房保障制度国际比较. 劳动保障世界，2018（23）.

[161] 朱德开，张兵. 房价收入比和住宅空置率的实证分析——以合肥为例. 铜陵学院学报，2006（02）.

[162] 朱建君，贺亮. 房价收入比的计算及应用研究——基于江苏省的实证分析. 建筑经济，2008（08）.

[163] 朱虹. 德国住房市场为何如此稳定？——基于政策及金融角度的分析. 债券，2016（03）.

[164] BAILEY M J, Muth R F, Nourse H O. A regression Method for real estate price index construction. Journal of the American Statistical Association, 1963, 58 (3-4): 933-942.

[165] BLACK A, FRASER P, HOESLI M. House prices, fundamentals and bubbles. Journal of Business Finance & Accounting, 2006, 33 (9-10): 1535-1555.

[166] CARLINER M. House price bubble babble. Housing Economics, 2002, 50 (4): 10-17.

[167] CASE K E, QUIGLEY J M, et al. Comparing wealth effects: The stock market versus the housing market. NBER Working Papers, 2001, 5 (1): 1235.

[168] CASE K E, QUIGLEY J M, et al. Home-buyers, housing and the macro-economy. NBER Working Papers, 2003.

[169] CASE K E, SHILLER R J. Prices of single family homes since 1970: new indexes for four cities. New England Economic Review, 1987, 5 (sep): 45 -56.

[170] CASE K E, SHILLER R J. The behavior of home buyers in boom and post-boom markets. NBER Working Papers, 1989.

[171] CASE K E. The Central Role of Home Prices in the Current Financial Crisis: How Will the Market Clear?. Brookings Papers on Economic Activity, 2008.

[172] CHEN M C, TSAI I C, CHANG C O. House prices and household income: Do they move apart?. Evidence from Taiwan, Habitat International, 2007, 31 (2): 243 -256.

[173] DIPASQUALE D. WHEATON W C. Urban Economics and Real Estate Markets. Prentice Hall, 1996, 38 (1): 289 -299.

[174] ENGELHARDT G V. Gifts for home purchase and housing market behavior. New England Economic Review, 1994.

[175] FEINS J D, LANE T S. How much for housing? New perspectives on affordability and risk. Cambridge, Mass, 1981.

[176] FEINS J D, LANE T S. Defining the affordability issue, cited in defining the affordability issue, housing supply and affordability. Washington D. C. Urban Land Institute, 1993: 11 -19.

[177] FRENCH K R, POTERBA J M. Investor Diversification and International Equity Markets. The American Economist, 1991.

[178] GENESOVE D, MAYER C J. Equity and time to sale in the real estate market. The American Economist, 1997.

[179] GLAESER E L, JOSEPH G. The imapct of zoning on housing affordability. Zell/Lurie Center Working Papers, 2003, 9.

[180] GOODHART, C A, HOFMANN B. Do asset prices help to predict consumer price inflation. The Manchester School Journal, 2000 (05).

[181] GYOURKO J, TRACY J. A look at real housing pricesand incomes: some implications for housing affordability and quality. Economic Policy Review, New York: Federal Reserve Bank of New York, 1995: 63 - 77.

[182] HANCOCK K E. Can pay? Won't pay? or economic principles of 'affordability'. Urban Studies, 1993, 30 (1): 127 - 145.

[183] HOLLY S, JONES N. House prices since the 1940s: Cointegration, demography and asymmetries. Economic Modeling, 1997, 14 (4): 549 - 565.

[184] HUIE C M. Measuring affordability in public housing from economic principles: Case study of Hong Kong. Journal of Urban Planning and Development, 2001, 127 (1): 34 - 49.

[185] GAN J. The Real Effects of Asset Market Bubbles: Loan-and Firm-Level Evidence of a Lending Channel. The Review of Financial Studies, 2007.

[186] LANDT J, BRAY R. Alternative Approaches to Measuring Affordability in Australia. Discussion Paper (National Centre Economic

Modeling), 1997 (13): 33 -39.

[187] LAU K M, LI S M. Commercial Housing Affordability in Beijing, 1992 -2001. Housing and Social Development: Emerging Theoretical Issues in Asia-Pacific, 2004, 2: 5 -6.

[188] KONTONIKAS A, MONTAGNOLI A. Has monetary policy reacted to Asset Price Movements? Evidence from the UK. Economics and Finance Working papers, Brunel University, 2002.

[189] LACOVIELLO. House Prices, Borrowing Constraints, and Monetary Policy in the Business Cycle. The American Economist, 2005

[190] LAU K M, LI S M. Commercial Housing Affordability in Beijing, 1992 -2002. Habitat International, 2006, 30 (3): 614 -627.

[191] MALPEZZI S. Urban housing and financial markets: Some international comparisons. Urban Study, 1990, 27 (6): 971 -1022.

[192] MISHKIN F S. The Transmission Mechanism and the Role of Asset Prices in Monetary Policy. NBER Working papers, 2001.

[193] PEACH R, MCCARTHY J. Are home prices the next bubble?. Fed Reserve Bank New York Econ Pol Rev, 2004.

[194] RENAUD B. Housing reform in socialist economies. World bank discussion papers, 1991, 125.

[195] RENAUD B. Affordable housing and housing sector performance: The housing price-to-income ratio as summary indicator. Centre of Urban Studies & Urban Planning, University of Hong Kong, 1989.

[196] HITOSHI S. The US real estate bubble: A comparison to Japan. Japan and the World Economy, 2003.

[197] SEAN H, NATASHA J. House Prices since the 1940s: Cointegration, Demography and Asymmetries. Economic Modeling. 1997: 549 – 565.

[198] STIGLER G J. The early history of empirical studies of consumer behavior. The Journal of Political Economy, 1954, 62 (2): 95 – 113.

[199] SULLIVAN O. Urban economics. 4th edition. The McGraw-Hill Companies, 2000.

[200] WAUGH F V. Quality as a determinant of vegetable prices, studies in history, economics and public Law. New York: AMS Press, 1929: 312.

[201] ZIMMERMAN C C. Consumption and standards of living. New York: D. Van Nostrand Company, 1936: 3 – 6.